高等教育国际化发展
与人才培养研究

陈玉涓　著

中国原子能出版社

图书在版编目（CIP）数据

高等教育国际化发展与人才培养研究 / 陈玉涓著
. -- 北京 ：中国原子能出版社，2021.7
ISBN 978-7-5221-1487-3

Ⅰ．①高… Ⅱ．①陈… Ⅲ．①高等教育－国际化－研究②高等教育－人才培养－研究 Ⅳ．① G64

中国版本图书馆 CIP 数据核字（2021）第 142574 号

高等教育国际化发展与人才培养研究

出版发行	中国原子能出版社（北京市海淀区阜成路 43 号　100048）
策划编辑	杨晓宇
责任印刷	赵　明
装帧设计	王　斌
印　　刷	天津和萱印刷有限公司
经　　销	全国新华书店
开　　本	787mm×1092mm　　　1/16
印　　张	15.25
字　　数	271 千字
版　　次	2022 年 1 月第 1 版
印　　次	2022 年 1 月第 1 次印刷
标准书号	ISBN 978-7-5221-1487-3　　　　定　价 68.00 元

网　址：http//www.aep.com.cn　　　E-mail: atomep123@126.com
发行电话：010-68452845　　　　　版权所有　翻印必究

作者简介

　　陈玉涓，女，1966年4月出生，浙江余姚人，毕业于华东师范大学，硕士研究生，宁波大学副教授。研究方向：美国文学，教育国际化，跨文化。迄今已在学术期刊发表10余篇文章，参与专著、译著3部。在2001—2015年担任宁波大学国际合作处处长职务，与国外近160多所高等院校进行长期而密切的合作，积累了丰富的国际化教育经验和实践的操作经历。2003年完成《伯纳德·马拉默德专题研究》、2005年完成《北美犹太文学研究》（厅市级）、2005年完成《从文化文学视阈对加拿大犹太文学的研究》（省部级），2011年完成浙江省国际交流协会的《专设二级学院下的中外合作办学新模式研究》、2012年完成浙江省国际交流协会的《国际化课程国际化标准体系的构建》的课题。2020年完成宁波市教育科学规划课题"'一带一路'战略下中东欧国际学生文化融合研究"和中国高等教育学会高等教育研究"十三五"规划课题"一带一路"背景下欧美教育国际化战略比较研究及中国路径。

前　言

习近平总书记指出，高等教育"要扩大教育对外开放，优化教育开放全球布局，加强国际科技交流合作，提升层次和水平。"我国高等教育在教育对外开放进程中始终走在前列，在中外合作办学、招收留学生、国际学生双向流动、科技文化交流、师资交流交换等方面极大地提升了高等教育国际化的程度，为我国教育对外开放作出重大贡献。

高等教育国际化是一个渐进式的融合发展过程，简·纳特提出国际化就是"一个把国际性、跨文化性、全球性三个维度整合到高等教育的目标、功能和实施的过程"。高等教育国际化强调的是国际教育资源共享，通过多项具体活动在各国间广泛进行国际交流与合作，通过交流、互鉴，各国高等教育不断改革与调整，力求高等院校的教学理念、教学内容与教学方法适应国际化发展趋势。在全面深化改革的背景下，高等教育国际化是建设世界一流大学的基本路径，也是世界一流大学建设的重要标志。当前，中国高等教育国际化是协同国家相关战略与政策共同发展的。中国高等教育国际化有利于人类不同文明之间的交融与互鉴，更有助于中国文化和中华文明的传播与弘扬。

此外，高等教育国际化对中国人才培养也提出了更高层次的要求，国际交流合作已成为现代大学的"第五项职能"。中国高校传统人才培养模式在人才培养理念、人才培养目标、人才培养过程等方面略微滞后于西方高等教育的国际化水平，因此，研究高校人才培养应对高等教育国际化是非常重要的。

鉴于此，笔者撰写了《高等教育国际化理论与人才培养研究》一书，全书在内容编排上共设置8章，分别是经济全球化背景下的高等教育国际化、高等教育国际化的理论透视、高等教育国际化的教学模式构建、中国高等教育国际化发展及其路径探索、高等教育国际化视阈下人才培养模式、高等教育国际化与创新型人才培养、"一带一路"倡议下高等教育国际化思考、"双一流"建设背景下高等教育国际化发展探索。

本书通过对相关概念进行梳理，提出新的观点，立足实际，有针对性地论述高校人才培养模式的应对之策。同时力求以准确、科学的文字，阐述中国高等教育国际化的发展策略、高等教育国际化创新人才培养环境与建设目标，旨在将高等教育国际化与人才培养的新进展、新应用纳入本书，提高本书的适用性和亲和力。

笔者在撰写本书的过程中，借鉴和吸收了众多专家、学者的研究成果，并得到了许多直接从事国际交流与合作工作的专家、学者、同事的帮助和指导，在此表示诚挚的谢意。引用的资料已在参考文献中列出，如有个别遗漏，恳请作者原谅并及时联系我们。由于笔者水平有限，加之时间仓促，书中所涉及的内容难免有疏漏之处，希望各位专家读者多提宝贵意见，以便笔者进一步修改，使之更加完善。

本著作是浙江省教育科学规划 2021 年度一般规划课题（编号 2021SCG085）的研究成果。

目　录

第一章 经济全球化背景下的高等教育国际化

在经济全球化的背景下，高等教育国际化的进程也日益加快。本章重点探讨高等教育的精英化、大众化与多元化，高等教育国际化的发展全球化以及高等教育全球化带来的机遇、挑战与措施。

第一节 高等教育的精英化、大众化与多元化

一、高等教育精英化到大众化

在经济全球化的背景下，高等教育从精英化到大众化的转变使社会对高等教育的需求日益增大，这也使传统的高等教育体系面临着很大压力。高等教育的需求主要体现在以下三个方面。

第一，劳动力市场有越来越多的职位需要大学文凭。

第二，年轻人渴望通过接受高等教育来提升自己的社会地位。

第三，政府以及其他利益相关者需要传统高等教育提供者提高行动效率，在减少投入的情况下有更好的产出。

其中，第一、第二个需求都与个人有关。当今社会对人们的技能和教育背景的要求越来越高，为了与最新的技术变化保持同步，以便保持在劳动力市场上的竞争力，越来越多的人希望通过深造来提高或改变自己的资历。

此外，无论是社会还是个人，都希望大学文凭能够提高毕业生的社会和经济地位。而第三个需求与下列趋势有一定关系。近年来，发达国家如西欧，出现了人口老龄化和人口减少的现象，政府开支只好转移到医疗和养老金等给老年人提供服务的领域。

尽管近年来很多国家采取了积极的政策，高等教育机构的入学率有了很大幅度的提高，但这并没有均等地惠及社会的各个层面。虽然高等教育覆盖的人

群越来越多，但少数群体仍然保持相对优势。为此，一些国家开始采取措施来提高大学入学率。比如，墨西哥教育部在不发达地区加大了教育投入，颇见成效，其中90%的大学生都是家里第一个接受高等教育的人，40%的学生生活在经济不发达的地区；巴西立法规定大学为残疾人和非裔巴西学生留出位置等。

从全世界来看，对高等教育的需求主要分为以下两类：第一类需求是提高高等教育的入学率，这主要涉及发展中国家和转轨国家，因为这些国家正在迅速融入世界生产体系中，而且它们的年轻人口越来越多；第二类需求与从后工业时代向知识经济时代过渡有关，同时与西方国家的人口老龄化碰到了一起。在这种背景下，出现了越来越灵活而多样化的高等教育提供方式。

二、高等教育多元化

（一）高等教育需求多元化

随着高校入学率的提高以及对人们技能的要求不断改变，学生群体的组成出现了新特点，那就是越来越多的人回来接受终身教育，其中很多是上了年纪、有家庭并全职工作的人。这种现象的出现是因为全球化经济给人们带来了机遇也带来了需求，于是在世界的很多地方，终身学习成为一种必然。与常规年龄的学生相比，这些非常规年龄的学生的期望值也不同，这类学生寻求的教育既要便利又要有质量保障。

互联网改变了学生寻求高等教育的方式。随着高等教育机构的扩大，及其网站的不断专业化，现在的学生发现，通过互联网学习越来越容易。于是，学生们改变了上大学的方式，可以上几所大学，几乎一半的学生在获得学位之前都上了一个以上的高等学校，相当一部分学生注册了在线课程也注册了面授课程。此外，很多学生通过虚拟教育来读完高中课程或者提前攻读大学课程。

正是信息和通信技术的发展为这些非常规的学生提供了上大学的机会，远程教育成为扩大高等教育规模和教授课程的重要渠道。近些年信息和通信技术被广泛地应用到高等教育领域，包括数据库、电子邮件、网站、网络社交工具、短信等。尤其是在经济发达国家，信息和通信技术在高等教育领域无处不在，信息和通信技术已成为大学基础设施的基本部分。大学网站让学校冲破了地域限制，任何人在任何地方、任何时候都可以访问。电子邮件、短信、在线社交空间这样的信息和通信技术资源，给学术合作、个人和工作交往提供了平台。不断普及的无线网络和远程访问的图书馆数据库改变了在校园工作和学习的时间和地点的观念。多媒体教室丰富了教学资源，也使获取信息和思想的方法多样化。公开教育资源能让人们免费进入其他院校的课堂，接触其他院校的教学方法。因此，在线和虚拟资源的各种组合为远程教育的拓展奠定了坚实的基础。

（二）高等教育供给多元化

随着人们对高等教育需求的不断增加，公立高等教育体系已经不能切实满足实际和潜在的需求，加之信息和通信技术的快速发展，一直被挡在传统高等教育机构之外的提供者，如营利性学位授予机构、虚拟教育机构、传统大学联盟，都纷纷登场。其中，私立高等教育机构的发展最为迅速。

1.私立高等教育机构发展

在全球范围内，私立高等教育的广度和深度都在不断加强。目前，私立大学已经接收了全世界30%的在校大学生。私立高等教育领域的发展程度及重要性也吸引了越来越多的关注。

私有化对高等教育来说，意义颇大。公立大学一般被认为是地方、省或者国家政府资助和支持的机构。相比而言，私立大学的资金来源及运作方式都呈现出多元化，它可以完全由个人出资运作，也可以部分是公共拨款，部分是个人出资运作；可以是营利性机构，也可以是非营利性机构；可以对本地政府负责，也可以完全不受地方政府的管理；可以有自己的所有人或者投资人，也可以以基金会的方式运作。

（1）私立高等教育的地域发展状况。全球高等教育发展最快的当属私有领域。在很多国家，绝大部分在校生都在私立大学。从地区来看，亚洲存在着最大的高等教育私有部门。在印度尼西亚、日本、菲律宾和韩国，超过70%的在校大学生都在私立大学，马来西亚在校大学生在私立大学的比例接近50%。南亚的发展也颇为显著，印度私立大学的招生比例超过30%，巴基斯坦紧随其后。西亚和中业的发展水平参差不齐，伊朗和哈萨克斯坦私立大学的招生比例差不多占50%。

在撒哈拉以南的非洲地区，现代高等教育发展得很晚，但增速也很明显，大部分国家都有私立大学。中东国家的私立大学开始招生的时间比较早。以色列是这个地区最早发展私立高等教育的国家。阿拉伯国家政府往往通过与欧洲和美国大学签署协议来规划和推动私立大学的发展。

在拉丁美洲，高等教育私有化的历史比亚洲长，范围也比较广。目前，私立大学的招生比例接近45%。尽管国与国的情况各不相同，但几乎很少有国家的私立大学招生比例低于20%。比例很高的国家有巴西、智利、萨尔瓦多和秘鲁。

在比较大的国家中，只有阿根廷还保持着公立大学占主导地位。

与亚洲相比，拉丁美洲的私立高等教育有着比较稳定的招生比例。在中欧和东欧，爱沙尼亚、格鲁吉亚、拉脱维亚以及波兰的私立大学的招生比例都超过了 20%。但也有国家在过去的十几年里，私立大学的招生比例出现了停滞，甚至还出现了下滑。

在西欧，私立高等教育没有发挥重要作用。在过去，私有化是公共教育领域内部发生的变化，但有几个国家的情况属于例外。匈牙利私立大学的招生比例一度达到了 30%，西班牙也有一些比较著名的私立大学。荷兰（大部分为私立大学）和比利时（少数是私立大学）的情况也与众不同，但这两个国家的私立大学大都靠政府资金运作，而且有非常相似的规则。在英国和挪威，私立大学与非大学教育机构合作。

（2）私立高等教育机构的类型。尽管地区间存在差异，但私立高等教育的快速发展是显而易见的。不过，私立高等教育并不是性质单一的领域，私立高等教育机构共有以下四种类型。

第一，精英型与半精英型大学。传统而言，高等教育中的私立和精英有着广泛的联系，美国的高等教育体系就是证据，但从全球来看，美国的高等教育体系是一个特例。在著名的两个全球大学排行榜上（即《时代周刊》全球大学排行榜和上海交大世界大学学术排名），有 63 所大学在两个排行榜上都进了前 100 名，其中 21 所是私立大学，而且都是美国的大学。除此之外，其他进入前 100 名的大学大多是欧洲大学，这些大学的性质是公立还是私立，界线很模糊。另外，还有几所日本大学也进入了前 100 名。在发达国家的高等教育体系中，仍然是公立大学占主导地位（日本和美国除外）。

在半精英型大学中，私立大学所占比例要高很多，而且很多是本国的最好大学。这类大学介于精英型和非精英型之间，所以选择性和地位高于平均水平。这类大学的主要特点是优先进行有用的实际教学或培训，而且相当一部分此类院校专注于某一特定领域，尤其是商业领域。此外，大部分院校往往明确地以职业为导向。这类院校在性质上绝对私有化，收入来自学费，进行商业化管理。此类私立高等教育发展很快。

第二，身份型大学。大部分身份型大学都具有非营利性。此外，身份型大学也可以以性别为特点。以前有男子大学和女子大学，亚洲也出现了为数不少的女子私立大学。

第三，吸收需求型大学。尽管半精英型私立大学的发展很重要，不过，在私立高等教育领域，发展最快的还是非精英型大学。随着学生对上大学的需求超过了公立和私立大学的供给，此类非精英型学校的出现和增加果真是来"吸收需求的"。此类院校一般不冠以"大学"的称呼，多称为"技术学院"或者"职业学院"，处于高等教育的界定边界，并介于营利性和非营利性之间。

第四，营利性大学。多数营利性大学都包括在非精英型里面。从法律上看，营利性大学只是高等教育体系中的小部分，但在发展中国家，此类学校的发展比较明显。另外，越来越多的营利性大学开始跨国运作。这类营利性学校呈现出很多商业产业的特点，并进行收费服务。这类学校大多按照商业模式来管理，权力集中在董事会和高级管理人员手中，学生被视为消费者。

2. 虚拟教育机构发展

虚拟教育在本质上是跨国界的、全球性的。很多虚拟联盟在设计上也是全球性的，联盟成员来自世界上很多国家。其中，最著名的有以下这些联盟：总部设在亚洲的 U21 Global 是汤姆森学习出版集团（Thomson Learning 已更名为 CENGAGE Learning）与来自欧洲、北美地区和东亚地区的 15 所高校结成的伙伴联盟；Fathom.com 是 13 所高校组成的联合企业，包括哥伦比亚大学、剑桥大学出版社、纽约公立图书馆以及伦敦政治经济学院；　Ontariolearn.com 是由位于安大略的 22 所社区大学结成的联合企业，共同给全世界提供在线课程韩国的 Ewha 女子大学与其他 8 所地方学院组成了国际网络大学，给全世界 30 所院校提供关于女性和韩国的研究成果。

虚拟教育不是教育机构跨境的唯一方式。长期以来，英国大学以加盟办学的方式给国外提供高等教育。在美国，开始经营业务的开放大学通过开办分校或者进行合伙的方式给 41 个国家（如巴西、希腊、俄罗斯和印度）的 26 万名学生提供教育服务。

3. 新供给特点

（1）无界高等教育。无界高等教育是指发展超越了（或者有可能超越）传统的高等教育的界限，这里的界限可以是地域的，也可以是部门的，还可以是概念上的。最初，无界高等教育是跨国企业为满足员工培训的需求而推动起来的；另外，一些企业大学把业务拓展到了私立营利性教育。随着个人终身学习的兴起，无界高等教育考虑到了这种需要，对义务教育和培训、持续职业发展以及在岗培训规划了一系列正规和非正规的活动。由于无界高等教育是虚拟的，因此它的无界性能够避开国家认证体系和质量管理体系。

（2）以"工作兼学习者"为目标。在教育市场上，终身学习群体（25 岁以上含 25 岁）不断壮大，这些挣钱兼学习的人可能是因为升迁或者换工作而需要学习与工作相关的课程，于是新的教育机构就瞄准了这个群体。

（3）便利。由于"工作兼学习者"有很强的时间紧迫感，因此他们要的是便利服务，给他们服务的教育机构按照他们所需要的内容、时间和地点，向他们提供直接相关的成套培训材料、离工作单位近的学习中心、晚课和周末课程，同时压缩学期并提供在线服务。

（4）量身定做。教育机构非常重视对课程的调整，以满足客户的具体需求和具体情况。教育机构的客户大都是企业，量身定做更能满足企业员工的需要。新的信息和通信技术能够大规模地为个人进行量身定做。

（5）一体化。一体化是新经济的关键战略，企业学习在欧美的在线学习市场上占有主导地位，大企业的建立是通过合作，而不是通过竞争。于是，跨行业部门进行联合，竞争者之间结成伙伴关系，这包括公立和私立教育机构、通信企业、技术公司和出版企业、职业和产业联盟。

（6）实用。新教育机构非常重视与实际相关的学习，并鼓励学生动手操作。当然，新教育机构也很重视专有技术，不仅重视新技术的操作程序，也重视所谓的"软技能"，包括为管理和团队工作建立起有效的人际关系，培养谈判及沟通技能、解决实际问题的能力、识别风险和机遇的能力，以及战略思维等。

（7）方式多样化。教育机构在教学时把虚拟方式和教师授课方式结合起来，运用混合模式传送，包括同步和异步在线、卫星视频传送、自我指导工具、面对面授课、小组讨论等方式。特别是在培训"软技能"时，更是把两种方式结合起来使用。

（8）有组织的职外培训和职内培训。职场外培训不仅有组织，而且适合企业的要求；同时，安排职场内培训的组织也积极参与进来。培训以结果为出发点，符合企业的需求。企业为了建设自己的智力资本，越来越以战略的眼光来看待职场内学习。

（9）瓦解传统大学的功能。对传统大学的功能进行横向和纵向瓦解，这是新教育机构的显著特点。在横向层面，新教育机构只注重教与学，专门提供有限的相关课程，没有图书馆和便利设施这样的基础设施；在纵向层面，新教育机构把课程设置、课程开发、教学、学生反馈、评估以及其他客户服务（例如：更换课程、学分转移以及咨询）分离开来。这种"非绑定"做法可以让工作人员弹性工作，并与其他服务提供者合作，从而降低了间接成本，实现了规模经济和弹性收益。

（10）把教育视为生意。教育实现了商业化和商品化。对于企业大学来说，总目标是企业的生存与发展；对于私人所有的大学来说，总目标就是创造股东价值的客户。在美国，企业大学的数量将很快超过传统大学的数量。此外，很多职业联盟正在制订一系列的职业开发计划。企业大学在美国的发展趋势表明，企业对教育和培训越来越感兴趣，因为企业把教育和培训视为获得竞争优势的手段。因此，建立大学的目的转向盈利，降低成本和提高效益理所当然成为企业院校追求的目标[1]。

第二节　高等教育国际化的发展全球化

一、全球化高等教育国际化的广度和深度

（一）全球化高等教育国际化的广度

由于全球化带给高等教育国际化的紧密联系与广泛多元的深刻影响，新的全球化时代下的国际化更多地反映为一种高等教育教学、研究与社会服务交织的立体的"整合式的国际化"。全球化特征的表现主要在于突破国家与区域限制，强化跨国间的理念、知识、资源、技能、学习与技术等多维度、多层面内容在全球范围内流动与交换。

全球高等教育的格局被全球化的大变革深刻塑造着，使得高等教育的理念、观念、知识、技能、资源与学习方式等得以在全球范围流动、转移与扩散。学生与教职员的多元化、全球教育机构排行机制、双学位或跨领域学习制度、高等教育国际组织机构联盟、区域高等教育一体化以及基于信息技术的高等教育无边界教育等，都显示着高等教育的全球化速度正迅速攀升。"国际的、跨文化的与全球的"国际化观念正被高等院校机构努力融入其教学、研究与社区服务中，并由此推动高等教育的全面变革。

在全球化理论、全球技术与全球社会力量等因素的共同作用下，作为推进全球社会变革动力的高等教育所具备的人类知识创新与文化传承，日益成为全球广泛而又重要的命题，使高等教育国际化在质的方面发生着重要变化。

国际化是强调整合跨国以及跨文化关系，来丰富高等教育的深度与广度。因而，对于全球化的高等教育国际化内涵的认识，若仍然停留在通过国家与国

[1]　王哲. 高等教育国际化问题研究 [M]. 大连：东北财经大学出版社，2013.

家之间的旧有范式来加以界定，是难以包括高等教育广泛而多元的全球流动的元素，无法解释全球化对高等教育国际化带来的重大影响之现实。总之，在一个相互联系与竞争的全球社会中，国内与国际的界限已经很模糊，全球不同文化理解、适应与交流活动更为普遍，要求高等教育走向"全球参与"，直面全球高等教育市场，开展全球高等教育网络合作经营，关注人类面临的共同挑战，显示自己的全球的广泛存在与影响力，将有助于促进人类和平文化发展并重构人类发展的美好关系。

此外，全球化最为重要的特征是由于现代网络通信技术发展，成为全球化的另一重要驱动力。通过互联网与数字技术日新月异的变革，使今日高等教育国际化被赋予更为多样化的特征。全球化的高等教育国际化侧重表现为高等教育领域开放式教育与网络教育的突破式的发展，全球范围内各种网络共享课程资源的开放，开放式教育课程组织的诞生壮大，课堂学习与网络教育结合的混合式学习模式的应用等。这些全球技术影响与革新，使高等教育的教与学问题在全球信息化网络化下更为广阔与生动丰富地展开，高等教育的教与学正在产生重要的转型发展时机。

（二）全球化高等教育国际化的深度

全球化的高等教育国际化的深度主要表现在以下方面。

（1）全球化的高等教育国际化的参与主体更为广泛。全球化力量使全球流动变得更为复杂，为不同行为主体跻身全球舞台，参与全球教育竞争提供了更多的意愿表达的机会。处于不同现代化发展水平或状态的国家，都积极地参与到全球环境下高等教育的合作与交流中，从而让全球化的高等教育国际化成为凸显全球教育身份与地位的平台。同时，全球化的高等教育国际化也正在改变国际化的原有世界秩序。一些国家率先在高等教育国际化中处于领先地位，这成为他们在国际化创新实践中的重要障碍；相反，那些正处于发展中的国家正大踏步地向国际化开放，积极与其他国家建立伙伴关系，他们在国际化的话语、实践与取得的成果等方面，为那些具有很长历史的国际化国家提供了重要的学习机会。目前，全球化的高等教育国际化的发展正表现出多极化的发展态势。

（2）全球化的高等教育国际化的深刻发展，表现为对于培养全球化人才质量的重视。经济全球化带来的全球区域性劳动力市场合作日益增强，未来人才所学习与工作的环境将更为全球化。因而，为在更紧密的世界中学习和工作而做好准备的人才培养规格与具有国际竞争力的全球化公民素质的培养，成为高等教育新的重要使命。全球商业的继续发展也需要高等教育机构培养大批年轻的高学历和高技能的专业人士，以回应全球市场与知识经济社会对高等教育人才培养的要求。总之，全球化的高等教育国际化的目标在于通过营造国际的、跨文化的与全球化的学习环境，为学生在一个联系更加紧密的全球化世界中更好地生活和工作做好准备。

（3）全球化的高等教育国际化竞争程度更为剧烈。由于全球化的趋势导致全球高等教育版图变化迅速，这直接表现为高等教育领域的全球竞争，诸如国际上的学生与教师等人才的流动竞争，跨境的无边界的国际教育项目、国外教育认证与海外分校等的日益多样化，以及更为普遍的全球流动下的国际教育在政治、经济、文化外交及教育质量诸方面的竞争都已成现实。目前，世界上许多国家或地区的高等教育机构愈加重视投资跨境的高等教育项目，以此作为自己因应全球化的努力，其动因指向不计其数的资金收获，并以通过向外的高等教育全球拓展，使得许多院校机构因此更具市场竞争力，形成国家教育品牌与区域国际教育中心，全球正日益成为不同高等院校研究与教学质量同台竞技角力的平台[1]。

二、欧美高等教育国际化发展与特征

（一）欧洲高等教育国际化发展与特征

1.欧洲高等教育国际化发展

欧洲高等教育国际化发展重点着眼于两个方面：其一是通过体制改革提高高等教育的国际竞争力；其二是利用高等教育为国民经济发展服务。欧洲国家及政府制定国际化政策的宗旨是，将大学国际竞争力和科研水平作为对高等教育投入的标准，不仅在欧盟内部施行，而且延伸至泛欧合作。由欧洲各国所推动的高等教育一体化运动，通过协调与整合实现着欧洲内部资源自由流动与合理配置，使得欧洲各国的高等教育国际化获得了共同发展，将整个欧洲整合在一个"泛国家"的新型国际关系基础之上。高等教育的国际化和高等教育体制的结合使得欧洲各国大学之间的联系更为紧密了。

欧洲高等教育一体化已经是难以逆转的发展主流。处于不同发展水平、拥有各自特点的欧洲各国在面对全球化的冲击时，相互的国际合作反而越来越紧密，这是历史发展的必然。

[1] 刘红，张跃进，佟晓丽. 高等教育国际化 [M]. 北京：兵器工业出版社，2005.

2. 欧洲高等教育国际化的特征

欧洲高等教育国际化的最大特点是欧洲的一体化改革。欧洲高等教育的国际化和欧洲经济一体化、政治一体化相同，呈现出一体化的趋势，是欧洲走向大融合的必然选择。从全球的视野来看，在高等教育国际化领域中的合作与竞争正在两个层面上展开，即：与欧洲外部的合作与竞争和在欧洲内部的合作与竞争。合作与竞争的动因是欧洲各国高等教育国际化在面对全球化激烈的经济竞争条件下相互联合的需要。

（二）美国高等教育国际化发展与特征

1. 美国高等教育国际化发展

（1）树立全球化与国际化的思想观念。美国是重视高等教育国际化的国家。全美州立院校联合会在其敦促加快教育国际化的报告中指出：学生应接受正确反映全世界社会、政治、文化和经济的全方位的国际化教育，教育界应积极研究全球性问题，通过国际教育交流项目、技术支持等方式，加强同外部世界的联系。

（2）完善高等教育法规及规范高等教育国际化发展。完善的高等教育法规为美国的高等教育国际化打下了坚实的基础和良好的操作平台。美国的高等教育国际化是其全球化发展战略在教育上的反映，它以法规和政策的形式将高等教育国际化的要求固化和规范起来，使之成为国家意志，从而保持了国际化原则的延续性和稳定性。美国政府及其教育机构采取切实的措施，促进了高等教育教学内容的国际化：一是加强外语教学；二是课程设置的国际化；三是实施理解教育。

（3）推动教学主体在国际间流动。学生和教师是教育教学工作得以实施的两个主体，也是衡量高等教育国际化深度与广度的两个重要因子。因此，美国政府极力推进教学主体在国际间的交流与合作，以提高高等教育国际化水平：一是采用招募与输送相结合的方式增强学生流动；二是在海外设立分支机构；三是伙伴合作和以科技为基础的合作。

2. 美国高等教育国际化的特征

美国高等教育国际化涉及高等教育的多个方面，其中政府和教育部门明确的高等教育国际化思路与目标，美国教育委员会与国际项目中心制定的清晰的衡量指标、得力的保障措施及有效的实施策略，是美国高等教育国际化较为显著的特点，具体如下。

（1）明确的思路目标

美国 14 个教育协会（包括国务院、教育部、国防部等）要求联邦政府加强对国际教育的领导和支持，采取措施加强国际教育，加快课程国际化。美国的高等教育国际化进程主要有四个目标：一是学术目标，主要是为了巩固自由教育，加强教学和科研的质量；二是文化目标，主要是通过吸收外国留学生、课程国际化、加强学者交流、派遣学生出国等多种途径，实现美国文化和核心价值观念的输出；三是经济目标，主要是希望通过国际化为学生的就业作准备，为高校增加收入，提高当地经济的发展和竞争力；四是社会目标，主要表现为可以加强高校在世界各国中的竞争力和与各国的联系，提高学生在日益复杂的国际环境中的生存能力，促进国际和文化的理解。可见，美国政府及其教育部门明确了实施高等教育国际化进程的思路和目标。

（2）清晰的衡量指标

美国教育委员会与国际项目中心（ACE）认为，衡量高等教育国际化的指标主要有四个：一是制度支持，包括明确的制度保障、组织机构和人员配备、外部资金资助等内容；二是学术要求、项目和课外活动，包括对外语的要求和提供、对国际或全球课程的要求、国外教育、学术实现国际化、联合颁发学位和校园活动等；三是教师的资助政策和专业化发展机会，包括为他们参与国际化进程提供资金，把参与国际化活动作为他们晋升、授予终身职位和雇佣的标准；四是国际学生，包括制定注册入学与选拔的目标和策略，为国际学生提供资助及各种项目和支持服务。

（3）有效的保障措施

为推进高等教育国际化进程，美国政府及其教育部门采取了多项保障措施具体如下。

第一，实行制度支持。对高等教育国际化的制度支持通过不同的方式表现。例如，把国际化作为一个体制任务纳入学校发展规划当中，对国际化和全球化问题进行公开声明，并为其设计具体的策略等，不少学校还增设了国际事务办公室，以期对国际化发展进行专门性和专业性的管理。

第二，实施资金资助。为促进高等教育的国际化发展，美国政府注重在资金上给予资助，同时把能否获得额外的资金来促进学校国际化发展作为一个重要指标。资金资助可用在支持教师带领学生参加国外项目、国外会议及国外研究与学习方面；对积极参与国际化活动的优秀教师的奖励方面；高校改善自身的教学建设和基础建设方面，如建设与国际化相关项目的网页链接，通过互联网的方式来传播国际化的理念、介绍学校国际化办学项目、征集合作单位等。

（4）有效的实施策略

为促进高等教育国际化的发展、提高高等教育国际化的实效，美国政府及其教育机构采用多种策略，其中最为显著的两个方面分别从学生和教师角度展开：一是采用多种途径培养学生的国际视野。美国高校通过在课堂中向学生传播国际化或全球化的知识与观念，为学生提供参加各种课外活动和项目的平台，使他们的生活充满着国际化气息；二是积极推进教师的专业化发展。美国高校充分认识到教师在教学、科研、带领学生参加国外学习项目、开设国际课程等方面对学校的国际化进程起着重要的影响。因此，学校积极创造条件，为教师提供专业发展机会，通过开办国际课程专题讨论会和为教师提供加强外语运用技巧等，使教师的专业素养得到进一步提升，以更好地适应国际化的需要。

三、中国高等教育的对外开放与现代化

（一）中国高等教育对外开放

当前，《教育部等八部门关于加快和扩大新时代教育对外开放的意见》（以下简称《意见》）正式印发。《意见》指出，教育对外开放是教育现代化的鲜明特征和重要推动力，坚持教育对外开放不动摇，主动加强同世界各国的互鉴、互容、互通，形成更全方位、更宽领域、更多层次、更加主动的教育对外开放局面。

《意见》坚持内外统筹、提质增效、主动引领、有序开放，对新时代教育对外开放进行了重点部署，具体如下。

（1）在教育对外开放中贯彻全面深化改革的要求。《意见》提出，着力破除体制机制障碍，加大中外合作办学改革力度，改进高校境外办学，改革学校外事审批政策，持续推进涉及出国留学人员、来华留学生、外国专家和外籍教师的改革。

（2）把培养具有全球竞争力的人才摆在重要位置。《意见》提出，提升中国高等教育人才培养的国际竞争力，加快培养具有全球视野的高层次国际化人才。推动职业教育更加开放畅通，加快建设具有国际先进水平的中国特色职业教育体系。提高基础教育对外开放水平，培养德智体美劳全面发展且具有国际视野的新时代青少年。

（3）推动教育对外开放实现高质量内涵式发展。《意见》提出，优化出

国留学工作布局，做强"留学中国"品牌，深化教育国际合作，鼓励开展中外学分互认、学位互授联授，扩大在线教育的国际辐射力。同时，通过"互联网+""智能+"等方式，丰富中西部地区薄弱学校国外优质教育资源供给。

（4）积极向国际社会贡献教育治理中国方案。《意见》提出，打造"一带一路"教育行动升级版，扩大教育国际公共产品供给，深化与重要国际组织合作，推动实施联合国《2030年可持续发展议程》教育目标；建立中国特色国际课程开发推广体系，优化汉语国际传播，支持更多国家开展汉语教学。

《意见》明确了各级党委、政府的职责，强调在党委统一领导下，推动政府充分发挥统筹协调作用，把教育对外开放纳入重要议事日程。建立健全多部门协调联动机制，加大保障力度，加强智力支撑，有效防范化解风险，广泛调动社会力量支持教育对外开放工作。

1. 优化公派出国布局

《意见》对新时代教育对外开放进行了总体部署，提出了明确要求，也为国家留学事业进一步实现提质增效和内涵式发展指明了方向、提供了遵循，意义重大。

国家公派出国留学的引领作用凸显。作为"留学国家队"，多年来，国家公派出国留学聚焦主责主业，布局结构不断优化，具体如下。

（1）更加聚焦教育现代化强国建设。国家建设高水平大学公派研究生项目累计派出8万余名留学人员；创新型人才国际合作培养项目先后资助300多个项目，为实现教育现代化提供了有力人才支撑。

（2）更加聚焦服务"一带一路"发展。通过国际区域问题研究及外语高层次人才培养项目，加大对通晓"一带一路"沿线国家语言、人文、经济等方面专门人才培养力度。

（3）更加聚焦全球治理人才培养。相继设立国际组织实习项目和国际组织后备人才培养项目。党的十八大以来，国家公派出国留学年度派出规模连续多年稳定在3万人左右，每年资助近7万人在外留学。

同时，当前奖学金来华留学的品牌效应凸显。在"留学中国"品牌矩阵中，中国奖学金来华留学是当之无愧的第一方阵，生源地国家数和留学人数不断拓展，奖学金生结构持续优化。主要表现在：①招生改革持续推进。优化完善招录制度，实行奖学金院校、学生间双向选择，把好把严"入口"；②预科教育体系进一步健全。基本完成预科教育体系和考试建设，预科院校规模扩大到17

所，培养合格预科生 1.6 万余人；③"感知中国"走深走实。2015 年至今，支持和引导有关奖学金院校组织 3 万余名中国政府奖学金生深入各行各业，了解中国发展和变化；④奖学金管理工作更加规范。加强对学校来华留学培养质量、服务管理及规模考核，及时处理奖学金院校关心问题，管理规范化不断提升。

总之，国家公派出国留学人员的获得感增强。落实国家深化"放管服"改革要求，坚持完善制度与人文关怀相结合，对管得过多过细的做减法，对做得不够的做加法，对该做没做的出办法。进一步明确中国相关单位主体责任，完善管理事项。充分调研有关单位、留学人员所思所急所需，相继取消保证金、协议书公证等环节，推进协议书电子化等线上"一网通办"，改善管理服务、优化精简流程，减轻公派出国留学人员负担，提高留学人员的获得感、幸福感。

2. 践行构建人类命运共同体

构建人类命运共同体是中国特色社会主义思想的重要组成部分，充分展现了中国将自身发展与世界发展相统一的全球视野、世界胸怀和大国担当，得到了国际社会的高度评价。《意见》因应构建人类命运共同体的时代要求，凸显了教育对外开放在我国教育事业和全面开放新格局中的坐标位置和引擎作用。

教育对外开放作为对外开放的重要组成部分，要在新格局中校定位，在新要求中找差距，在新发展中谋奋进。作为负责任的大国，有必要在第一时间内拿出切实可行的举措，表明我们对教育国际交流与合作的态度，这是促进全球教育治理体系变革的需要，更是对构建人类命运共同体理念的践行。

《意见》充分落实坚定不移深化改革、扩大开放的思想精髓，明确了新时代教育对外开放的指导思想、基本原则、重点任务，改革举措更加有的放矢、更加完善成熟、更加积极主动，是当前和今后一个时期教育对外开放的顶层设计。中国教育国际交流协会作为教育界开展民间对外教育交流的全国性机构，将始终按照"官民并举""政社桥梁"的要求，围绕教育部中心工作，充分发挥社会团体的优势，认真落实《意见》重要部署，全面服务教育现代化和特色大国教育对外交流合作。

（1）服务培养具有全球竞争力的人才

"两个一百年"奋斗目标的实现，需要一代又一代的接续奋斗。教育现代化的根本目标是实现人的现代化，是培养德智体美劳全面发展且具有国际视野的社会主义建设者和接班人。教育对外开放工作覆盖各级各类教育、涉及人才培养全链条，要分层次分领域分重点地服务人才培养这项核心任务。

第一，稳基础，提高基础教育对外开放水平。加强中小学国际理解教育，在基础教育阶段就培养青少年树立人类命运共同体的意识。高质量海外研学旅行、寒暑期夏令营和长短期互访交流等都是引导学生更好地理解世界多元性的好办法。协会将在继续做好师生交流项目的同时，积极研发和出版国际理解教育课程和读本，不断增强师生跨文化交流能力。

第二，抓源头，加强教师队伍的国际化建设。教育大计，教师为本，教师是教育发展的第一资源，教师教育是教育事业的工作母机。协会将继续放眼全球，借鉴国际有益经验，结合中国教师教育传统优势和特色，实施好国家"工匠之师"创新团队境外培训计划等海外研修项目，增加对课程标准、教学实施和信息化运用等微观环节实践，切实提升教师的国际化视野和能力素质，帮助院校"练好内功"。发挥外籍教师招聘管理服务职能，指导学校规范引进优秀人才。同时，针对中西部师资相对薄弱情况，继续邀请优秀语言教师来华做好"暑期英语教师培训"等项目，提升教师外语教学水平，缩小区域差距，助力教育公平。

第三，寻突破，开展高水平国际交流合作。积极与国外院校联盟、行业协会和组织开展深度合作，搭建更多面向专业领域的特色中外院校交流平台，协助院校"找准伙伴"，推动联合科研攻关、共建实验室和人才联合培养等实质性合作，实现优质资源共享、先进经验互鉴。

（2）服务高质量、内涵式的教育对外开放进程

教育对外开放事业已经驶入提质增效的快车道，《意见》立足高起点、保证高质量、强化高效益，强调系统协同、重点突出，遵循教育本质、开放规律，让质量是生命线、效益是试金石的理念深深扎根。协会近年来始终坚持转型升级的发展思路，培育教育国际交流行业的凝聚力和引领力，增强在国际教育领域的竞争力，带动民间教育国际交流和院校国际化提质量、强规范、上水平。

进入质量时代，保障质量就是规范行业，提升质量就是打造品牌，聚焦质量就是抓住关键，具体如下。

第一，标准建设瞄准加强质量。协会充分发挥社会组织的平台优势，整合行业专业资源，开展来华留学、中外合作办学、自费出国留学、中小学研学旅行等涉外教育相关标准研制工作，以标准化建设推动行业规范行为、有序竞争、良性发展。

第二，助力"留学中国"品牌提升质量。协会目前是教育系统中唯一具有教育服务认证资质的机构，自2016年开始采用世界通用的第三方质量评价模式，开展来华留学质量认证，覆盖普通高等教育和职业教育领域，参加认证的高校

已达 146 所，切实提升了高校来华留学招生培养和管理服务水平。下一步将实施来华留学生临床医学专业教育（英语授课）质量认证，为世界医学教育发展提供有益经验。此外，持续推动来华留学英语授课课程和专业建设，支持在线教学国际平台和课程资源对接。

第三，把脉涉外办学保证质量。利用好协会承担中国高等教育国际化发展状况信息平台建设的契机，践行一线规则，坚持问题导向，做好年度高等院校国际合作与交流大数据分析，为推动"一带一路"教育共同体建设，开展国际范围内中外合作办学、师生流动、科研合作等提供有效政策建议，不断凝聚我国高校国际化发展共识，推动高水平教育国际合作与交流。

（3）服务参与全球教育治理

教育对外开放工作既要努力营造有利于我国发展的良好外部条件，又要发挥我国教育日益增长的影响力，积极贡献国际社会。推进教育对外开放工作，必须扎根中国、融通中外、立足时代、面向未来，以新的发展理念和教育思想指导教育现代化，参与全球教育的现代化进程。当前正值史上最严重的全球公共卫生突发事件——新冠肺炎疫情全球蔓延之际，全球教育工作者迫切需要提振信心，改善全球国际教育治理协调合作机制，实现更为公正的、富有活力的新型教育国际合作伙伴关系。

（二）中国高等教育现代化

2019 年 2 月，中共中央、国务院印发了《中国教育现代化 2035》，并发出通知，要求各地区各部门结合实际认真贯彻落实。下面围绕《中国教育现代化 2035》，阐述中国高等教育现代化。

《中国教育现代化 2035》分为五个部分：战略背景；总体思路；战略任务；实施路径；保障措施。《中国教育现代化 2035》提出了推进教育现代化的八大基本理念：更加注重以德为先、更加注重全面发展、更加注重面向人人、更加注重终身学习、更加注重因材施教、更加注重知行合一、更加注重融合发展、更加注重共建共享。明确了推进教育现代化的基本原则：坚持党的领导、坚持中国特色、坚持优先发展、坚持服务人民、坚持改革创新、坚持依法治教、坚持统筹推进。

《中国教育现代化 2035》聚焦教育发展的突出问题和薄弱环节，立足当前，着眼长远，重点部署了面向教育现代化的战略任务，主要内容如下。

（1）学习中国特色社会主义思想

把学习贯彻中国特色社会主义思想作为首要任务，贯穿到教育改革发展全过程，落实到教育现代化各领域各环节。以中国特色社会主义思想武装教育战线，推动中国特色社会主义思想进教材进课堂进头脑，加强高等学校思想政治教育。加强中国特色社会主义思想系统化、学理化、学科化研究阐释，健全习近平新时代中国特色社会主义思想研究成果传播机制。

（2）发展中国特色世界先进水平的优质教育

全面落实立德树人根本任务，广泛开展理想信念教育，厚植爱国主义情怀，加强品德修养，增长知识见识，培养奋斗精神，不断提高学生思想水平、政治觉悟、道德品质、文化素养。

（3）提升一流人才培养与创新能力

分类建设一批世界一流高等学校，建立完善的高等学校分类发展政策体系，引导高等学校科学定位、特色发展。持续推动地方本科高等学校转型发展。加快发展现代职业教育，不断优化职业教育结构与布局。推动职业教育与产业发展有机衔接、深度融合，集中力量建成一批中国特色高水平职业院校和专业。优化人才培养结构，综合运用招生计划、就业反馈、拨款、标准、评估等方式，引导高等学校和职业学校及时调整学科专业结构。加强创新人才特别是拔尖创新人才的培养，加大应用型、复合型、技术技能型人才培养比重。

加强高等学校创新体系建设，建设一批国际一流的国家科技创新基地，加强应用基础研究，全面提升高等学校原始创新能力。探索构建产学研用深度融合的全链条、网络化、开放式协同创新联盟。提高高等学校哲学社会科学研究水平，加强中国特色新型智库建设。健全有利于激发创新活力和促进科技成果转化的科研体制。

（4）建设高素质专业化创新型教师队伍

大力加强师德师风建设，将师德师风作为评价教师素质的第一标准，推动师德建设长效化、制度化。加大教职工统筹配置和跨区域调整力度，切实解决教师结构性、阶段性、区域性短缺问题。完善教师资格体系和准入制度。健全教师职称、岗位和考核评价制度。

（5）加快信息化时代教育变革

建设智能化校园，统筹建设一体化智能化教学、管理与服务平台。利用现代技术加快推动人才培养模式改革，实现规模化教育与个性化培养的有机结合。创新教育服务业态，建立数字教育资源共建共享机制，完善利益分配机制、知识产权保护制度和新型教育服务监管制度。推进教育治理方式变革，加快形成现代化的教育管理与监测体系，推进管理精准化和决策科学化。

（6）开创教育对外开放新格局

全面提升国际交流合作水平，推动中国同其他国家学历学位互认、标准互通、经验互鉴。扎实推进"一带一路"教育行动。加强与联合国教科文组织等国际组织和多边组织的合作。提升中外合作办学质量。优化出国留学服务。实施留学中国计划，建立并完善来华留学教育质量保障机制，全面提升来华留学质量。推进中外高级别人文交流机制建设，拓展人文交流领域，促进中外民心相通和文明交流互鉴。促进孔子学院和孔子课堂特色发展。加快建设中国特色海外国际学校。鼓励有条件的职业院校在海外建设"鲁班工坊"。积极参与全球教育治理，深度参与国际教育规则、标准、评价体系的研究制定。推进与国际组织及专业机构的教育交流合作。健全对外教育援助机制。

（7）推进教育治理体系和治理能力现代化

提高教育法治化水平，构建完备的教育法律法规体系，健全学校办学法律支持体系。健全教育法律实施和监管机制。提升政府管理服务水平，提升政府综合运用法律、标准、信息服务等现代治理手段的能力和水平。健全教育督导体制机制，提高教育督导的权威性和实效性。提高学校自主管理能力，完善学校治理结构，继续加强高等学校章程建设。鼓励民办学校按照非营利性和营利性两种组织属性开展现代学校制度改革创新。推动社会参与教育治理常态化，建立健全社会参与学校管理和教育评价监管机制。

《中国教育现代化2035》明确了实现教育现代化的实施路径：一是总体规划，分区推进。在国家教育现代化总体规划框架下，推动各地从实际出发，制定本地区教育现代化规划，形成一地一案、分区推进教育现代化的生动局面。二是细化目标，分步推进。科学设计和进一步细化不同发展阶段、不同规划周期内的教育现代化发展目标和重点任务，有计划有步骤地推进教育现代化。三是精准施策，统筹推进。完善区域教育发展协作机制和教育对口支援机制，深入实施东西部协作，推动不同地区协同推进教育现代化建设。四是改革先行，系统推进。充分发挥基层特别是各级各类学校的积极性和创造性，鼓励大胆探索、积极改革创新，形成充满活力、富有效率、更加开放、有利于高质量发展的教育体制机制。

第三节　高等教育全球化带来的机遇、挑战

一、高等教育全球化带来的机遇

（一）教育理念的全球化变革

高等教育全球化首先是一种办学理念，它将深刻地改变教育的既定观念，有力地冲击中国高等教育的定势思维，带给中国教育一场深刻的思想变革。在传统理念里，缺乏充足的国际意识，缺乏世界范围的合作与竞争观念，仅仅满足于国内改革与发展的成就，长此以往必然导致与国际教育发展的脱钩。高等教育全球化要求人们克服传统的保守思想和狭隘的本土观念拓宽视野，从全球角度出发，认识高等教育全球化的重要性和必要性，确立高等教育国全球化的发展理念。高等教育全球化带来了世界先进的教育理念教育思想，必然冲击我国传统的教育思想阵地，促使人们抛弃保守的旧思想、旧观念。因此，高等教育全球化给人们提供了一个全新的发展环境促使我国高等教育更加开放。

（二）教育制度的全球化改革

高等教育全球化要求人们改革传统的高等教育管理体制，树立高等教育管理社会化思想，以市场为导向转变政府和教育行政部门的职能等。随着经济全球化进程的推进，高等教育全球化进程将更加迅速。我国的高等教育应把实施全方位的全球化教育作为新世纪高校的核心使命之一，要把我国高等教育置身于经济全球化的大背景下，去改革和发展，要面向世界，面向国际大市场。

（三）教育市场的全球化开发

在教育全球化的进程中，中国与世界各国的联系更为密切，中国需要了解世界，世界同样需要了解中国。悠久的历史、深厚的文化、多种的民族构成，更使我国在世界留学生市场上有着独特优势，而作为汉语的唯一母语国家这也是绝无仅有的文化资源。作为一个拥有 14 亿人口和经济快速增长的大国，中国孕育着巨大的消费市场，因而许多国家纷纷将月光投向中国。伴随着高等教育全球化，越来越多的他国人民想了解中国，必将有更多的外国人来中国学习和研究中国文化。这将给我们带来新的教育市场，尤其是汉语和双语人才培训和外方人员子女市场。

（四）全球教育治理的参与

全球教育治理是指国际体系中以主权国家为核心的各个行为体的共同合作，通过正式的制度和非正式的安排，协调各自利益和政策，以应对全球化时代人类社会所面对的教育发展上的各种跨国和国际挑战，并支持各个国家实现国家治理水平提升的活动。

当前，全球教育治理面临的主要治理危机既包括由于全球力量对比发生变化和新兴国家崛起而产生的国际治理机构权力分配问题，也包括现行国际制度和国际规则中的程序正义问题；既包括全球教育治理不断发展过程中诸多治理主体在"权威空间"中的张力问题，也包括传统国际治理机构由于官僚体制而形成的效率和效能的问题等。

中国对全球教育治理最大、最持久的贡献就是其自身的发展成就。在未来的全球教育治理中，中国可通过接受和参与既定的国际制度（即转制）、改变国际社会中一些国际制度的不合理不公正因素（即改制）和创新设计更好的国际制度以发挥国际制度的效应（即建制），从而在全球教育治理中发挥更为重要的作用。

有效提升中国在全球教育治理中的参与和贡献，需要中国自身不断加强对国际制度进行转制、改制和建制的能力建设，同时也需要从战略和战术不同层面做出谋划。其中能力建设是核心。加强具有原创性教育知识、思想和理念的生产和生成，加强教育话语体系的创制、推广和传播，加强能够得到国际社会认可和通行的教育规制的制定和发展，通过议程设置、程序设定、协商博弈等加强国际教育合作等。

二、高等教育全球化面临的挑战与应对措施

（一）高等教育全球化面临的挑战

从全球来看，高等教育商业化等是国际化带来的主要风险，特别是跨境教育，不过显然国际化的趋势还会继续。各大学面临的压力是如何参与到国际化进程中去。

让高等教育国际化与经济和学术全球化保持同步，高校和政策层面都面临着挑战。为了让国际化更有意义并保持可持续发展，需要得到一些人力资源和经济资源，并需要对这些资源进行有效的利用和管理。对高等教育参与者来说，要想选择国际化战略，其主要任务是找到合适的资源并对它的使用施加影响，

但处理好国际化这个经济问题并非易事。此外，课程在流动中也提出了重大挑战。新的提供者毫不费力地跨越国界，有的是应东道国政府的邀请，有的是受利益的驱动。这些新的跨境课程一般遵循提供者本国的课程结构，但不一定适合东道国的教育体系、文化标准或市场需求，有时还会出现东道国和本国都无法对提供的教育质量、道德或条件进行监管的现象。因此，需要国际标准、质量框架和国际监督体系来解决课程流动中出现的问题。

同时，因为全球新冠肺炎疫情的爆发对高等教育全球化也带来了相应挑战，主要表现如下。

（1）教育国际交流合作遭遇短期集中冲击。中国教育对外开放的最前沿如出国留学、来华留学、人才引进、人文交流等诸多方面，因疫情直接影响而遭遇的集中冲击不言而喻。短期来看，疫情导致的全球性经济衰退、国际教育投入下降、国际人员流动锐减、国际政治局势变动等，都是中国教育对外开放的消极变量。在国际疫情倒灌、国内局部反弹的双重风险下，预判和测算上述影响及其规模，预筹应急应对举措，配合大局打好"战疫"下半场无疑是首要命题。

（2）"全球化""国际化"遭遇空前反思。20世纪80年代开始的这波全球化，毫无疑问创造了史无前例的巨大财富，但同时也伴随着国别鸿沟、贫富差距、社会分化史无前例的扩大。新冠疫情的爆发，更让很多国家体验了产业链断裂对国家经济主权带来的威胁，"逆全球化""有限的全球化"思潮以及各国对于"对外开放"的保守与退守姿态，将会成为后疫情时代中国教育对外开放的新语境之一，其潜移默化的影响值得深度研判。

（3）国际局势演变给教育对外开放带来不利因素。国际局势演变对未来一段时间中国的出国留学、人才交流、合作办学等方面都将带来不利影响。

（二）高等教育全球化的应对措施

（1）分而治之，部署差异化、精准化的交流合作战略。百年未有之大变局之下，对不同区域、不同学科、不同层次和不同领域的合作交流战略要有差异化部署，对短期受冲击巨大的领域与长线稳定推进的领域要有精准化扶持举措等。

（2）集中发力，推动举国体制在教育对外开放领域的关键发挥。集中力量迅速重启来华留学、加紧争取高科技领域拔尖创新人才、加快培养能够站到一线为中国独当一面的卓越国际人才等诸多方面，都有赖国家的集中动员与集中投入。有必要研判全局取舍轻重，争取资源保障重点。

（3）全员提升，普及并升级国际素养教育。中国正日益走向世界舞台的中央，中国年轻一代中的每一个成员都应该为此做好准备，无论是能力上还是心理上。普及并升级以"世界观、民族情、中国心"为宗旨的国际素养教育，将让年轻一代在全球宏观大背景中有效比照与深度认知中国的定位、角色和责任，进而发展出相应的全球合作与竞争素养，在百年未有之大变局中稳健承继中国的未来。

（4）预判先机，撬动教育专属红利。全球疫情带来的经济下滑、就业低迷及需求萎缩会迫使劳动力回归或滞留教育培训领域以寻求缓冲与储备，从而促使教育事业，包括教育对外开放领域为之提振。与此同时，国际间教育交流合作恰恰是当前全球化进程遇阻和国际政经局势紧张之下的一个软性缓冲机制，正当大展经纶之时，要及时对相关特殊机遇、专属红利做出预判，承担使命并发挥作用。

第二章　高等教育国际化的理论透视

在世界经济一体化和信息化的推动下，高等教育国际化已成为世界各国高等教育发展的必然趋势。构建高等教育国际化的理论体系就要转变教育观念，树立高等教育国际化的战略思想，加快高等教育的立法进程，以法治教。本章主要围绕高等教育国际化的内涵与要素、高等教育国际化动因、高等教育国际化的理论依据展开论述。

第一节　高等教育国际化的内涵与要素

一、高等教育国际化的内涵

（一）高等教育国际化的认知

高等教育国际化是指超越国家界限的各种教育活动，包括参与国际教育交流，推广本国语言文化，提升本国教育国际地位等内容。对高等教育国际化的认识有多种不同的观点，具体如下。

（1）活动描述法。活动描述法即通过各种各样的具体活动来描述高等教育国际化；这些活动主要包括课程改革、技术援助、合作研究等，这是描述和界定高等教育国际化使用最广泛的方法。

（2）目标描述法。从培育发展学生新技能、态度和知识的角度来界定国际化。

（3）文化、气质描述法。从高等院校形成国际性的精神气质的角度界定高等教育国际化，认为高等教育国际化最关键的是形成国际化的文化与气质。

联合国教科文组织与国际教育发展委员会认为，高等教育国际化就是要求教育反映出各国共同的抱负、问题和倾向。当前人类面临的共同问题以及要达成的共同目标势必会把世界各国的教育活动联系起来，在相互的学习借鉴中获得进步，推动人类社会的发展。

（二）高等教育国际化的特征

第一，有新的历史背景。高等教育国际化，是在一个崭新的历史背景下迅速兴起的。和平与发展成了世界性的主题经济发展呈现出前所未有的全球化趋势。现代交通和通信技术的发展，使交流与合作不仅成为可能，而且成为必须；以往世界各国所面临的许多国内问题都已变成了国家间和国际性的问题，越来越多地需要多国以至于世界各国参与合作来共同解决。在这样的历史背景下，高等教育的国际化，便成了社会历史发展的必然要求。

第二，有组织、有明确指导思想。希腊和中世纪时期的高等教育国际化，是基于知识无国界的朴素认识，是出于学者个人追求学问和传播知识的动机，是一种自发的、私人性质的活动。而当今的高等教育国际化，不仅有一系列国际组织的推动，而且许多国家的政府和高等学校都有明确的指导思想，还设立有专门的组织机构，并且制定有明确的战略和策略。如在加拿大有三个全国性的机构，即加拿大国际教育署（CBIE）、加拿大大学和学院协会（AUCC）和加拿大社区学院协会（ACCC），都把高等教育国际化作为最重要的职责。一些大学也成立了专门的组织，如有些大学设立国际办公室以提供咨询、协调、日常事务管理与通信支持，有的大学董事会把国际化作为大学的使命纳入决策过程，或制定各种相关的政策，激励和奖励教师、研究人员开展国际活动。此外一些国家和大学也开始注重有关高等教育国际化的理论研究。目前，有关高等教育国际化、比较高等教育和外国教育资料的期刊、杂志和论文越来越多，这些都进一步推动了高等教育国际化的进程。

第三，规模前所未有。从人员流动的方向来说，加强了双向流动的趋势，除了发展中国家向发达国家的流动外，发达国家也加强了向发展中国家派出留学生的力度。从国际交流的范围看，已经从区域性的小范围交流发展成全球性的大范围；即发达国家之间的交流、发达国家向发展中国家提供援助使之发展成为发达国家之间的交流、发达国家与发展中国家的交流、发展中国家之间的交流等多种途径和范围。从交流的因素来说，主要是人员的流动，而现在已发展成为包括物资、资金、技术、信息等要素的交流。

第四，不平衡性。高等教育国际化的一个显著特征是不平衡性。虽然高等教育国际化是双向或多向的文化交流活动，由于发展速度、重点和环境的不同，这种交流对各个国家的影响是不同的。相对而言，西方发达国家位于世界科学技术的中心，有着强大的政治影响和坚实的经济后盾，会在这种双向交流中占据主导地位。

从文化的影响来说，发达国家借助于先进的科技，拥有众多的文化输出渠道，再加上其领先的政治经济地位，自然地会在一定程度上形成文化殖民主义。其社会价值观、思维和行为模式、生活方式甚至包括政治观点等方面都会随着知识技术的输出。一大批接受了国际化教育的人才脱颖而出后，欧美化的知识分子也宣告形成。对异国的留学生活在工作、生活、思维方式、人格等方面影响，回国后使留学生处于较有影响的地位，自然地会把这种异国文化的影响更广泛地传播开去，使外来文化日益扩张。

发展中国家在向发达国家学习先进的教育经验时，存在着模仿发达国家教育模式的情况。这种模仿会脱离本国的实际，培养出的人才不能适应本国国民经济发展的需要，从而造成人才外流。在推进高等教育国际化的进程中，如何既要学习和借鉴西方发达国家先进的科学文化和经验，又要保持本民族文化的特色，发展适应本国国情的高等教育，是在高等教育国际化的浪潮中摆在发展中国家面前的一个严峻问题。

（三）高等教育国际化的作用

当前，国际化教育正在以其全球化的教育资源、自主化的学习方式、国际化的教育管理以及虚拟与现实相结合的学习环境改变着传统的学校教育，形成了发挥学生自主性、创新性、协作性的新型教学模式。它的作用主要表现为以下四个方面。

1. 促进学生发展

高等教育国际化能够在现代信息技术与多种教育教学理论的有机结合中，充分发挥学生的主体作用并考虑他们之间的个性差异，通过自主学习、协作学习、探究性学习、体验式学习等多种方式促进学生知识、技能与情感的共同发展。同时，国际上多样化的学习资源为满足不同学习者的个性需求奠定了基础，可以有效促进他们的个性化发展。

2. 扩大教育规模

高等教育国际化能够促进资源的全球共享，将学校课程扩展到拥有计算机就可以接收到任何一个地方的资源，教师也可以通过网络同时给来自世界各地的学习者上课。当前发展起来的大规模开放在线课程（MOOC）就是高等教育国际化扩大教育规模的重要体现。

3. 推动教育改革

高等教育国际化的实施也可以为教育发展提供新的思路，是推进新一轮课程与教育改革的重要力量，主要表现为以下三个方面。

（1）引发教育观念的变革，高等教育国际化更加关注社会发展与人的发展的统一性，强调人才培养的多元化与个性化。

（2）引发教学方法和手段的变革，高等教育国际化强调自主学习、协作学习、体验式学习、个性化学习等促进创新性人才培养的多种学习方法的有机结合。

（3）引发师生关系的转变，高等教育国际化主张将学习者置于学习活动的主体地位，教师扮演的是促进者、协作者和指导者的角色。

二、高等教育国际化的要素

（一）教育理念国际化

世界上很多国家很早都认识到高等教育发展必须塑造国际化的视野，树立国际化教育理念。知识与科学探索是没有国界的，高等教育有责任与义务扩展人类的知识和人类相互理解的广度。当前人类面对的共同问题都需要高等教育开放胸襟进行国际合作，增进世界各族人民的相互理解。在法国，坚持大学的开放性是近年来政界和教育界的共识，认为唯有高等教育才能够在欧洲范围内为法国培养精英奠定坚实的基础，在欧洲构建中承担一定的责任。

（二）培养目标国际化

高等教育国际化致力于培养能够参与国际化竞争的、具有国际视野的国际化人才。国际化的人才指的是接受过世界文化的熏陶，具有全球性的文化视野的包容世界各民族的胸襟，拥有国际化意识的人才。国际化的人才适应当今社会的发展形式，善于在全球化的竞争中抓住机遇，获得发展，国际化的人才是现代社会和企业需求的高层次人才。一般而言，人们公认的国际化人才具有以下素质。

（1）国际化人才有较强的创新意识和广阔的国际化视野。

（2）国际化的人才除了在国际交流学习中掌握了本专业的知识和技能以外，还掌握了本专业在国际中的发展与定位。

（3）国际化的人才通晓国际交流规则和发展的惯例。

（4）国际化的人才具有国际交流与沟通能力，能够跨语种和跨文化交流。

（5）国际化的人才能够吸纳国际信息，具有较强的信息处理和分析的能力。

（6）国际化的人才具备较高的心理素质能力和较强的政治思想素质，能够经受得住多元文化的冲击。他们既能够吸纳世界各国的优良品质，又不会丧失本民族的传统和风格。

（三）国际化的人员交流

高等教育国际化的一个重要体现就是人员的国际交流，对高等学校而言，主要包括教师的国际交流和学生的国际交流。构建国际化教育体系，首先必须要解决教育传播主体。国际化的师资力量是国际化人员交流的主体，因此加强高校教师人员的国际化交流是人员国际交流的核心内容。高等教育国际化的基础是建立一支国际化师资队伍，再由具有国际视野的教师培育具有国际视野的人才。如果高校充分重视了师资队伍国际化的建设，高校的教育水平很可能再上一个台阶。除此之外，学生的国际化交流也十分重要，不可忽视。只有推动学生国际化的交流，才能壮大高校国际化人员交流的队伍。

（四）国际化的学术交流

高校国际化交流的目的是科研与学术的国际交流互动，科研和学术才是高校国际化交流的内在要因。因此，高校要注重与各国高校之间的国际化学术交流和科研合作，国际间的学术交流和科研合作是高等教育国际化的重要内容。国际化学术交流与科研合作可以实现国际间的知识和资源共享，形成一股发展科学造福人类的合力，促进全人类的发展[1]。

第二节　高等教育国际化动因

高等教育国际化是高等教育顺应世界历史和社会发展变化的结果，是经济全球化的必然产物，它对世界各国的社会发展都有重要的促进作用。高等教育国际化的形成具有外在和内在的动因，既受到经济和社会全球化趋势的推动，也是高等教育发展的必然选择。

一、经济全球化

经济全球化是推动高等教育国际化的主要动因。经济全球化是世界经济一

---

[1] 李盛兵. 高等教育国际化研究 [M]. 北京: 科学出版社, 2019.

体化的发展趋势。在经济全球化的时代背景下，一方面，国际间的经济和文化联系日益密切；另一方面，国际经济的竞争和人才的竞争也越来越激烈，促使各国高等教育也要跨越民族国家的边界而走向国际，高等教育也要主动适应经济全球化的挑战，参与到国际合作与竞争之中。经济因素，特别是对商业利润和经济利益的追求，成为推动高等教育国际化的主要动因，世界经济贸易的全球化促使高等教育必须培养精通国际贸易的人才。

在全球化背景下，高等教育在一定意义上将成为"无国界"教育，高等教育国际化已经从发达国家向发展中国家提供援助阶段进入全球范围内各国高等教育相互竞争的阶段，主要表现在国内外各种教育空间、教育形式、教育机构等的相互渗透和跨越，如师生国际流动的增加、教育机构的拓展、国际合作的多样化和远程教育的跨国发展等。他们加强了各国在教育资源方面的交流，也迫使各国教育向国际市场开放，从而各国可以利用全球的教育市场来发展壮大本土的教育，最终又推动全球教育的大发展。

但是，由于各国高等教育的发展状况有一定差异，各国高等教育还处于"精英、大众以及普及"的不同发展水平，有些国家对高等教育的需求大于高等教育的供给水平，因此，跨国攻读学位、跨国办教育的现象已经非常普遍了。在高等教育领域，各国高等教育机构和人员的交流合作日益频繁。高等教育已经成为一种新兴的产业，从社会经济生产的边缘性要素成为社会经济生产的核心性要素，必须加入到国际高等教育大市场的角逐与竞争中。

同时，经济的合作与竞争推动着高等教育的国际化，世界各国高等教育都强烈需要重塑形象，走向国际舞台，以高质量的教育服务在国际经济一体化的大市场中占有一席之地。世界经济发展的趋势要求各国高等教育根据经济全球化的规律和规则适时更新，成为国际化的高等教育。

二、信息技术的发展

信息技术的发展为高等教育国际化提供了技术条件。新技术革命的发生，尤其是信息技术、空间技术以及新通信技术的发明和应用，使全球范围之内的交往更加快捷便利，使世界真正成为一个"地球村"。科学技术的迅速发展及其在社会生产和生活中的作用日益增强，促使各国高等教育内容中相互一致的成分不断增加，也使得各国高等教育能够跨越地域和时间上的障碍。信息技术的发展为高等教育的国际化准备了必要的技术条件，与此同时，也向世界各国高等教育的发展提出了国际化的要求。

新通信技术和网络技术的发展为很多国家在解决教育供给不足以及教育经费投入不足等困难方面提供了新的机会。一些新型营利性的教育供应商纷纷扩大教育服务的市场，采取了各种技术手段，在国内院校招收自费的国际留学生，或到海外与当地高等教育机构和组织合作，开办分校或者联合办学，进行远距离教学、网络教育，并且邀请其他国家的高校到本国办学等。这些都离不开信息技术手段的支撑。信息技术的发展对高等教育的影响也是全方位的，对高等教育的培养目标、人才结构、教育内容、教育方法、教学手段以及教育观念都提出了全新的要求，高等教育也要随着信息技术的发展而迅速发展。

信息社会的到来，还使得世界各国在知识和教育方面的联系更加便捷，从而为高等教育的国际化提供了重要的条件。随着遍布全球的国际互联网的形成与发展，人们足不出户就可以了解国外某些学校的课程和图书资料，甚至可以通过各种形式的远程教学来攻读学位。这一切使高等教育国际化从一种发展趋势变成一种实实在在的教育现实，网络大学、虚拟校园的成立使国际性课程的推广成为可能。在知识和信息技术的社会里，科学研究和信息技术越来越成为推动经济增长和社会发展的原动力，也为高等教育国际化提供了技术平台。

例如，因特网教育突破了传统的国界，封闭式的教育体系难以维系。信息技术已达到网络化和数字化阶段，信息技术已成为全球化的重要源泉与动力，它对高等教育的冲击和随之引起的变革难以预测。信息技术不仅改变了人类的生活方式，成为人类进步和财富增长的最重要源泉，还改变了高等教育的观念和关系，为终身学习和学习化社会的建立奠定了物质和技术的基础，高等学校作为信息创造和传播的重要机构，必须更加开放，具有国际性，以迎接信息技术发展的挑战。

三、全球问题的解决

全球问题的解决对各国高等教育国际化提出了迫切要求。20世纪后期，人类逐步进入了一个以和平与发展为主题的相对平稳快速发展时期，人类对世界和平的追求对高等教育国际化提出了迫切的要求。为了在和平的国际环境中谋求各国的政治发展和经济发展，各民族、各国家之间开展了更深层次、更大规模的政治对话、文化交流和经济合作，而且这种要求比历史上任何一个时期都强烈，因为，在和平与发展的国际环境中，如何更好地解决全球的共同问题，谋求全球的可持续发展是世界各国共同的愿望。

全球问题是整个人类面临的共同挑战，而不仅仅是某一个国家的问题，并且仅仅依靠某个国家也不可能解决这些全球问题。只有整个人类社会团结合作，共同奋斗，才有可能摆脱全球危机。高等教育国际化对于加强整个人类社会的合作，对于解决全球问题，保持全球的可持续发展，无疑具有特别重要的意义和作用。

在面对全球问题时，需要各国加强合作而不是对抗，这就需要通过高等教育国际化来消解国际争端、冲突和矛盾，达成国际理解，谋求国际合作。在全球化时代，还需要进一步消除各国意识形态的冲突，各国、各地区和不同集团之间需要加强学术文化交流，国际社会要求各国、各民族认可多元文化，更好地相处和相容。高等教育作为文化的重要载体，具有继承、传播、选择和创造文化的功能。因此，加强高等教育国际化，有助于促进多元文化之间的相互理解，进而推动多元文化的交融，求同存异，共同解决全球问题，促进全球的可持续发展。

四、保持民族凝聚力和国家竞争力的要求

高等教育国际化是保持民族凝聚力和国家竞争力的要求。高等教育国际化并不是要丧失民族凝聚力和国家竞争力，而是要通过高等教育国际化提升民族凝聚力和国家竞争力。高等教育的国际化与民族化并不矛盾，它们是互补的关系，任何国家的高等教育都具有本土性，同时也应该具有国际性。

一方面，高等教育国际化标示着高等教育"面向世界、研究他人"的基本取向，任何民族和个人都是浸润在特定教育和文化传统之中的；因此，任何民族和个人都会自觉或不自觉地采用特定的观察角度和理解模式，也常常会对其他教育和文化传统及其发展视而不见，或者不理解其他的观察角度和理解模式。要突破这种理解和思考问题上的盲点甚至误会，了解、研究其他国家、地域、民族教育和文化传统，确立跨文化的国际教育视野，是很有益处的。

另一方面，高等教育国际化又反映了一个民族和国家的"高等教育自觉"，蕴涵了"取人之长、发展自我"的目的性和价值观。在不同民族的教育和文化不断接触、碰撞与交流、融合的态势下，通过"教育自觉"这一批评与反思过程，有助于对本民族的教育和文化形成较清晰的认识与理解，有利于加快改革开放，加强相互交流，进而推动各国、各民族高等教育由"互识"走向"共识"、由"互证"接近"确证"、由"互接"实现"互补"、由"共存"求取"共赢"。

伴随经济、文化等领域国际化趋势的日渐增强，高等教育国际化已是不可逆转的潮流。不论人们是否意识到或是否承认它，与其为了保持高等教育民族

性、被动规避国际化，不如未雨绸缪，主动回应，力争趋利避害。高等教育国际化是现代人类跨越教育时空障碍的过程，既是在世界这一空间范围内高等教育沟通、联系、交流与互动的过程，又在时间这一维度上共同面向未来、描绘世界高等教育未来图景的过程。

高等教育国际化，在方法上要强调平等交流，寻求平等对话的"平台"。在国际高等教育的交流与对话中，尊重每个民族高等教育发展的传统和个性，反对高等教育霸权，促进世界各国、各民族高等教育的共同发展，乃是高等教育国际化的本质所在在高等教育国际化进程中，任何民族都不能再"独语"，任何一种教育与文化都不能在自身原有封闭的系统中获得长足发展。

同时，在高等教育国际化进程中，人类会形成共同的话语和共同的价值标准，而且有些话语和标准的确是来自西方，但这并不能证明西方教育或文化可以取代一切。每个民族的教育和文化都有其存在的依据和合理性，中国的教育和文化同样是人类普遍价值的源泉。高等教育国际化，在思路上要注重研究东西方教育的差异，进而"明辨短长"，东西方高等教育在许多领域都具有很强的互补性，西方高等教育有所长，但也有所短。高等教育国际化，在操作上应注重扩大高等教育对外开放，并正确选择国际化战略的发展目标，使本国高等教育快速发展。

高等教育国际化与民族化是同一坐标上的"经"和"纬"，两者在标位上是互为参照的。高等教育国际化，主要是寻找和认识自身的不足，希望通过借鉴发达国家先进的理论与实践经验来提高和发展自身。高等教育国际化还必须紧密结合本国特定的教育实际和文化传统，借鉴发达国家高等教育发展战略的理论和实践经验，必须从本国的具体国情和实际需要出发，以避免盲目照搬，造成人力、物力与财力等诸多资源的浪费，甚至产生适得其反的效果。因此，在强调高等教育国际化的同时，必须坚持民族化的特色。

高等教育国际化和民族化的共同目标，是致力于本国教育的现代化，使民族高等教育传统及其现实基础同教育现代化的过程融为一体，实现民族高等教育的现代转换。因此，高等教育国际化又是民族高等教育由传统走向现代、走向创新、从而走向国际的过程，是由高等教育国际化复兴民族、提升民族凝聚力和国家竞争力的过程。高等教育国际化要达到的最终目的是使本国的高等教育由弱变强、从相对落后走向比较先进、从传统走向现代。

五、高等教育自身的发展需求

高等教育自身的发展要求高等教育国际化。高等教育国际化的动力还来自于高等教育自身。随着高等教育数量的增长和质量的提高，高等教育越来越成为一项国际性的事务，高等教育国际化是高等教育发展的内在要求，国际化已经成为高等教育的一项重要职能，高等教育国际化的实施已经从"国家－政府主导型"的模式逐步转变为"政府－院校协作型"和"院校协作型"的模式。

高等教育国际化是各国高等教育事业发展的内在要求，20世纪后半叶是高等教育飞速发展的时期，同时也是高等教育发展不平衡的时期。发达工业国家同发展中国家之间在进入高等教育国际化的机遇上、在科研水平上、在高等教育资源配置上的差距越来越大。总之，高等教育自身的发展需求主要表现如下。

（1）高等教育数量的增长要求高等教育国际化。由于各国高等教育资源存在差异，有的国家和民族具有高等教育的巨大潜力和优势，拥有庞大的高等教育规模，可以提供更多的高等教育机会，而且接受高等教育又是人们的一项基本权利和高级需要，因此，高等教育规模的扩大、数量的增长为高等教育国际化提供了机会与可能。

（2）提高高等教育质量对高等教育国际化提出了要求。如何提高高等教育的质量，高等教育的质量标准是怎样的，都需要以国际的标准作为判断的依据，而不能自定标准、自以为是，高等教育的国际化有助于提高高等教育的质量。当前的高等教育国际化必将推动高等教育质量的提高，高校学者、学生的国际流动和学术资源的国际共享等，对高等教育质量的提高都有直接的推动作用。

（3）文化传播、知识创新一直是高等教育的核心任务，对高深学问的追求历来是超越国界的。高等教育的发展要求高等教育不断探索科学技术的前沿，进行学术研究和创造，以发展高深学问。高等教育的发展要求高等教育在知识和科学的创新上具有国际性，衡量高等教育知识和科学创新的一个重要标准就是高等教育的国际化程度。

（4）高等教育资源的共享要求高等教育国际化。高等教育资源是一种人类共有资源，通过高等教育国际化来共享高等教育资源：一方面可以提高资源的利用效益，提高高等教育质量；另一方面也是高等教育资源"再生"的重要途径。高等教育资源共享不仅不会导致资源损耗，而且可以使高等教育资源所有者获得更多的新资源。

（5）高等教育发展要求通过国际化的方式来解决发展中国家的人才外流

问题。高等教育国际化虽然在一定程度上意味着发展中国家的人才外流和流失，但是当发展中国家通过高等教育国际化，积极发展自身的民族高等教育，使自身的高等教育具有国际竞争力时，则有助于解决发展中国家的人才外流问题，进而有助于消除正在日益拉大的国家之间的高等教育差距。

高等教育国际化将有助于缩小国家之间和地区之间在科技方面的差距，有助于促进人与人之间和民族与民族之间的了解，从而有助于高等教育的发展。

（6）高等教育的平衡发展要求高等教育国际化。高等教育的平衡发展要求各国、各地区要结合自身高等教育的实际，选择自身的高等教育发展道路和战略，正确处理高等教育的国际化与民族化、统一性与多样性的矛盾。总之，高等教育要获得良性的发展，必须进行国际化，只有按照高等教育国际化的规律和要求发展高等教育，积极参与高等教育国际化的过程，高等教育才能欣欣向荣、蓬勃发展。高等教育发展越来越明显的趋势是，高等教育国际化已经成为不可阻挡的潮流，更大规模的留学生出国留学热潮不减，各国教育机构跨国办学的热情有增无减，国际间的学术创新、学术合作与交流不断增多，各国高等教育政策已经把国际化作为高等教育发展的重要战略[1]。

第三节 高等教育国际化的理论依据

国际化教育的理论体系最初形成于 20 世纪 80 年代。当前，随着经济全球化和教育国际化的推进，国际化教育的理论体系也得到了不断的发展与完善，它不仅包括表现在观念上的国际化教学观和学习观，还包括国际化教育中的资源、国际化教育中的管理与评价、国际化与教师发展、国际化与学生发展等方面的内容。

一、国际化教育理论

（一）国际化教育的教学观

国际化教育的教学观强调教师角色的转变，即在传统教学中，教师是知识的传授者和灌输者，国际化教育则主张将教师置于指导者的地位，即教师不再是学生获取知识的唯一来源，而是作为协作者、引导者和咨询者，以帮助学生的自主学习和探索。在教师角色发生转变的同时，也体现了教学方式的转变，课堂教学的形式更加多样化，不仅包括传统的讲授式教学，而且更加强调发挥

---

[1] 代静. 高等教育管理与教学研究 [M]. 西安：西安交通大学出版社，2017.

学生主体地位的协作学习、探究性学习、自主学习等，教学目标也从以前促进学习者对知识的掌握转变为帮助他们实现知识、技能与情感的共同发展，并培养他们终身学习的能力和观念，以适应未来不断变化与快速发展的社会对人才培养的新要求。

（二）国际化教育的学习观

传统情况下，学习者是作为知识的被动接收者间接地从教育者那里获取人类长期积累下来的文化财富，国际化教育则强调学习者的意义建构，即鼓励他们在亲身参与和体验的过程中获取知识。因此，在国际化教育中，更加关注学习者作为主动学习者的身份利用多种技术和工具支持进行自主探索，并通过学习者之间的相互协作与交互进行知识的主动建构。在这个过程中，位于主体地位的学习者不仅要在多样化的情境中进行学习，还要对自身的学习过程和结果进行正确评价，反思自身的学习并进行自我调节。

在国际化教育中，更加关注学习者作为主动学习者的身份利用多种技术和工具支持进行自主探索，并通过学习者之间的相互协作与交互进行知识的主动建构。在这个过程中，位于主体地位的学习者不仅要在多样化的情境中进行学习，还要对自身的学习过程和结果进行正确评价，反思自己的学习并进行自我调节。换言之，国际化教育中的学习观更加强调学习者的学习过程而不是学习结果，更加关注他们的能力提升与个性化发展，而不仅仅是对知识的掌握。

（三）国际化教育中的资源

就广义上而言，国际化教育中的资源是指教育过程中的一切教学资源和学习资源，它既包括教科书、参考书、报纸、杂志等传统纸质教育资源，也包括视频、音频、动画等数字化教育资源。它具有多样性、共享性、扩展性和工具性的特点。在国际化教育中，资源尤其是多媒体网络共享资源处于关键性的地位，它不仅可以为教师的课堂教学和学生的自主学习提供重要支持，还能够促进教学模式的变革、教师的角色转变和学生的个性发展。

（四）国际化教育中的管理与评价

国际化教育中的管理指的是为了优化国际化教育系统，提高其整体功能和效率而进行的各种组织和协调活动的过程，是国际化管理在教育领域中的具体体现，它主要包括目标、计划、实施、检查和总结五个环节。在国际化教育的评价中，对学习资源和学习过程的评价处于核心地位，其中面向学习资源的评价主要是指根据教学目标评估学习资源所具有的教育价值，面向学习过程的评价则是指根据教学目标对学习的过程和结果进行价值判断。因此，国际化教育中的管理与评价都是以更好地促进教学效果和学生的个性化发展为目的，其中国际化教育中的管理能够为国际化教学的顺利开展提供保障，评价则是为教学提供实时反馈，以促进教学效果的不断提升。

（五）国际化教育与学生发展

国际化的深入推进加速了人们的工作方式、生活方式和学习方式的变革，也引起了社会发展对人才培养的新要求。因此，国际化教育更加强调学生的自主学习能力、创新性思维能力、问题解决能力等的发展，主要表现为以下方面。

（1）关注学生的个性差异，运用多种信息技术支持和多样化的学习资源呈现进行因材施教，以促进他们的个性化发展。

（2）在向学习者传授知识的同时，也要通过给他们提供真实问题解决的机会，使其能够将所学知识创造性地应用于实际问题中，以达到创新性思维能力和问题解决能力的共同提升。

（3）鼓励学习者积极参与到协作学习过程中，发挥他们在集体中的作用，使其在协商与合作的过程中发展集体共事能力。国际化教育的学习观不仅能保证学习者基础知识的掌握，而且更加注重在此基础上的能力提升和情感发展。

二、高等教育国际化的策略理论

国际化逐渐成为全球高等教育发展的基本趋势。许多发达国家和不少发展中国家清楚地意识到国际化对本国高等教育发展的意义与挑战，制定各种策略以促进本国的高等院校向着国际化的方向发展。

策略是根据形势发展而制定的行动方针与方式。高等教育国际化策略是高等教育国际化进程中较为重要的方面，反映了国家、高等院校、教育部门等各级各类教育机构在推进国际化过程中所使用的方法和手段。高等教育国际化策略中的"策略"是指院校或提供者层面的学术活动和组织策略，暗含着计划性、策略性和整合性的路径。

（一）高等教育国际化策略理论的开端

随着高等教育国际化进程的推进，各国学者积极探索高等教育国际化策略，为实现国际化目标制定出了具有前瞻性、综合性和引导性的策略，学者们也开展了大量较为深入的研究，构建了高等教育国际化的策略模型。

最早提出高校国际化活动的组织结构策略模型，构建了一个"任务分解、策略规划和管理模型"，该模型分为两种模式："领导推动"型和"基层单位推动"型。领导推动型模式的特征是高校核心管理层与下属单位（基层单位）的国际化活动之间没有正式的联系；基层单位推动型模式则是将核心管理层看作为下属单位的国际化活动提供服务。在尼夫看来，这两种模式又可以称为"中心"模式和"非中心"模式。后来的高等教育国际化的组织结构策略模型都是以此为基础而构建的。

高等教育机构国际化策略的分类方法。首先把高校国际化分成两个维度：第一个维度是策略的范围，即国际化策略是一种单一、局部的策略还是一种系统、整体的策略；第二个维度是高校国际化策略的重要性，即高校将国际化作为一种中心策略还是边缘策略。

高等教育国际化应该是一个动态发展的过程。国际化策略有独特的分类方法，为后来学者研究国际化提供了一个检视、分析高等教育机构国际化策略的框架。

（二）高等教育国际化策略理论的产生

在高等教育国际化策略分类的基础上，把国际化策略划分为两种主要类别，即活动策略与组织策略。活动策略指那些把国际维度整合到其主要功能中的高等教育组织的学术活动与服务。组织策略包括那些通过发展恰当的政策和管理的体制，确保一种国际维度的创建。在活动策略分类中，新增了知识出口与跨国教育两个维度，并重新整合了与科研有关及与教育有关的活动。

"策略"是指院校或提供者层面的学术活动和组织策略，暗含着计划性、策略性和整合性的路径，把高等教育国际化策略分为活动策略与组织策略。通过总结国际大学协会（IAU）开展的两次全球性的大学国际化调查中国际化策略的具体实施，列举了17个普遍的国际化策略要素。

（三）高等教育国际化策略理论的发展

分析我国的高等教育国际化策略方面的文献，可以得出以下结论。

（1）我国关于高等教育国际化的策略理论最早是把高等教育国际化策略分为两类：活动策略与组织策略。

（2）对国际化策略的研究领域比较局限。大部分文献都集中于国家层面的研究，缺乏对国际组织、区域、高等院校等的研究。少部分文献提到了国际组织和机构的推动对于高等教育国际化发展的作用。中国学者对于策略理论的研究，更多地从国家政策的角度进行分析阐述，并没有系统全面地归纳整理，也未成体系。奈特的策略理论是总结多个国家的国际化策略,从国际的视角着眼,经过多年的整理完善而形成的体系。

(3)对具体策略的研究视角单一,基本集中于吸引留学生、课程的国际化、参与国际交流与合作项目。只选取了比较突出、当前发展比较明显的几种策略加以论述,而对于日益重要的质量评估、建设世界级大学、建立国际学习网络的研究较少。

(四)高等教育国际化策略的思考

高等教育国际化策略研究的中心在西方,西方一些学者提出了高等教育国际化,尤其是高等教育国际化策略的基本理论与方法。我国学者属于该领域研究的后来者与模仿者,而且并没有从理论上进行创新式探讨,处于边缘地位。

从影响程度来看,高等教育国际化策略理论及中心–边缘理论受到国际学术界的广泛认可。组织策略与活动策略二分法,影响较大,为众多国际组织和学者所接受与推崇。一方面把高等教育国际化策略分成组织与活动两类策略;另一方面通过列举法,列举了两类策略的具体内容与方法。其理论的好处在于高等教育国际化需要两类策略的互相支撑,组织策略不能代替活动策略,活动策略的施行也离不开组织策略。

通过二分法及列举措施,给高等教育国际化管理者、工作者和理论研究人员勾勒了清晰的高等教育国际化策略路线图。管理者可以借此判断其大学国际化策略是系统的还是特定的,是中心的还是边缘的。该国际化策略矩阵有助于评估专家及管理者、教师判断某一所学校的高等教育国际化水平。

两种高等教育国际化策略理论主要是针对高等教育学校的。因此,也可以称之为高等院校国际化策略理论。正如在"高等教育国际化动因理论"中分析的那样,高等教育国际化的主体是多种多样的,除了高等院校外,还有国际组织、区域组织、国家。因此,可以依循这样的思路来扩展高等教育国际化策略理论的视域。

1. 高等教育国际化策略理论视域下的国际组织

国际组织的高等教育国际化策略是与其国际组织性质与使命密切相关的。据研究,联合国教科文组织的国际化策略包括以下类型。

(1)建立国际大学合作交流项目

该类型包括两项内容:第一,联合国教科文组织教席/姊妹大学网络计划;第二,联合国教科文组织—中国—非洲三方大学合作倡议。该合作计划是指选择中国的20所大学（或职业教育学院）与非洲的20所大学（或职业教育学院）作为中非大学间合作的重点院校开展长期稳定的合作关系，包括联合开展科学研究、教师培训、学术访问、师生互访，共同开发课程，联合培养研究生。

（2）举办国际会议和论坛

联合国教科文组织举办了世界高等教育大会，探讨世界高等教育的全球化、区域化、国际化及质量等问题，推动了世界高等教育的合作与交流，引导着各国高等教育的发展方向。此外，联合国教科文组织还举办高等教育、研究与知识论坛，专注于高等教育、研究与知识，旨在扩大对高等教育系统、结构、政策、趋势和发展的理解，特别关注低收入和中等收入国家，目标就是识别、聚集、分析、传播和促进高等教育国际化研究。该论坛聚集了众多合作伙伴，包括联合国教科文组织中的193个成员国、院校、协会、基金会、网络、政府间和非政府组织等，为研究人员、政策制定者及专家们批判性地看待研究问题及调查结果提供了平台。

（3）推行高等教育质量保障体系

为促进全球高等教育发展，联合国教科文组织一直关注高等教育质量问题。举办国际高等教育质量保障、学历互认和资格认证全球论坛。提出要更新和完善联合国教科文组织关于学历、文凭与学位认可的区域公约，使其能够更好地适应高等教育环境变化的新挑战，为教育服务贸易日益自由化提供国际标准和区域性教育协定。此外，还拟订了高等教育实践国际指南与代码，为各国高等教育质量保障政策的制定提供一个国际框架。

世界银行和联合国教科文组织合作发起了全球促进高等教育质量保障能力计划（GIQAC），通过促进和推动地区及区域间高等教育质量保障网络建设，支持发展中国家及正处于转型期的国家高等教育质量保障的发展。

2. 高等教育国际化策略理论视域下的区域组织

国际组织的高等教育国际化策略是具有方向性和倡议性的，区域组织的高等教育国际化策略是与其一体化目标相一致的。欧盟高等教育一体化受到了世界的认可，国际化策略可以概括如下。

（1）建立协同的可比较的学位体系和三级高等教育体系，将高等教育体系分为本科、硕士研究生和博士研究生教育三级，分别授予学士学位、硕士学位和博士学位。该体系与以英国、美国为代表的三级高等教育体系接轨，促进欧洲高等教育更加开放。

（2）建立欧洲学分转换累积体系，为学生的跨国流动提供了制度保障与条件，为欧洲高等教育区的形成提供了有效的工具。

（3）实施促进人员跨国流动计划，为此欧盟推出多个欧洲国家之间的大型教育交流计划，包括著名的新旧伊拉斯谟计划。

（4）建立欧洲高等教育质量保障体系，促进欧洲各国在高等教育保障方面的合作，建立欧洲高等教育质量保障网络。

（5）加强组织领导。成立博洛尼亚跟进小组，通过同行学习、考察及其他信息分享活动，促进欧洲高等教育区在国家和高校层面实施博洛尼亚原则，并促进欧洲高等教育区与欧洲研究区的协同发展。

3. 高等教育国际化策略理论视域下的国家

国家的高等教育国际化策略具有承上启下的性质。一方面它的国际化策略受到国际组织和区域组织的引导及其他国家的影响；另一方面它要根据自己国家的发展目标及高等教育发展目标，通过推动国际化来促进人才的培养、引进与知识的发展。

不同发展水平的国家，其高等教育国际化的策略是不同的。发达国家的高等教育国际化策略主要是围绕教育输出而展开，如吸引留学生，输出教育项目、课程与机构等。发展中国家的高等教育国际化策略是围绕教育输入进行学习借鉴的，如派遣留学生，引进国外的人才、课程、项目和学校，以提高自身的教育水平和学术水平。

我国经历了一个由落后的发展中国家向发达的发展中国家转变的过程。我国高等教育国际化策略的发展方向也与这一转变过程基本一致。前期，我国的高等教育国际化策略是以教育输入为主，采取了派遣留学生，引进国外课程，推行中外合作办学的发展策略。后期，我国的高等教育国际化策略发生了较大的改变，采取了学生派出与引进、来华合作办学与海外合作办学、人才引进与派出并举的发展策略。

此外，我国高等教育国际化策略的一个鲜明特征是政府主导，高校主要落实执行中央政府及地方政府的人才国际化、研究国际化和教育国际化政策[1]。

---

[1]　葛建一．江苏高等教育国际化战略研究 [M]．苏州：苏州大学出版社，2006.

第三章　高等教育国际化的教学模式构建

在高等教育国际化的趋势下，高校教学面临着挑战，构建高等教育国际化教学模式成为首要目标。本章主要围绕高等教育教学模式及其特点、高等教育国际化进程中的定制化教学模式、高等教育国际化进程中的信息化教学模式展开论述。

第一节　高等教育教学模式及其特点分析

教学模式是教学研究的热点，高等教育本身又有许多不同类型，具有多样性的基本内因，所以，高等教育教学模式也与中小学教育教学模式不一样，具有其独特性。

一、高等教育教学模式分析

（一）高等教育教学模式的理论指导

模式是指体现事物的本质和一般特点的基本结构或基本式样，舍弃了事物的细节，反映了事物的基本特征。教学模式专指反映特定教学理论逻辑轮廓的、为保持某种教学任务的相对稳定而具体的教学活动结构。

（1）理论与思想

作为一个高等教育教学模式，应有一定的教学理论或思想依据。有的教学模式是在长期实践中形成的，开始时没有明确的理论依据。例如，我国高校普遍使用的讲授式，创建该教学模式的重要目标是使学生掌握系统科学知识这样的思想基础上的。所以一种教学模式的形成，总是要受某一教学理论或教学思想的支配，对其他要素起着导向的作用。

（2）环境与资源

高等教育教学模式离不开特定的教学环境和教学资源。传统的教学模式，离不开传统的教学环境和教学资源，如教室、黑板、粉笔、教科书等；新型的教学模式，离不开信息化的教学环境、教学系统和教学媒体，如多媒体教室、多媒体网络、多媒体教学软件、网络课程、其他网络资源等。高等教育教学模式所建构的是教学活动的主体框架，而不是教学活动的细枝末节，任何一种教学模式均可以兼容各种教学方法与技术。

（3）关系与结构

作为一个高等教育教学模式，应能体现教学要素的关系，且形成相对稳定的结构形式。教学模式是在长期教学实践过程中不断地发展与完善。高等教育教学模式直接指向一定的教学目标与教学任务，是为了使教学活动更为有效，更有利于教师的教学。

高等教育教学模式是指在一定的教育思想、教学理论和学习理论指导下，在某种教学环境和资源支持下的教与学活动中各要素之间稳定的关系、活动进程方法和手段结构的形式。

（二）高等教育教学模式的构成要素

高等教育教学模式是在教学实践基础上建立起来的一整套组织、设计和调控教学活动的方法论体系，由教学（哲学）主题、功能目标、结构程序及操作要领构成。因此，教学模式的基本构成要素应由以下部分构成。

（1）教育哲学主题

"教育哲学主题"是指设计者所持的教育哲学观或教育价值观，包括对如何制定教学目标，如何选择和组织教学内容，如何运用认识规律和学习机制以及主张哪一种教育价值观等问题的思考，不同的教学模式中贯穿着各异的教育哲学主题，并表现出不同的特征。有的系统完整，有的模糊零散，但任何一种哲学主题都对教学模式的确立、运行有着决定意义，都是教学模式的灵魂与中心。

（2）功能目标

"功能目标"是指教学活动在学习者身上所产生的实际效果有多大或学生在教学情景中所能达到的发展水平的设定。是对一定教育理念的具体化，通过提出具体的手段、工具、详细的步骤，以及活动的时空条件，为人们设计教学模式提供了依据。不同的教学模式中相应的教学目标也不同。有效的教学必须始于适当的教学目的，这是选择具体技术和方法的根本指导。

（3）结构程序

"结构程序"是指教学中的各要素，如教师、学生、教材、教学手段等在一定的活动情景中形成的序列构成。在不同性质的教学模式中，各要素排列的时空序列不同，指导运行的功能目标不同，活动程序也表现得各异。

（4）操作要领

"操作要领"则是指导教师在实际教学中指导学生开展活动的具体步骤，是教师在活动情境中可以具体依凭的规则。

高等教育教学模式的构成要素由理论到实践逐步具体化，是对教师、学生、教材等各要素的系统化、综合化，是联系教学理论与教学实践的中介。

二、高等教育教学模式的特点

（一）稳定性与灵活性相统一

一种教学模式的产生并非是教师在某一堂课或偶然的几次教学过程中形成的，是通过大量的教学实践活动总结和概括出来的。因此，稳定性是教学模式的生命力的表现，在不同程度上说明了教学活动中蕴含的基本规律。教学模式不同于教学方法，是因为教学方法的稳定性相对较差，而且教学中的方法多半是综合运用的。教学模式强调对多种方法的系统搭配，从而完成既定的教学目标服务。模式形成对教学实践具有较长远的指导意义。因此，教学模式的稳定性是建立在对教学实践的普遍性、规律性的认识基础上的。另外，在强调教学模式的稳定性的同时，并不是说教学模式是凝固化的或一成不变的。当代的教学模式一般都具有较强的针对性和目标性。随着社会的发展与变革，教学的目标和任务也必然会发生相应的变化，教学模式自身也应与外界保持一定的弹性和灵活性。教学模式在特定的条件或教学环境下形成与发展起来的，稳定性也只是相对而言，是一定的教学系统的结构与功能的统一。从构成教学过程的基本因素来看，学生的个性差异和年龄特征的变化，教学方法与手段的发展等，使得教学模式在教学活动中的应用呈现出灵活性的特点。

（二）时代性与发展性相统一

从历史的角度来考察教学模式的形成与发展，具有时代性和发展性相统一的特点。教学活动是一种特殊的社会实践活动，本身具有特定时代的影响。从教学模式的基本结构上看，由于不同的时代或地域文化对教学的要求及其培养的对象的素质要求不同，所设定的教学目标也各不相同，运用的教学方法、手段和策略自然也不同，特殊的时代要求对教学模式的结构与功能具有相应的规定性。这就构成了教学模式的时代性的基础。例如，传统的传授式教学模式是为了培养"顺从权威式"的人才服务的，教学时代价值观植根于封建社会的意识形态，教学方法多采用"灌输式"或"注入式"。这一模式的教学价值观念的基础在于：从社会的人道主义的高度来认识和处理教育上存在的许多问题和不良现象，充分尊重学生的个性与自由，在教学方法上打破了传统"双基"式的教学模式，在教学的评价上弱化考试的功能。

从历史的纵向上看，任何一个新教学模式的形成都是扬弃传统教学模式的产物，这就是教学模式的发展性。例如，创新性的"讲授—接受"教学模式是在摒弃了传统的授受式教学的弊端，结合现代教学价值观念和认知心理学的规律的基础上形成和发展起来的。所以，教学模式的时代性与发展性是相辅相成的，是教学模式运动状态的两种不同的表现方式。

（三）开放性与个性化相统一

教学模式反映的是一种稳定的教学结构和方法论体系，这个框架和体系是开放的。由于教学理论的发展和教学过程中诸因素的变化，教学系统的外界影响不断施加于教学活动之中，教学模式的结构和功能也要进行相应的调适，目的是为实现或更好地实现既定的教学目标。这就是教学模式开放性的表现。如果教学模式保持封闭状态，那么会在教学实践中被淘汰。教学模式的开放性是为了保持其结构始终处于有机状态，使教学效果达到优质化，发挥最佳的教学功能。开放性的教学模式同时又具有鲜明的个性色彩。教学实践中不存在两种具有完全相同结构的教学模式。例如，程序教学模式由于是建立在新行为主义的心理学理论基础上的，教学目标主要是为了培养学生对问题刺激的反应能力，所以在教学方法上多采用"小步子"分解式来控制教学进程或运用"机器"教学；发现教学模式则更重视学生内部认知结构的加工与调整，强调对学生认识结果的内部强化，这与外部强化的教学思想相差甚远。因此，不同类型的教学模式都具有各自的适用范围。

（四）操作性与理论性相统一

教学模式与教学经验是紧密相连的，又不同于教学经验；教学模式是一定的教学理论在教学实践中的展现，但又不是教学理论本身。教学模式具有操作性和理性相统一的特点，是联系教学理论和实践之间的桥梁，起到了一种中介的作用。从一定意义上而言，任何一种教学模式都是一定的教学思想或教学理论在教学实践中的操作程式。教学模式一般都建立有自己的一套与理论相匹配的操作系统和具体的程序或步骤，这为人们在教学过程中对它的理解和实施创造了切实可行的条件。另外，教学模式的操作过程不同于一般教学实践经验的摸索过程，也不等于某些成功教学经验的机械再现，而是以一定的理论为指导的教学实践过程。

（五）艺术性与和谐性相统一

教学模式作为人对教学的理性把握，实际上也就是对人的生命向理想境地发展的一种求索。教学模式追求人与教育关系和谐发展的谋求。因为教学模式在逻辑正确、体系和谐的前提下，教学模式生存的各种理论基础的交叉、渗透与结合，在外部则表现为力争使教学过程的四要素，即教师、学生、内容与环境的和谐。当教学模式转化为教学实际，"对手段的使用总是参与到对自然和世界的独特的构造之中，参与了对事物存在的规定，从而是从某一个角度对事物的展示。一种新技术的应用，就构造出人与世界的一种新的关系。"教学模式不只是一种教学手段，更是一种人与教育关系的展示，源于和谐，也展现着和谐。教学模式应抛开一切不和谐的因素，把功利性的教学目标暂放一旁，超越"教"与"学"，从有限的教学时空进入到对无限的知识、文化及其所代表的整个人生、历史和宇宙的凝神思考中，精细深微，进而升华为哲理性的人生感、历史感和宇宙感。

所谓艺术性是指教学模式要具有美学价值，能体现教学内容的美，通过美去吸引学生，使学生乐学勤学，激发学生的学习兴趣。艺术是人类生活质量的标志，同时也是课堂生活质量的标志，一节好课就是一件艺术品，一个好教师同时也就是一个艺术家。艺术也是人的生命追求，学生的学习生命也有对教与学艺术的鲜明呼唤，这表现在知识的艺术化呈现所带来悦耳悦目和教学的艺术化方式所带来的悦情悦意。

教学的最高境界是无模式。建立模式，是为了最终摆脱"模式"，高素质的教师是不应受固定"模式"制约的。进行教学时应力图走向自由，实现"无模式"化教学，开拓多样化的教学之路，让学生每一天、每一堂课都能感受全新的方法、创新的气息，充分享受知识奥妙无穷的乐趣，这是教学艺术化的追求。教学模式中没有艺术性，得到的只是僵化的模式，产生的也只能是教条的教学。

模式与艺术的融合，反映了事物发展变化中的对立统一，也体现了否定的规律。模式是艺术的定格，艺术则是一种更新发育的模式。有些教学模式的名称虽未改变，但其实质已经发生变化。如果说，教学模式代表了人们对教学活动科学化追求，是力图找到教学活动的操作规则的话，那么，教学艺术则是对教学活动个性化的追求，是教师主体性的表现，是教师教学个性的充分发挥。二者之间存在着一种双向生成、互相依存的关系。教学模式的推广、扩散，即从简单模仿到自主创造，必须与教学艺术的探索融为一体。

教学模式的艺术性与和谐性的统一意味着教学不仅是达到预期的学习成果，而且更重要的是对知识的审美体验，以及上升到对知识所代表的人生、世界和宇宙的积极情感的谋求。教学既是科学，也是哲学；既是技术，又是艺术。建立某种教学模式，最终都应超越这种教学模式，这才是达到艺术境界的教学，才算是掌握了学模、用模、评模、建模的精髓[1]。

第二节　高等教育国际化进程中的定制化教学模式

一、定制化教学的理论透视

（一）多元智力理论

每个人都是独立的个体，不同的人认知能力与认知方式都有所不同。对于认知能力的独立性与差异性的认同被称为多元智力理论，又称为多元智能理论。

多元智能理论主要包括：①视觉——空间智能。在大脑内形成三维思考，即在大脑内部可以形成对应外部的一个立体图像（即外部空间世界的模式），自身可以自由修改、转变乃至重塑此图像的呈现，并在此基础上进行加工创造，从而进行课题操作、图像信息破解的能力。②身体——运动智能。通过操作客体对象，使身体配合得当，进而推进问题的解决与产品制造的能力；③人际关系智能。又称交流—交往智能，是一种在与他人交流中理解对方并与之交换情感的能力。④自我认知智能。通过对自我模式进行符合实际的建立，达到对自身内心世界的探寻，并将此模式应用在生活中的能力。此外，多元智能理论还有一部分体现为智能，同时兼备应对现实问题、对新问题的提出与解决、发明独具特色与文化价值的服务或产品等能力。

每个个体的智力与能力结构各不相同，是多元智力理论最核心的思想，其在发展过程中还需要不停扩充与完善。多元智力理论对于高校定制化教学设计具有理论支撑和方向引导作用，其主要表现如下。

（1）一种智力的形成，源于使个体产生对某种行为的倾向，并使其不断

---

[1] 吴坚. 当代高等教育国际化发展 [M]. 北京：人民出版社，2009.

强化的一种特质，即影响思考者对信息的加工并赋予该信息以意义的某种特质。这种智力的倾向性使得不同学生做出不同选择。定制化教学要做到在关照此种特性的差异基础上，进一步安排、设计学习内容与理论基础，做到在丰富学习内容的同时因材施教，尽可能地开发不同智力向个体智慧转变。

（2）注重对于智力的整理合并。组合是智力运作的基本方式，多种智力组合是不同文化程度的人解决问题的通法。专家指出人类拥有八种智力，且通过学习和训练，人的智力可以得到不同程度的发展和提高。因此，要制定合理的定制化教学方案，除了要立足实际结合现实情况，更重要的是从满足学生智力整合需要角度出发，发展优势智力，注重不同智力组合之间的适当配合，激发能力多样性，以此提供科学全面的选择，更好地促进学生向更加全面的方向发展。

（二）个性发展理论

教育改革主要关注的是学生的创造性，我国目前需要大量创造性人才，因而对于学生个性的塑造已是大势所趋。从个性差异方面来看，影响学生创造性的因素具体如下。

1. 智力因素

影响学生成长的首要因素在于智力。从其表现上看有如下形式：①从类型差异性区分，智力因素主要可以分为记忆力、思维力、感知力、想象力、言语能力、操作能力六种，这些能力的不同组合形式构成不同的智力类型。②从发展时间性来看，智力的发育有早晚差别性。③从发育程度来看，智力发展水平并非完全相同，有人智力发展较好被认为是超常，智力发展较平均水平稍差，即低于常规水平，也就是我们所说的低常。智力发展水平的认知依靠智力测试完成。

2. 非智力因素

除了智力因素以外，还有非智力因素对于学生个性发展也具有一定影响，主要体现在学生的需要、兴趣、气质、性格等方面，这些统一被称为非智力因素，主要影响人的心理活动，体现在学生身上更多地决定了其学习动机。

高效定制化教育在个性发展的理论影响下开始发展并逐步有所改善，其相应的启示主要有如下方面：①在时间和理论方面定制化教学，能够更好地把握学生成长的规律和不同学生的适宜发展模式。在学生发展方向给予充分的自我发展空间，满足学生作为主体的独特性、创造性，根据社会发展形成相应的教学方案。②个性发展的主要作用是为了提高个人优势，与高校定制化教学理念不谋而合。此外，高效定制化教学主要是在挖掘学生个性基础上，给其留下充分的发展和展示的空间。③教育资源应该实现精准配置，教学设计应该根据学生特征进行个性化定制，使学生的个性在正确引导下健康发展，从而使学生在更好的师资、课程与教学方式引导下，实现个体的自由发展。

（三）人本主义的教育理念

人本教育理念对于现代教育的发展造成了深刻的影响。人本教育理念主要是对人的个性弘扬，对人自我实现的促进。人本教育理念强调人的创造力、自我实现、价值以及尊严，将人类对于本性的自我回归归纳到潜能发挥的范畴。

人本主义的核心理念为：第一，人是一个整体；第二，每个人都具备自己的个性，拥有属于自身的意愿以及需求，对于事物有自身独到的见解以及经验，都有属于自身的优势。自我实现的关键在于人是否可以清楚地意识到自己的优势所在，能否激发自身的内在潜能以及内在价值，最重要的是要把握住自我意识。人类的发展是创造性的、主观能动的，对于自身能够进行自主选择。

在国际化的时代背景下，人本教育理念可以指导高校进行定制化的教学设计，主要体现在以下三方面。

（1）把握人本主义教育理念，使学生能够理解最高层次"自我实现"的需求，是奠定高校定制化教学的基础所在。传统的教育形式忽视学生的感受，进行批量化教学，然而定制化教学则会帮助学生自我实现，展现出自我价值，对学生更加关注。

（2）人本主义的教学核心是帮助学生认识到自身的优势所在，关注学生的个性发展，通过引导方式使学生能够认识到自身的独特性，最终帮助学生发挥自身的内在潜能。人本教育强调学生通过自身内在驱动，充分开发自身的内在潜能，从而达到自我实现的学习目的。通过开展高校定制化教学，使学生获得对教育的决策权，通过建立主动自觉的学习模式，使学生能够获得自主学习能力，开发学生的自觉性、主动性以及创造性。

（3）真正有教养的人是拥有自主学习能力的人，能够根据环境变化而改变自身学习模式。高校定制化教学的目的就在于此，帮助学生们提高学习能力，提高学生的个体智慧，而不是单纯地传授知识。

学习原则的核心在于教导学生自主学习，给学生足够的自主权，教师要对于学生的潜能足够信任，这样学生会在自由学习过程中形成属于自我的、带有自身独特风格的学习方法，这样的学习方法对于自身而言是提升最快的、最佳的学习方式。在定制化教育中，教师扮演的角色只是引导者和帮助者，主要的决策者以及管理者的角色由学生自身进行扮演，教师的职责在于给予学生良好的学习环境以及充足的教育资源，使学生能够进行自我提升。

在高等教育发展过程中，高校定制化教学是可行的一种新形式。在高等教育下有诸多利益方，他们会经过不断博弈形成一种动态平衡的教学状态。在这种教育状态下定制化教学模式必然存在一席之地，定制化教学的程度是唯一需要考量的条件。本文主要目的是解决新时代高等教育发展所面临的诸多挑战，重点是在互联网时代大背景下对于高校定制化教学模式从多个角度进行理论分析。

二、高等教育国际化定制化教学可行性与技术支撑

（一）高等教育国际化定制化教学可行性

"定制"作为一种顺应国际化的生产范式，核心是对每一个个体需求的关注，而这一理念也应该是当前高校教学改革的方向与必经之路。高等教育需要关注每一个学生个体的需求与发展。

对于现有教学模式而言，定制化教学起到辅助和补充作用。定制化教学针对学生的个性特征，利用现代信息技术设计个性化的教学方案，还可以提升教师的教学智慧，使教师更科学、更有针对性地开展教学活动和教学辅导，大幅度地提高学生参与度，增强教学效果。定制化教学与现有的教学模式共同组成互联网时代的新型教学模式。

高等教育国际化定制化教学注重学生的兴趣爱好、个性特征、认知框架、能力结构以及思维特征，把这些作为教学活动和教学设计的起始点，高等教育国际化定制教学能为每位学生提供与之匹配的个性化教学，提高学生学习的积极性和自主性，增强学生的学习动机和自我效能感。此外，高等教育国际化定制化教学还关注学生的能力倾向，会为每一位学生提供不同的学习目标和发展路径，有效培养学生的创造能力和发现问题、解决问题的能力。基于此，国际化背景下高等教育可以将定制化教学模式作为教学改革的可行方式，具体主要从以下方面分析：

1. 教育资源层面

（1）提供丰富优质的教育内容保障

当前，MOOC（慕课）、SPOC（小规模限制性在线课程）、精品资源共享课程、

微课、视频公开课以及各种在线学习平台和网络教育资源等层出不穷，这些教育资源内容丰富、形式多样、获取便利，为高校教学变革提供了充足的教学资源。这些教学资源适用于高等教育国际化定制教学。比如 MOOC 是一种开放性的大规模在线课程，可以为学生提供形式多样的课程资源和广阔的互动平台；SPOC 则是一种限制性的小规模在线课程，提供更具针对性的教学资源，更容易与传统教学模式相结合；微课则短小精悍，提供的资源多为具体的教学要点，可以帮助学生对具体知识点进行学习。以上不同的教学资源为实现高等教育国际化定制化教学提供了资源和内容上的保障，可以针对学生的个性特征选择相应的教学资源。

学生通过学习平台进行学习活动时，无须他人提出要求和给予关注，学生会主动在网络平台上分享自己的学习资源。如果在教学和学习活动中，全世界的学生都能够分享自己的学习资源，教学资源的生成速度将不可估量。基于学生不同的生活环境和文化背景，学历程度和学习进度也有所差别，由此生成的学习资源是丰富的，教学资源的形式也是多样的，同时要求学生有更有效的学习能力和学习效率。

（2）高校对教育资源的占有

当下丰富的网络教育资源建立在移动互联网发展和普及上，各种网络学习平台的建设为整合教育资源提供了渠道。优质教育资源从本质上而言指世界各知名高校研发的课程，在附加多种辅助性教育资源后将其进行共享，既有特色质量又有保证。

高校教师和在校学习的学生是教育资源的主要使用者，高校教师利用教育资源提升自我，并把它们作为开展教学活动的补充性资源，而学生把这些资源当作对传统高校教学的补充和完善。除此之外，高校是研究在线教学平台资源以及其前瞻性和指导意义的主要阵地。

国际化背景下，开发、使用和研究数字化学习资源等都需要依靠各高校，也说明高校拥有大量的优质教育资源，能够广泛开展关于优质资源利用形式的研究和探索，以实现充分合理利用优质资源的目标，也使得高校开展定制化教学成为可能。

2.学生层面

（1）高等教育国际化进程中的学生特点

当前，学生普遍了解和熟悉计算机和网络技术，已经拥有一定的信息素养和实践能力。但是海量的信息在为学生带来丰富学习资源的同时，也带给学生超负荷的认知和学习负担。为此，学生需不断提升自身的信息素养，提高信息辨析能力，以迎接互联网时代下的新挑战。

当下，学生对网络信息技术抱有较高兴趣，热衷新鲜事物，关注世界前沿问题，他们有能力获取更多的优质学习资源，也愿意与网络化环境产生深度交流和互动。学生能够适应在各种现代环境下开展学习，也成为当代学生的一种主要学习方式。学生是倾向于这种强调个体自身特征的学习方式，也能够适应在互联网时代背景下高校开展的国家化定制化教学。

（2）学生的学习需求

大规模教学仍然是当前高校主要的教学模式，因其管理方便且利于提高教学效率，一直被高校所采纳。但是这种教学模式也有其弊端，其更加关注学生整体的特征和情况，容易忽略学生的个体特征。着眼于学生整体设计教学活动、确定教学进度，无法符合每一个学生的特征，在学习过程中，学生可能缺乏学习积极性，无法达到良好的学习效果。通常这种教学方式只是简单地呈现信息，形式较为单一，无法满足不同学生的学习需求。

学生本身能够接触到各种教育资源，有兴趣和动机接受和学习新知识，学生更需要个性化的、有针对性的新的教学方式。高等教育国际化定制化教学关注学生的个体特征，在充分了解学生个体情况基础上开展教学活动，能够有效激发学生的学习积极性，提高教学效果，让学生受益于基于技术的新型教学方式，满足学生的学习需求和期望目标。

3. 教师层面

（1）树立新型教育理念

高校教学改革，推进了理论研究的深入与教学变革实践的开展，在高等教育国际化的背景下，高校教师深刻地认识到当下教学形式的弊端，已经不能适应社会发展要求，不能满足学生学习需要。对此，教师需要不断接受新的教育理论，保持自我更新和自我反思，努力在原有教学结构中融入新的教学形式。

在课程教学中引进和使用各种在线学习平台，注重探究性合作教学的开展，把学生作为学习的中心和主体；同时，将各种精品教学资源、MOOC等融合到课堂教学中，拓展课堂教学内容。从以上内容可以看出，各高校教师已经认可并在积极探索新的教学模式，有利于研究和开展高等教育国际化的定制化教学。

（2）教师价值的重现

教师的价值体现在利用自身所拥有的智慧和能力方面，帮助和引导学生塑造品格、生成智慧、提升能力。在高等教育国际化的背景下，高校定制化教学，虽然给予学生教学设计的决定权，但并不代表教师减少了责任，而是需要担负更加重要的责任。

学生受各种客观限制影响，不能全面准确地了解自身，即使有各种大数据分析技术、量化自我技术和学习分析技术等支持，学生对自身的了解也是有局限的，学生并没有足够能力做出最正确和有效的决策。这时，教师由于掌握大量数据信息，并且对学生的个人情况和学习特征有着初步掌握，再结合教师多年的教学经验、积累的教学智慧以及对教学内容和进度的把握，能够为学生提供合适的教学指导和决策指导，帮助学生做出正确选择。同时，高等教育国际化定制化教学实现了对丰富课程资源的整合，为教师进行教学改革提供了更多可能性。

教师在国际化定制化教学设计以及实施过程中，承担着重要角色，教师要充分发挥自己引导学生生成智慧、启迪学生的重要价值。教师能够对高校定制化教学保持认同态度并愿意积极进行探究和尝试，将为开展定制化教学提供师资方面的重要保障。

（二）高等教育国际化定制化教学的支撑技术

1. 量化自我技术

量化自我指通过数据收集、数据可视化、交叉引用分析和数据相关性等技术手段，对个人生活中有关生理吸收、当前状态和身心表现等方面的数据进行获取。量化自我是利用技术和设备来追踪自己的情况，并进行量化。

生命本身也将变成时刻不断前行的生活流。对自我进行量化是为了促进自我进步、自我发现，激活自我意识，加深对自我的了解。但将量化自我工具和相应的技术运用到教学活动中时，重点不再关注学生客观的生理数据信息，而是将重点放在收集学生学习过程中的相关数据，还包括学生对学习的外部环境感知情况。通过整合这些数据，在进行综合分析后，将这些数据应用到定制化教学中，可以更具体、更全面且有针对性地了解每一位学生。

在高等教育国际化定制化教学中使用量化自我技术，可以帮助学生更好地了解和把握自身特征，以此制订和选择最符合自身学习需求和发展的教学计划和方案，确立科学合理的教学目标，在教学中真正做到以学生为中心。同时，帮助教师掌握学生学习规律，为学生提供符合个性需求的教学活动和学习内容定制化教学，实现以学生为中心。

2. 大数据与教育数据挖掘的技术

大数据作为一个新兴术语，用于描述人们难以想象的海量数据，以及这些数据生成的速度和结构。大数据主要有六个核心特征：一是数据量大，增加了数据存储、传输，以及分析处理的难度；二是数据增长的速度越来越快，出现了信息流增长率问题；三是数据准确性问题，涉及数据收集、处理和使用过程中的信任问题，以及因来源不同数据产生的偏差、数据异常或数据噪声；四是数据格式多样，可分为结构化数据和非结构化数据；五是数据验证，指对数据进行进一步验证并分析数据安全问题；六是数据价值，即大数据是否有益于创新想法的产生、是否能够改进原有流程并创造利益。

借助大数据技术，高等教育可以通过数据进行决策，决策更加科学合理。大数据建立在数据采集技术、数据存储技术、数据分析技术、数据传输技术和数据可视化呈现技术基础上，能够起到优化教学，提高学习效率的作用，对高等教育国际化的进程有很大的推进作用。同时，借助各种网络教学平台，将大数据的相关技术融合进教学活动中，收集学生关于学习的所有数据，深入分析每个学生的个性倾向、知识结构、学习能力、价值取向、兴趣爱好、能力结构等，全面了解每个学生。

深度挖掘教育数据，分析学生群体特征，探究并掌握学生集体学习的规律，为开展大规模教学提供数据和技术支持，不仅能够提升高校教学的针对性，还能提高高等教育国际化的教学效率和教学效果。与此同时，可以转变传统的教学评价形式，实施基础数据的多元化教学评价，把评价主体从教师转变为科学的数据，为开展下一步教学活动提供参考依据。

高等教育国际化定制化教学重视学生的个性特征，将其作为教学涉及的起始点，要求对学生个体必须有深入且全面的了解。传统教学中，对学生的认知大多来自教师的评价和学生的自我评价，不可避免地存在以偏概全甚至是完全错误的情况，而互联网时代背景下，运用大数据技术收集关于学生的数据和信息，经过整合分析后，对学生的评价会更加科学和真实，帮助教师和学生进行更好地教学决策，教学设计也更加具有针对性。

3. 学习分析的技术

学习分析技术的具体操作流程为：搜集和分析处理与学生的学习行为和交流互动情况相关的数据、学生的基本个人档案信息及所在的学习情境，以此评估学生的学习结果，发现其中存在的问题，并对学生的未来发展作出相关性预测。学习分析以改进教学设计、优化学习结果为目标，还包括对教学环境的分析。

学习管理系统（简称 LMS）可以跟踪和测量学生在学习过程中的行为，记录有关学生的数据。学习管理系统平台中不断存储着大量关于学生的个人数据，包括学生选择的专业、课程内容，对待学习的态度、偏好，以及参与讨论、合作、作业等，都是关键的数据信息。

学习分析的过程是不断循环的，平台提供数据后进行分析，然后根据分析的数据完善教学设计，以学生为中心开展教学。在教学过程中，新生成的数据会被平台再次记录，这样的信息采集与分析不断伴随着学生的学习过程。教师、学生以及教学管理者可以通过学习分析技术和学习管理平台，对整个教学过程有更加深入和全面的认知，从而不断改进教学策略，完善教学方法，有利于更好地开展教学活动。

应用学习技术分析，可以充分了解于掌握学生当下的学习情况，通过分析学生的学习过程判断学生的学习路径，评定学生的学习风险程度，以便及时给予学生学习预警，如有必要可提出具体干预措施，保障学生顺利完成学业。除此之外，收集学生给予教师的评价和反馈，以完成对教师的科学评价，并帮助教师进行有针对性的教学设计；参考学生的整体数据进行总体教学设计，同时为少部分需要预警提醒的学生提供适当的教学干预。

三、高等教育国际化定制化教学的动力因素

（一）社会发展的动力

随着生活水平和物质水平的提高，人类从原来追求简单的生存逐渐演变为追求更高质量的生存。教育在推动人类追求精神文明和物质文明中扮演着重要角色。社会发展越快，人类的追求也会越高级，人类作为独立的个体，个性特色也表现得更加明显。高等教育的存在会满足人类个体发展需求，也是互联网时代背景下高等教育国际化定制化教学的动力因素。

（二）经济发展动力

高等教育教学要变革需要有物质基础和动力，而人们在日益发展的物质生活条件下对教育不断并且更高的追求，是物质基础和动力的前提。人们对教育需求不断增加并且随之付出更多的投入，成为高校开展高等教育国家化定制化教学这一变革的前提和动力，也是其变革的物质基础。

随着社会发展，人们生活水平的提高，高等教育国际化的市场也随之增加，进而迎来高等教育变革浪潮。在这一浪潮影响下，可供家长与学生选择的教育

途径随之增加，家长和学生的需求也随之提高，他们原意为之付出更多的金钱以求得到最好的教育资源。对此，需要高等教育进行改革，除了重视质量外还需要重视服务，才能够迎合目前市场下家长和学生的需要。人们对教育的需求是与当下物质条件息息相关，人们物质条件的丰富，使他们追求更好更优质的教育，也是一种新的价值体现。

为了满足人们日益增加的教育需求，需要提升教育的教学质量和服务质量。人们经济水平的提高，促使他们在追求简单的教学服务同时，也追求更好的教学服务，而在高等教育国际化背景下，教育服务要以学生为主体，尽最大可能满足学生需求，进而为他们提供更加优质的服务。

（三）高等教育转型的动力

高等教育在国际化背景下要求：尊重生命和人格尊严，权利平等和社会正义，文化和社会多样性以及为建设人们共同的未来而实现团结和共担责任的意识。教育是以培养人才为目的的一种活动。随着时代发展，不同时期需求的人才也不同，现代社会更需要创新型人才，为此教育需要做出改变，以便培养出具有创新能力的人才。因此，教育需要进行改革。

现代社会教育理念以及教育形式，随着国家需求和学生需求发生了很大变化，这些变化也推动着教育进行又一轮变革，促进其快速转型。现代社会需要多样性人才，需要多样化人才，需要创造型人才，还需要尊重学生发展，关注受教育者，这一切的需求都推动了互联网背景下教育制度的变革，也是高校定制化教学变革的动力，也是推动者。

（四）互联网络及信息技术的动力

互联网络及现代信息技术的发展，教育形式也发生了变化，教育教学环境和场所也随之改变。当前，社会主要的学习方式为泛在学习、数字化学习以及移动学习，这些学习方式的存在都依赖于网络基础和现代信息技术的建设。互联网技术的发展和变革让信息更加公开透明，也让人们获取资源更加便捷快速，改变了信息的存在形式，让资源进行重组并且进行了优化，还拓宽了资源种类，使信息资源能够全人类共享，进而变革教育教学发展方式。

互联网时代，信息知识迅速拓展并膨胀，全世界都可以接触到信息知识。随着各种技术发展，教学方式也随之发生变化。由之前教师教导型的经验型教育转变为科学化、智慧型教育。随着时代的发展，未来社会的学习方式将会更加开放和便捷，学校对学生的分析可以采用大数据模式，这样会得出更加精准的分析结果，全方位、多层次地了解学生。学生的个性特征、知识和认知结构、能力倾向和情感结构都可以通过大数据逐一呈现。这样详尽的分析，可以让学生发挥出最擅长的学科内容，也可以及时纠正学生在学习方面存在的问题。不仅如此，大数据模式下的教育方式可以分析出学生存在的知识盲点并完善学生的学习框架和学习结构，进而让学生发挥自身优势。要在互联网背景下进行国际化定制化教学，以上内容是其变革的基础。

四、高等教育国际化定制化教学的系统构建

（一）高等教育国际化定制化教学整合

1. 教学模块的整合

（1）全球化视野下的资源整合。通过互联网信息技术和对外开放的教育制度，有效整合每个国家的优质教育资源，将我国高等教学和世界高等教学充分融合，丰富学生的教育资源，扩展学生的知识领域，增强学生的综合能力；促进学生全面发展，为满足社会发展需求培养大量国际化人才。

（2）社会资源的整合。企业、机构以及其他组织部门都具备大量的优质资源，因而促进高校和社会各部门之间建立合作关系非常重要。创建一种有利于高校和企业展开密切合作的模式，即高校和企业形成一种相互促进、共同发展的关系，在这种情况下，不仅可以满足高校教育发展要求，教学能力和管理能力也得到大幅度增强；满足社会发展需求，高校将培养的人才输送至社会，为社会的发展贡献力量。总之，高校和社会机构建立合作关系，既实现资源共享，也促进双方各自发展，从而形成一种互利共赢的局面。

（3）教学资源配置的优化。信息技术的应用为实现资源共享提供了平台，有效整合各个国家的优质资源以及社会各机构的优质资源，能够使优质资源得到最大化的利用。尤其是教育资源的整合和优化，不仅赋予学生享受教育资源的权利，而且为学生获取信息提供了便利条件。

2. 课程整合

随着社会发展对高素质人才的需求，在整合高等教育国际化定制化教学课程的过程中，需要注重协调学生各方面关系，比如学生成长的预备性知识、专业的理论知识和技能实践、社会快速发展需求等方面的关系，从而实现学生全方面发展。

随着课程形态的改变，出现了越来越多的网络课程形态，教学内容广泛。在线教学已经成为现阶段最具时尚的课程形式。线上与线下相结合的课程形式为学生提供了充分的选择空间，在此基础上，满足学生定制化需求的课程将会展开。

作为高校教学活动的核心载体，课程向"关注能力"转变，目标是提升学生的综合素质。在高等教育国际化定制化教学过程中，关于课程整合需要改变原来的组织方式，将课程划分为不同模块，这些教学模块还可以进行重组，有利于定制化教学课程的设计和开发。所以，要增强学生综合能力，促进学生全面发展，课程设计要将学生的个性特征、学生的成长情况以及问题解决作为前提条件。综上所述，课程的整合有利于高等教育国际化加速实现学生的全面发展。

3. 教师智慧整合

在教学过程中，存在着无法预知的情况，教师应该发挥自身创新能力，解决各种细节问题，经过思考和改进，教师能力得到显著增强。随着高等教育国际化进程的加快，定制化教学要求教师创新教学方式，打破传统教学体系的局限性，在教育实践中不断自省和感悟，提升自身教育智慧。受教育的群体都是独立的学生个体，每位学生都具有独特个性，存在差异性。对于学生而言，教师应该具备帮助学生适应全新的学习环境，指导学生利用数据发现自我，提升学生学习效果，发展学生能力。

对于自身而言，教师应该具备利用技术更好地指导学生，优化教学的能力。除了在实践经验的学习，教师更应该不断进取，终身学习，教师的教育智慧是在理论学习—实践—反思的循环过程中积累的，必须加快教师的教育智慧的培养以适应定制化教学。总之，与教师智慧的整合，有利于高等教育国际化的内在升华。

（二）高等教育国际化定制化教学系统设计

在实现高等教育国际化定制化教学中，对其进行系统设计，有利于形成可重组的教学模块，为定制化教学的课程定制提供可能。下面从高等教育国际化定制化教学的资源模块设计、课程模块、专业选择模块以及学生评估方面做具体分析。

1. 资源模块的设计

（1）选择资源流程设计

基于信息技术的发展以及应用，有效整合大量教育资源，并且为学生创建了存储和提取兼具的优质资源库，学生既可以快速地查询到所要了解的知识，也能够通过优质资源库提升自己的专业水平。资源库会按照学生的基本信息，为学生提供与他们相匹配的资源。在教师指导以及平台推荐的情况下，学生进行资源选择，所选择的优质资源能够促进教学任务顺利完成。

（2）个体资源库的设计

资源库和资源模块的设计是以学生需求为前提条件，并且随着学生的心理特征和外在表现变化而进行改进和调整。在学生构建和编辑资源过程中，也将知识存储至头脑中，从而形成学生的个体资源库。在此基础上，不仅有利于学生的资源选择，还促进了定制化教学发展，帮助学生实现知识创造的目标。比如部分学生倾向于视频类的教学资源，而部分学生更倾向于文本类的教学资源，在学生个体数据库中，相同的信息内容可能会通过不同的资源形式呈现出来。

（3）资源组织结构设计

创建具有扁平化和网络化特征的资源结构体系，能够促进高校资源整合快速地完成，从而取得显著的教学成果。对于不同的教学资源，其课程标识和专业标识也体现出明显差异，基于学生个体模型数据，与课程标识、专业标识相对应的资源是最佳选择。相同的专业能够设置多门课程，课程资源之间存在着一定联系；除此之外，同一门课程也能够设置在不同的专业范围内，而教学资源的划分并不是以专业作为标准，由于教学资源整合，各专业之间能够进行沟通与合作。

2. 课程模块分析

（1）课程模块的分类

通过对课程的整合与重构，将课程分为以下方面。

第一，通识课程。这门课程属于预备性知识，主要针对学生的基础教育，是学生参与其他学习活动的前提，也是高校教学至关重要的组成部分。在高等教育国际化背景下，通识课程要更侧重于开发，激发学生的潜在能力，挖掘学生的个性特征，为学生将来的发展打下坚实基础。

第二，职业课程。职业课程是高校教学的核心，高校教学培养高素质人才的关键就在于专业知识的传授与专业能力的培养，而这些都通过专业课程的教学展开的。

第三，专业课程。专业课程目的是使学生适应社会发展的需要，能够在社会上有自己的立足之地，是培养实践能力不可缺少的环节。

第四，多学科整合型课程。高等教育国际化背景下高校定制化教学更应该注重多学科整合型课程的建设与开展，以技术支撑开展以提升学生能力、发展学生个性为导向的、整合不同专业内容的多学科整合型课程。

（2）课程与学业制度

为了把控课程定制，将课程分为选修模块与必修模块，引导学生在一定的框架内进行选择。由于学生能力、个性特征以及学习时间等方面存在显著不同，学生可以根据自己的时间安排选择相应课程，在掌握大量理论知识以及具备相应能力基础上展开课程学习，能够促进学生取得良好的学习效果，给予学生自由的选择权十分必要。

对于不同课程，设置的学分也体现出显著差异性。通过学分高低表明课程的重要性，为学生的课程选择提供参考依据。此外，课程选择时间并不是固定不变的，将学分作为标准评估学生的学业情况，能够为学生提供充分的选择空间，从而实现课程定制化。

（3）课内、课外相结合的课程模式

在定制化教学过程中，教师除了为学生传授专业知识外，还应该为学生提供课外学习机会，在确保学生掌握专业理论知识的同时，还能够利用课外学习加强自身的优势智能。课外学习的建设和开发，不仅为学生提供了优质的学习资源，更重要的是为学生创造更多的选择空间，提升学生的知识水平，有利于学生全面发展。

3.专业选择模块分析

专业作为某个学科门类，是高校按照社会各行各业以及学科体系要求进行分类，根据专业展开教学是高校教学的显著特点。学生在接受教育的期间内，首先要进行专业选择，才能学习专业理论知识。在高等教育国际化的背景下，高校定制化教学的专业选择要体现出自由性和灵活性，学生在决策专业的过程中，辅导教师可以凭借自身的人生阅历和长期积累的教学经验，以及对不同专业发展情况的评价和预估，为学生提供指导和帮助。因此，学生可以自由发挥自主选择权。

在决策专业过程中，教师应该为学生提供更多的选择空间，目的是帮助学生发现和明确自身的兴趣爱好和选择倾向，从而选择与学生相匹配并能够促进其发展的专业。此外，系统平台将会记录学生的思考和决策过程，还有学生和教师之间的沟通过程等，这些信息具有补充作用，即完善学生个体模型信息，为将来的教学活动提供参考依据。

关于高等教育国际化定制化教学的专业选择，除了指学生对专业决策外，还有选择时间上的自由决策，即没有明确规定统一的专业选择时间，学生能够按照网络平台推荐的信息、兴趣爱好和选择倾向、自己的思想观点等进行时间上的决策，当学生对各专业了解充分时再进行专业选择，则有助于学生有效地规划自己的学业生涯。在整个专业选择过程中，学生充分发挥自身主导功能，成为自己学习的主人。此外，应该为学生提供更多的选择空间，学生能够在一定范围内实现多次选择，帮助学生更加明确自己的选择倾向，同时满足学生专业选择的不同需求。

4. 学生评估

高等教育国际化所推行的定制化教学方式最显著的特点是以学生为主导，并结合多元智力理论，每个学生都有自己独特的优势特点，要促进学生快速成长，作为教师，应该充分了解学生的智能优势。在实施定制化教学过程中，多数学生指出遇到的最大问题是对自身认知不够准确和全面。对此，应该在应用互联网技术的前提下，准确了解和掌握学生的个人特征，通过教师指导，形成学生评估机制。

通过现代信息技术的发展和应用，获取大量与学生相关的信息，利用信息技术深度分析和探究学生的内在机制和认知结构，常见的信息技术有数据挖掘技术和数据分析技术。此外，测量和评价学生之间的差异因素，并对其结果进行归纳和总结，从而形成基于数据、量表以及个体选择的学生模型。在此模型体系中，涵盖学生的全部信息，不仅能够反映学生的个性特点和兴趣爱好，还能够反映学生的认知结构以及思维方式等。

基于学生个体模型的建设，根据教师以往积累的经验，为学生最终的结果给予经验性分析和评估。所以，教育的本质体现在两个方面，一方面教学内容具有一定价值和意义；另一方面培养学生形成正确的思想观点，是导向事物的本源。因此，了解和掌握学生的个性特征至关重要，根据学生特征，选择与之相符的教学内容，从而促进其快速发展；将数据化的科学评估和教师的经验性评估充分地进行融合，从而实行定制化教学方式，将更有利于学生发展。

（三）高等教育国际化定制化教学的系统构建策略

高等教育国际化背景下高校定制化教学将教学的决策权和选择权交还给学习者，使学习者有权决定自己的学习时间、学习进度、学习内容等。高等教育国家化定制化教学就是利用以学习者为中心的技术与工具，通过把握学习者的个体特征，了解学习者之间的个体差异，并根据学习者的个体特征为其提供有助于提升能力、完善自我的针对性教学，实现真正的个性化。因此，高等教育国际化定制化教学的系统构建策略需要就学生的个体差异和开发工具进行着手。

1. 研究学生个体差异

由于忽视了学生的个体差异，使学生丧失了对自身学习的主动权，这种现象不仅不利于学生个体的发展，也不利于整体教学质量的提升。因此，教育研究应转变研究方向，在技术的支撑下，优化教学设计，仔细思考对于不同的学生的教育，关注学生个体，关注教学过程中的异常情况、特殊情况、个别情况，每一个学生个体都是有价值的。研究学生个体差异，了解每位学生的独特需求的时候，才能够真正实现定制化教学。

2. 开发工具用于衡量学生个人能力

高等教育国际化背景下定制化教学将教学的决策权和选择权交还给学生，使学生有权力决定自己的学习时间、进度、内容等。但存在风险，不利于学生个体的发展。学生对自身认知的缺乏，导致不能够寻求更大的发展。为此，要开展定制化教学，作为教师，需要充分了解和掌握学生的个性特征，形成一个准确的认知。此外，高校应该开发一个可以评估学生能力的工具，通过工具以及技术的应用，学生对个人能力的认知会更加清晰和客观，从而促使学生有针对性地培养自身能力[1]。

第三节 高等教育国际化进程中的信息化教学模式

一、高等教育国际化进程信息化建设的目标

高等教育国际化进程信息化建设有着多领域覆盖、多方面融合、多层次渗透、多环节配合的特点，是一个囊括教育教学及其管理的复杂系统。就这一系统的自身建设而言，它并不是简单的以教育为核心的基础技术建设，也非一般教学手段和教学方法的应用，而是在满足其基础设施建设信息资源建设、技术人才队伍建设、应用系统建设和保障体系等的信息化建设基础上，最大程度地消除系统内部制约因素的消极影响，借助其积极影响提高教育工作的效率，更好地服务于现代化素质教育。与此同时，教育信息化也是一种理念上的更新，

---

[1] 李熙. 互联网＋时代高校学生管理模式的转变及创新 [M]. 长春：东北师范大学出版社，2017.

指导教育领域改革的进一步深化，推动教学工作的实操性创新。在高等教育国际化进程信息化建设的浪潮中，逐步建立起具有中国特色、符合中国实际的新型教育信息化系统，既是人民的真切盼望，也是教育改革的应有之意。高等教育国际化信息化建设的具体目标体现在以下方面。

（一）强化"全民教育"与"终身教育"理念

教育的最终目的之一，即实现学习者自主学习能力的培养，让个体有意识地接触自身感兴趣的或需要的学习内容，并有能力在海量的信息出筛选出适宜的学习材料进行学习。这种学习能力是再教育和终身教育的前提，作为上层建筑的高等教育，也应当明确这一点，在社会化服务的过程中让更多人获得该能力。在高等教育国际化进程中，传统的院校教育已不再是大众学习的唯一途径，互联网网络教学的出现更是模糊了"学校"的边界，让学习不再受限于特定的时间和空间。因此，高等教育国际化信息化建设应当充分发挥互联网资源丰富、即时共享、开放性强的优势，拓展学校教育的外延，为更多人利用互联网教育资源进行学习，实现全民教育和终身教育提供保障。

（二）发展现代的远程教育

现代远程教育，是在现代计算机信息技术的基础上发展出的、区别于传统教育方式的一种新兴的、顺应时代潮流的教育方式。现代远程教育作为一个平台或者说一项工程，有效地整合了多元的教育资源，让学习者们可以在这里发掘学习兴趣、接受在线教育、实现终身学习。科学技术的迭代和社会的快速发展，使在21世纪的社会分工日益细化，岗位要求越发严格。这种变化要求人们通过不断学习来获得更丰富的知识储量与专业技能，以适应社会的变化，并更好地实现自我发展、创造职业价值、提高物质与精神生活水平。

（三）培养信息化的人才

国际化人才的目的在于增强企业的国际竞争力，因此，国际化人才的培养，主要应体现出视野广阔、创新性强、信息敏感度高等特点。以信息化人才的培养为例，教育信息化的一大要义便是通过信息化的教育方式，培养具备信息化意识，掌握信息化操作，熟悉信息化管理的相关人才。一方面，这样可以提升就业者的自身素质，获得更多工作机会；另一方面，这也是目前维护国家安全，满足各行业尤其是党政机关部门、社会公共服务部门以及科技企业人才储备的客观要求。信息化专项型人才、复合型人才的养成，还需要多方合力，共同营造出一个有利的社会人才培养氛围。

（四）发展信息化产业

知识经济是以知识为基础、以脑力劳动为主体的经济。教育和研究开发是知识经济的主要部门，高素质的人力资源是知识经济的重要的资源。这种经济模式不仅孕育出一批新的以知识付费为变现手段的商业运营模式，也极大地推动着信息的产业化发展。高等院校凭借自身的智库优势，正以其独特的方式参与到信息产业的发展中。例如，多数高等院校具有高水平的科研队伍，并享有大量的学术论述及发明专利成果；有开阔的国际化研究视野和海外合作渊源；学界和业界之间天然的双赢互利空间；国家和地方为高校人才提供的宽松政策环境等。这些因素的共同作用下，信息产业正逐步成为当前经济增长中的最活跃因子，为社会创造出更大的产能和产值。

二、高等教育国际化进程信息化模式的教学管理

教学管理管理的是教学的全过程，是在科学的管理原则指导下运用科学的管理方法规范教学活动，使其遵循客观的运行规律开展活动。教学管理有利于提高教育者的主动性，调动学习者的积极性，实现教学目标的最大化。

具体而言，教学管理有宏观和微观之分：宏观的教学管理除包括学校内部的管理外，还包括以教育局为代表的政府行政部门对学校和其他教学组织的管理；微观的教学管理即狭义的教学管理，是指学校内的一般教学管理。

教学管理是以教学的全过程为对象，遵循教学活动的客观规律，运用现代科学管理的理论、原则和方法，对教学工作进行决策、计划、组织、实施、检查、指导、总结、提高，最大程度地调动教育者和学习者的积极性，以保证教育教学目标实现的活动。教学管理包括宏观和微观两个层次，微观层次主要指学校内部的教学管理，这是狭义的教学管理；宏观层次是指教育行政机关对各级各类学校及其他教育机构教学的组织、管理和指导。

高等教育国际化进程中的信息化教学模式，需要教学工作必须体现以教学为主，因此，信息化教学管理是信息化教育管理的中心环节，在教育各项管理中占有突出的重要地位。

（一）高等教育国际化进程信息化教学管理的主要内容

从管理的一般认识出发，可以认为信息化教学管理就是指在信息化教育形态中，为了实现特定的目标而建立相应的组织机构与指挥决策系统，并借助恰当的媒体与激励机制，协调和控制该组织中各成员间的关系，优化资源组合与

运作，充分发挥群体的最大效益。简言之，信息化教学管理就是为了优化教育系统，提高系统整体功效所进行的各种协调活动的过程。

信息化教学管理主要包括两大方面，即信息化教学资源管理与信息化教学过程管理，其中，每个方面又包括若干个小方面，具体如下。

1. 高等教育国际化进程信息化教学的资源管理

（1）人力资源管理

在信息化教学形态的各种要素中，人力资源是最活跃、最能动、最积极的因素，人力资源管理强调对人力资源的结构分析、合理配置、科学管理、合理补充及团队协作精神的激发，这是加速高等教育国际化进程信息化教学的前提。

（2）信息资源管理

信息资源包括教材、音像资料与数字资源等多种形态，在信息化教学过程中，许多信息资源都以数字化形态表征，因此在管理教育信息资源的过程中，需要充分考虑信息的输入与输出，体现资源组织、利用与解决方案等的完整性，并提供快速便捷的数字信息自动采集分类、保存与检索系统建立完备和高效的数据备份系统，追求智能化的管理支持平台，实现资源利用的有效性与高效性。

（3）环境资源管理

环境资源是指一切用来支持学习活动有效发生的信息化载体，主要包括一般器材、音像设备、计算机与网络、专用房室等。在教育环境资源建设的过程中，学习资源中心、电子阅览室、数字化图书馆、多媒体教室、语言实验室、微格教室、网络教室等正日益发展成为主要的学习支持形式。环境资源管理，就是要强调对上述信息技术载体的合理规划、布局与配置，加强对各类资源的综合有效利用。

（4）时间资源管理

在信息化教育过程中，一方面，管理者要很好地利用自己的时间资源；另一方面也要培养学习者对时间资源的利用与管理能力，学会合理分配时间，提高学习的效率。

（5）教学资源开发项目管理

项目管理源自于软件工程中的管理原理，它整合了好的管理思想与技术方法，主张运用系统科学的原理对资源开发项目进行计划、组织与控制。具有明显的生命周期和阶段性。教学资源开发项目管理要解决的基本问题就是要在人力、物力、财力、时间与环境等约束条件下，通过合理配置项目参加人员、制定项目建设的有关规范、提供详尽及时的报表，并准确评价项目的进展情况等。项目一般是具有明确目标的一次性任务，具有明显的生命周期和阶段性。教学资源开发项目管理要解决的基本问题就是要在人力、物力、财力、时间与环境等约束条件下，通过合理配置项目参加人员、制定项目建设的有关规范、提供详尽及时的报表，并准确评价项目的进展情况等，高效率地实现资源开发项目的所有既定目标。

（6）信息化科学研究管理

信息化教育的到来，将从根本上改变人们的教育方式与学习方式，人类的知识观、知识数量观与知识质量观、教育观、学习观等都将发生变化，原有的学校将不再成为人们获得知识的唯一场所，学习将不再局限于传统的固定空间和时间内，如何正确认识和对待新的教育形式中所表现出来的各种变化，需要信息化教育工作者认真研究，研究过程的复杂性与长期性等都要求进行有效的管理。

（7）知识管理

知识管理是将可得到的各种信息转化为知识，并将知识与人联系起来的过程。知识管理就是要对知识进行规范管理，以利于知识的产生、获取和利用。知识管理的基本活动包括对知识的识别、获取、开发、分解、使用和存储。在教育领域，知识管理就是将各种教学和学习资源转化为具有网状联系的规范知识集合，并对这些知识提供开放式管理，以实现知识的生产、利用和共享。

2.高等教育国际化进程信息化教学的过程管理

（1）学校信息化教学管理

学校是重要的教育场所，在信息化教育过程中，学校依然会充当重要角色。学校教育的信息化，主要体现在课程标准的制订课程计划的实施与学习结果的评价等教学环节上，受不同国家的政治、经济、文化等因素的影响，各个国家的学校信息化教育的内涵也存在很大的差异。在学校运用信息化教学方面，一般的理解包括教与学两个方面，从教的方面来讲，就是对教育者运用信息化进行教学活动的各方面的管理；学的方面即对学习者运用信息化进行学习的各种媒体、方式和方法，以及环境创设等的管理。加强对学校信息化教学过程的管理，就是强调对学校信息化教育过程进行完整规划与监控，进而实现学校教育工作的条理性、有效性与高效性。

（2）网络教育管理

网络教育区别于其他教育形式的主要标志是以计算机网络为教育平台，以开放的非线性分布方式为学习者提供丰富的教育资源环境，学习者不必受制于时空的限制，根据学习者的自身学习兴趣和爱好，最大程度地满足其个性发展需要。网络媒体的出现为人们提供了一种重要的学习方式，根据学习需要的不同，人们在学习过程中对计算机网络的作用要求和依赖性也不同。加强网络教育管理，就是为了更好地解决学习者适时地运用网络来实现相应的学习目标的问题。

（3）远程教育管理

在远程教育过程中，教育者与学习者基本上处于一种分离状态，学习者和学习者集体之间同样也以分离状态为主，师生之间、学习者与学习者之间的联系主要借助于双向通信的方式实现。在远程教育形式中，虽然没有统一的课堂来管理学习者，但它的组织机构管理依然严密。在实践过程中，加强对远程教育过程各环节的管理，可以更好地体现远程教育的优越性，并能使远程教育的质量得到保障，同时还将有助于解决诸如继续教育、终身学习等问题。

（二）高等教育国际化进程信息化教学的计划管理

教学工作计划是学校整个工作计划的主要组成部分，是教学工作最重要的基础性文件，是根据国家对人才的基本要求，对学习者进行培养的"设计总图"，是高等教育国际化教学建设和教学计划管理的主要内容和依据。教学工作计划的管理，是为了保证教学工作有秩序地进行，顺利完成教学任务，实现学校教育目标与提高教学绩效而实施的前期管理工作。

教学工作计划的管理，就是运用学校制订的具体计划去统管教学的全过程，是对各层次的教学工作进行全面安排部署，是计划实施、调节控制、检查督促和总结提高的管理过程。

高等教育国际化教学计划可分为指导性教学计划与实施性教学计划两大类。指导性教学计划即国家有关部委颁发的教学计划，它是指导学校实施教学工作，规范课程教学的主要依据，它体现了国家对学校教学工作的统一要求，是学校组织和实施教育教学活动的重要依据。对教学计划进行管理，就是通过对未来教学工作和活动的设计，控制和指导整个教学过程，从而使教学活动处于最佳状态，并取得最好的绩效。

实施性教学计划是学校根据指导性教学计划，结合本校的实际情况和社会对人才规格的需求，重新制订的教学计划，它是指导和组织学校工作，安排教学进程的主要依据。

教学计划管理的实施，一要依靠国家行政管理部门，由他们制定基本的教学计划，编写基本的大纲和教学教科书；二要依靠具体学校的校长和教师，由他们来具体落实相关部门所制订的教学计划。

就校长而言，主要是教学管理工作，以落实具体的教学计划。因此，校长要充分理解大纲的要求，理解国家层面的课程计划，进而对具体学校的实际教学工作进行宏观的管理与指导。在此基础上，校长还应该充分结合本校的实际情况，在国家层面课程计划的指导下制定具体的教学体系，是宏观的课程计划和具体的教学实践相结合。

就学校教导主任而言，其主要工作是协助学校校长落实学校的相关教学任务，同时教导主任也是教研、教学活动的直接领导者。因此，教导主任也必须对国家层面的课程计划、大纲要求进行充分的学习，明确各学科教学的具体要求，进而对学校的具体教研、教学工作进行有的放矢的指导。为组织好教学计划管理工作，一般来说，教导主任应要求各教研组制订出每学年、每学期的教学研究计划，教学研究计划应包括教学研究的基本精神、主要项目、基本要求、时间、地点、工作负责人等内容。

教育者是教学过程中的主导力量，对教学过程进行计划管理，还应该对教育者工作计划的制订与实施进行管理。教育者要依据教学大纲和教材内容，了解学习者的学习基础，制订课程教学计划，并在教学内容和教学方法等方面多加钻研。对于学习者，教育者要指导他们制订一学期或一学年的学习计划，做到有计划、有步骤地提高学习者的自学能力掌握和改进自学方法。此外，拟定出考核学习者成绩的标准，进行实事求是的评价，也是教育者工作计划的重要组成部分。

（三）高等教育国际化进程信息化教学的过程管理

1. 准备环节的管理

（1）钻研教材

包括钻研教学大纲、文字教科书和多媒体教学教材。钻研教学大纲在于明确教学大纲对本章节提出的教学要求，以及本章节在整个教材中的地位；阅读文字教科书，在于进一步明确本课的教学重点难点，以及整个教材结构的内部联系，还要详细研究哪些内容光凭文字叙述，学习者不易理解，需要借助教学媒体；熟悉信息化教育教材，在于了解现有的哪些信息化教材和资料适用于本课教学内容，以便选用。

（2）了解学习者

了解学习者，主要是了解学习者已有的经验，对于信息化教学来说，包括学习者看过或听过或浏览过哪些与课题有关的网上资料、电影、电视、录音、录像、幻灯片等，了解他们对基本知识和基本技能的掌握情况，他们的兴趣、需要和思想状况，以及学习方法和学习习惯等。

（3）确定媒体

确定现代教育媒体，是上好课的重要环节。不同的媒体具有不同的功能和特点，用哪种现代教育媒体来达到教育的目的，要看教学内容的要求。教学内容不同所选用的媒体也不同。幻灯投影和PPT（微软公司的演示文稿软件）的最大特点是画面静止、图像清晰、放映不受时间的限制、便于教育者长时间讲解和学习者观察，电脑动画、电影、电视能以动态的图像，逼真地、系统地呈现事物的全部变化过程，并且可以用动画、特技等手段表现出复杂的现象或过程。

（4）讲求教法

由于当前通常是信息化教学与传统教学结合进行。因此，教学方法就更应考虑到多样性和灵活性。是利用媒体提供大量的感性材料，然后教育者讲解进行概括总结，还是让学习者先观察，然后教育者提出问题，应让学习者做出反应。是将教学内容分成许多小步子，让学习者一步接一步地对教材做出反应，还是用发现法让学习者从媒体传输的信息中自己思考，自觉地做出反应，在整个教学过程中，如何使教育者的讲解，学习者的练习与媒体的运用有机地结合起来，何时讲、何时演、何时练，讲、演、练各用多长时间，都要仔细考虑，具体规划。

（5）写出教案

一个完整的教案，一般包括项目：班级、学科名称、授课时间、题目、教学目的、课的类型、信息化教育媒体、教学方法教学进度、教学内容、备注等。其中教学进度包括一堂课教学内容的详细安排、多媒体资料、课件的具体运用方法、学时的分配等。这些是教案的主要组成部分。上课前还要对信息化教育媒体做一次检查，使媒体处于随时可用的工作状态。对信息化教育教材除要先视听一遍外，多媒体资料、课件和网络下载的教学资料要提前装入电脑或做好备份，防止上课时无法打开或调用而影响教学进度。还要将幻灯片按教学顺序放好，并装入幻灯机的片仓内。对录音带、录像带要倒好带，该播放或不该播放的部分做好记号。

2. 教学过程中各个环节管理

教学过程管理的主要环节包括备课、上课、作业布置、复习辅导和考试与成绩评定等。在高等院校，还包括实验课、习题课、课堂讨论、自学指导、社会调查、教育与生产实习、毕业论文与设计等。教学过程中任何一个环节的削弱和失控，就会给教学质量带来不利的影响。所以，对于教学过程各个环节都必须注意管理。

（1）教育者备课环节的管理

备课的形式一般有个人备课与集体备课（教研组或年级组）两种。教学管理者对于教育者的备课应注意以下方面。

第一，向全体教育者提出备课要求。教育者应熟悉教学计划、教学大纲、教育内容，深入钻研教材，明确教学目的和任务；全面了解和分析学习者情况，增强教学的针对性，做到既面向全体，又因材施教，调动学习者的学习主动性与积极性；精心设计教学进程，选择教学方法，激励教育者能够生动活泼地进行教学。

第二，教学管理者要善于从备课中调动教育者的积极性与创造性，并在备课的基础上，编写详略不等的课时计划与教案。

第三，要为教育者备课创造有利的环境与条件，保证他们能集中精力备课。

（2）课堂教学环节的管理

课堂教学是保证完成教学任务取得良好教学效果的主要环节：一方面，教学管理者要为师生上好课创造良好的环境与气氛，其经常而具体的工作是搞好课堂教学的常规管理，诸如课堂纪律、课堂组织形式、媒体使用以及教室清洁卫生、教室管理办法及填写教室日志等；另一方面，教学管理的重要工作就是搞好课堂听课。听课有随时听课和有计划听课两种。随时听课是了解教育者平时在自然情况下的教学情况，计划听课则有一定的目的，例如有时是为了比较不同教学方法的效果，有时是为了比较不同教育者的教学风格上的异同，有时是为了帮助青年教育者或新任课教育者改进教学，有时则是为了推广某种先进的教学经验或方法。听课的目的不同，参加听课的人员与组织形式也不相同。最常见的听课形式是观摩课。

听完课后，需要和任课教师进行亲切而认真的讨论研究，对他在教学上的优点与已经取得的成绩给予充分的肯定，对于他的不足之处则应在指出之后共同商讨改进的办法。对于观摩课，则应在听课之后及时组织听课人员进行教学评议。分析评议要从教学效果入手找原因，要把教学目的、内容和方法各因素结合起来进行分析，提出建设性意见，要充分发扬民主，个人有不同意见可以保留，对于一时难于做出结论的问题，可留待以后继续探讨研究解决。

（3）作业的布置与批改环节的管理

作业的布置与批改，是课堂教学的延续，也是检查教学效果的基本途径之一。布置作业的量要适中，避免学习者负担过重现象。作业及时收回后教育者应认真批改，要从批改作业中发现教学上存在的问题，不断地加以改进。

（4）辅导与单元复习环节的管理

辅导是上课的必要补充，也是贯彻因材施教原则的重要途径。教育者要针对学习者的不同情况，区别对待，不能把辅导变为对全体学习者的重新讲授。在教学进行到一定阶段，就要组织学习者进行单元复习，引导学习者在已有知识基础上再进行分析综合，掌握知识结构体系，总结有效的学习方法。教学管理者要利用辅导和单元复习的机会，检查了解教学效果。

（5）考试与成绩评定环节的管理

对于教学效果和学习者学习成绩的了解，一般都是通过考查、考试进行的。考查可在课堂教学过程中，通过提问、答疑和书面练习等方式进行。考试是总结性考查教学效果的方式，通常安排在期中、期末进行。教学管理者既要掌握平时考查情况，又要对考试科目、日期、命题、方法和考场纪律等全面计划安排，对试卷批阅与成绩评定提出具体要求，做到客观、公正、准确，真实地反映学习者学习程度和教育者的教学水平。不要追求分数指标，也不要以分数排名次，更不能以分数高低作为衡量教学效果的唯一标准，挫伤师生的积极性。

（6）反思

所谓反思是指个体积极监控、评价、修正自身思维的过程。教学反思又称为"反思性教学"，是指教师在教育教学实践中，用先进的理念来审视自己的教学行为，通过观察、回顾、诊断、自我监控等方式，找出其中的差距，给予思索与修正，不断提升教学实践的合理性，进而提高自身教育教学效能和素养的过程。反思性教学不仅富有创见性地推动了教学理论的繁荣和发展，而且也成为教师专业素质发展的重要途径和必然要求。从教学过程的角度，教学反思可以分为教学前反思、教学中反思和教学后反思三个阶段。

（四）高等教育国际化进程信息化教学的管理体系建设

1. 信息化教学管理体系构建的必要性

当前，我国在高校信息化教学上投入了很多的人力、物力与财力，陆续开展了校园网络建设、质量工程中与信息化教学相关的项目建设等。我国的高等教育国际化进程信息化教学建设已经取得了一定的成果。但是，要在短时间内将高校信息化教学建设的经济支持力度提高到理想水平，是不太现实的。因此，在争取更多资金的同时，更应当关注于如何用有限的资金和专业技术人才发挥出更大的效益。

当前部分高校对信息化教学还没有一个正确的认识，仅仅将信息化教学看作一门单纯的技术部门工作。部分高校甚至认为信息化教学工作仅仅是搞好校园网络建设。还有一些高校虽然对高校信息化教学有了一个正确认识，但是却由于在建设过程中出现的种种问题，而对信息化教学产生了强烈的抵触情绪。这些不良现象都严重制约了我国高校信息化教学的发展。"三分技术，七分管理"，其实资金与人才只是高校信息化教学中存在的两个较大问题，却不是制约我国高校信息化教学的关键，关键还是在于管理。因此，信息化教学管理体系建设是非常有必要的。

2.信息化教学管理活动范围

要在高等教育国际化进程中广泛应用信息技术，就要对原有的教学管理对象与手段进行重新认识，需要确立新的教学思想与教学方法。显而易见，信息化教学的管理对象是信息化教学。要保障教学活动的顺利开展，就要对信息化教学事实层面的各要素进行合理管理，要有计划、有组织地开展信息化教学的环境建设及资源开发工作，不断升级改造原有的教学方法，构建一个新型的、符合实际情况的信息化教学模式。这些工作都是传统教学管理无法满足的，因此需将新出现的教学活动放入原有的教学管理中，塑造新的教学管理。

信息化教学管理是在新技术与新思想指导下的管理，它的特点是信息化。信息化教学管理对高校教学的各方面都提出了新的要求。在教学思想方面，既要求教师在个人素养方面针对信息化能力进行全面的提高，又要求教师要变革理念，尤其是对信息化教学的认识，要改进教学方法，与信息化教学接轨，进而改变传统的教学模式；在教学过程的管理方面，信息化教学立足于学校的网络建设，这既包括学校信息多媒体硬件设施建设，如功能完善的多媒体教室，信息技术教室等硬件设施，也包括信息化教学资源等软件设施；在教学质量方面，教学信息化的管理变革重点在于教学质量评价的变革，这种变化的发生在于评价对象的改变，为适应这种变化必须变革传统的质量评价理念、评价要求和相应的评价方法。

相较于传统的教学管理而言，高等教育国际化进程中信息化教学管理的内容和手段都有着极其鲜明的变革。为适应上述变革，高校还要重视教学思想的变革，实现信息化教学管理的常态化，主动改变教学评价的方式，积极投入信息化教育所需的软硬件建设中，重视全校教职员工信息素养的提高。

3. 信息化教学体制构建

合理的体制是活动顺利开展的保障，要保障信息化教学活动的顺利开展，就要建立一个信息化教学体制。信息化教学体制与信息化教学管理活动息息相关、又位于教学管理活动之上，是高校管理体制的一个组成部分。高等教育国际化进程中信息化教学体制的建立主要从建立组织机构及管理规范两方面入手，具体如下。

（1）信息化教学管理的组织机构

建设高校信息化教学体制的首要任务就是建立一个强有力的组织机构。该组织机构需要具备完整性与权威性，并要有明确的专业化分工。机构的组成部分主要分为教学领导小组、教学工作办公室及技术支撑服务单位等。其中教学领导小组是整个信息化教学建设的决策机构，校长可作为小组的负责人。教学工作办公室是主要的执行机构，主要为教学领导小组提供决策支持。技术支撑服务单位则接受教学工作办公室的领导。

（2）信息化教学的管理规范

管理的规范首先在于教学定位的明确，进而在学校的上层体系构建中加以表现。管理规范既包括规范管理机构、规范工作行为，还包括规范工作人员。规范管理机构体现在对教学管理机构在性质、职权等方面的规范，最好的方式是用明确的制度加以规范；规范工作行为体现在对信息化教学行为的规范，最好的方式也是明确相应的制度，以法治取代人治；对教职员工的规范体现在对工作岗位上的个体的职责的规范。

4. 信息化教学机制建设

机制建设虽然是教学建设的重要内容，但不是开始就要进行机制建设工作。对于高等教育国际化进程中信息化教学建设而言，同样如此。改变机制需要等到信息技术全面覆盖高校教学的各方面，而旧的机制无法满足信息化教学发展需要时，才需要改变旧的机制，构建新的机制。

高等教育国际化进程信息化教学机制可以说是信息技术与高等学校教学理念的承载体。信息技术的运用，使高校的教学手段发生改变，构建起一个全新的、能体现信息化教学需求的组织架构及运行机制体系，保障信息技术的价值与作用，得到良好发挥。构建高校信息教学机制的最终目标是实现人的自由和全面发展。高校信息教学机制主要由三个部分组成，它们分别是：管理机制、运行机制、评价与考核机制，具体如下。

（1）管理机制建设

当信息技术在高校教学中的运用深度不断加深时，就需要建立信息教学管理机制来与其适应。建立信息教学管理机制可以用管理来推动高等教学的发展。信息教学管理机制包括信息化教学战略管理问题及信息化教学的政策体系研究与制定这两方面的内容，具体如下。

第一，信息化教学战略管理问题。信息化教学要想在学校教学中得到很好的应用，将涉及学校的各个方面，包括观念、模式，学校组织变革、教师观念、知识结构的调整、甚至是核心竞争力的形成等，都将受到全面的冲击。这就需要我们结合学校的实际，从战略角度对信息化教学做出长远的、整体的规划。这种规划是学校发展的内在需求，不是外界强加的。学校在制定信息化战略时要根据自身的实际情况，进行认真思考，才能时信息化战略成为真正的行动纲领，才能发挥其对学校信息化教学建设工作的指导作用。

第二，信息化教学的政策体系研究与制定。学校信息化教学不是一个短期任务，是一项需要持续进行高投入的事业，需要研究并制定符合学校实际的可持续发展机制，这样才能不浪费投入的资金。因此，学校在建设战略管理机制的同时，也应建立信息化教学的可持续发展机制，这样才能保证信息化教学的稳定性和连续性。

（2）运行机制建设

在信息化教学的相关设施和机制构建结束之后，运行机制的建设便顺理成章了。

第一，规范标准的教学信息资源。制定教学资源的规范标准有利于保证信息化教学资源的合理利用的正常运行。教学资源质量低下、建设标准缺乏明确的统一规范以及资源的可持续循环利用差等是我国当前信息化教学资源的现状，因此我国在规范教学信息资源的标准时要重视三点：一是注重资源建设流程的规范，这样将会有利于资源的统一；二是无论是资源的引进还是自主的开发，都要严格遵循相应的标准要求，只有这样才能保证教学资源的质量；三是，在开发过程中，一定要选用合乎规范的开发工具。

第二，建立信息化教学技术支撑服务体系。要想建立完善的支持服务体系，人们必须先明确信息化教学技术支持服务体系的内容：其一包括基本的设施内容；其二包括相应配套的应用内容。基础设施内容既包括多媒体实验室、校园网络系统等硬件设施建设，还包括信息教学规范、信息教学标准等软件设计建设，以及相应的网络教学平台和网络教学数据库。信息化教学的应用重点是指信息化教学中的教学应用，如教务系统的信息化运用，教学资源的信息化采集等。

第三，建立学校信息化教学培训体系。教师和学生是信息化教学的主要使用者。师生都需对信息技术有一个良好的掌握，才能真正发挥信息化教学的作用。要保障师生都能掌握信息技术的应用方法，这样就需要建立一个信息化培训体系，来保障信息化教学的顺利开展。不仅如此，建立信息化教学培训体系能在学校内部构建起一个良好的信息化政策环境和人文环境。

（3）评价与考核机制建设

评价与考核机制作为机制的一个组成部分，在整体机制中充当着监督者的角色。高等教育国际化进程中的信息化教学机制建设也应当建立专门的评价与考核机制。建立信息化教学的评价与考核机制能够及时有效地对学校的信息化教学实施过程进行有效监督，能够及时发现教学过程中存在的问题，帮助学校的信息化教学水平实现进一步发展。同时，也可借助评价与考核机制的评估功能来推动高校信息化在基础设施、资源的开发、管理及利用方面，和信息化人才培养等方面的建设，从而进一步保障学校信息化教学工作实现可持续发展。

总之，现代教育媒体在高等教育国际化进程信息化教学中的重要性是不可替代的，一方面展现了信息化教学这一教学方法相较于其他的传统方法的独特之处；另一方面为教学中的多样化呈现提供了可能。例如在学习抽象的化学反应时，教师可以借助现代多媒体教学设备，向学生以多彩的图例展示反应物的分子结构，并以动画的或视频的形式再现反应过程中的现象与过程，帮助学生理解。

同样，信息化教学方法具有和作为教学方法的共性，即必须有专业的教学理论作为其具体工作的指导。信息化教学融汇吸收了传统教学方法的精髓，又表现出受互联网思想影响下的现代教学理论的影子，它不同程度地浸润了传统与现代的思想，因此很难在严格意义上界定出信息化教学源于哪个教学理论的指导。但是，有一点是十分明确的——信息化的教学方法具有特定的目标。这种教学方法需要在问题导向的前提下才能取得一定的教学效果。

此外，高等教育国际化进程信息化教学一般有明显的结构性，这既是现实教学的需要，也是依照步骤使用现代教育媒体、完成教学环节的要求。在某些条件下，这种结构性也会发生变化以师生间的双向互动开展，而非以教师为单一教学中心的线性展开。

在具体的信息化教学实践中，不胜其数的教学方法可以被应用到教学过程中，经验丰富的教师们，可以在基础教学方法的基础上利用这种新的方法，加以组合创造，找到适应学科特点与课题教学的可行性方案。但是，对于缺乏教学经验或是对信息化难以完全理解的部分教师而言，这种组合方式并不是"手到擒来"就能实现的，在游刃有余地应用信息化教学方法前，还有诸多问题需要回答。例如，不同的方法间怎么进行组合；如何选择兼有学科特点和个人特色的教学方法；学生接受哪种教学方式的学习效果最好；不同教学方法之间的优劣势能否互补等。要回答这些问题，可以以信息化教学的基本方式为切入口，在分析了解它们的特点，优势应用步骤、适用范围和条件后，结合自身的教学习惯和实际教学情景，有选择性地进行取舍[1]。

---

[1] 刘红，张跃进，佟晓丽. 高等教育国际化 [M]. 北京：兵器工业出版社，2005.

第四章　中国高等教育国际化发展及其路径探索

中国高等教育国际化体系正在不断完善，提高教师国际素养、加强校际交流与合作、探索中国高等教育国际化发展路径，有助于培养更多的跨文化视野高级人才。基于此，本章重点探讨中国高等教育国际化发展策略与问题、中国高等教育国际化进程中的风险、中国高等教育国际化发展的主要领域以及路径选择。

第一节　中国高等教育国际化发展策略与问题剖析

一、中国高等教育国际化的发展策略

随着我国对外开放领域不断扩大以及教育改革的不断深入，中外合作办学发展迅速，办学规模逐步扩大，办学层次逐渐提高，办学模式也趋于多样化。中外合作办学正逐渐成为我国教育对外交流与合作的一种新形式，成为加快培养社会主义现代化建设事业急需的各类人才的新途径。中外合作办学的发展趋势是健康平稳的，现在已经形成了一批办得好、质量高、有特色、受欢迎的中外合作办学机构或项目。一些中外合作办学机构在办学实践中，积极引进外国优质教育资源，大胆探索新的办学模式和人才培养模式，积累了经验。大教育工作者坚持依法行政和规范管理，不断探索有效的管理方式和手段，积极引导中外合作办学向着健康有序的方向发展[1]。

随着中外合作办学的快速发展，也出现了一些需要加以规范的情况：第一，中外合作办学还存在一些机构信息披露不及时或者不准确；第二，个别机构收费过高、承诺事项不能兑现等问题，直接损害了受教育者的合法权益；第三，

---

[1]　毕勇. 中国高等教育国际化的发展对策[D]. 武汉：华中师范大学，2003：22-25.

有些中外合作办学的外方师资水平较低，为了规范和促进中外合作办学，保护受教育者的权益，可以采取以下措施。

（1）制定和完善中外合作办学方面的法律法规。《中华人民共和国中外合作办学条例》的颁布，使我国有关中外合作办学的规则和政策更加规范、透明，有助于外国教育机构来华进行合作办学，有利于中外双方合作办学和依法自主办学，有利于我国政府机关依法进行监督管理。中外合作办学条例的实施，将对教育行政部门依法行政提出新的更高的要求。教育行政部门必须严格按照中外合作办学条例的规定，依法审批、监督、管理中外合作办学机构，依法保护中外合作办学者、中外合作办学机构的合法权益，依法保护受教育者、教师的合法权益。采取有力措施，积极贯彻落实中外合作办学条例规定的这些权益。首先，要抓紧制定具体的优惠措施，保障中外合作办学机构相关的优惠措施得以落实；其次，要严格依法行政，依法规定审批时限、程序，规范教育行政部门行政执法行为，不断提高行政效率，保障中外合作办学机构依法实行自我管理、自主办学。

（2）在中外合作办学整个行政管理过程中，从严格审批制度，规范办学资格的合法性到加强监管，保证办学质量。将办学类型和层次、专业设置、课程内容和招生规模等有关情况，定期向社会公布，保证办学公开、透明；颁发的外国教育机构的学历、学位证书，应当与该教育机构在其所属国颁发的学历、学位证书相同，并在该国获得承认，防止假冒和欺诈的学历文凭；收费项目和标准，依照国家有关政府定价的规定确定并公布，未经批准，不得增加项目或者提高标准，坚决杜绝乱收费；在中外合作办学机构终止及依法清算时，应当妥善安置在校学生，清算时财产处理应当首先退还学生的学费和其他费用，优先保护受教育者的利益。

（3）采取有力措施，保护在中外合作办学机构中任职教师的权益。教师的素质是中外合作办学机构办学质量最重要的体现，也是保证社会主义办学方向，培养现代化建设人才的关键。因此，要采取有力措施确保教师的合法权益，提高中外合作办学教师队伍的思想品德修养和业务素质，实现中外合作办学的根本目的。具体包括：中外合作办学机构的理事会、董事会或者联合管理委员会的组成人员中应当有教职工代表，保证教师可以参与重大决策；教职工可以依法建立工会等组织，并通过教职工代表大会等形式，参与民主管理；中外合作办学机构应当依法维护教师的合法权益，保障教师的工资、福利待遇，并为教职工缴纳社会保险费；在终止清算时应当依法清偿教师的工资和应当缴纳的社会保险费等。

（4）要建立健全行政救济渠道，保证中外合作办学机构合法权益受到侵害时，向教育行政部门或其他有关部门投诉和复议，能够及时、依法处理。这些规定的根本目的是确保中外合作办学机构的教育、教学质量，保证受教育者受到高水平的教育，维护受教育者的合法权益。

此外，在发展和规范中外合作办学中应当坚持引进外国优质教育资源。按照中外合作办学条例的要求，国家鼓励在高等教育、职业教育领域开展中外合作办学，鼓励中国高等教育机构与外国知名的高等教育机构合作办学；鼓励中外合作办学机构引进国内急需、在国际上具有先进性的课程和教材；结合我国的实际，要注意借鉴和学习外国教育机构的办学特色和成功的管理经验，使我国教育机构真正具有比较优势。引进优质教育资源的标准应当是有利于全面推进素质教育和培养创新能力，有利于提高高等教育的质量，提高教育的国际竞争力，有利于培养现代化建设急需的各级各类人才，培养全面发展的一代新人。与世界上教育先进国家相比，我国教育机构在高等教育机构在教育理念、教育方法、教育管理体制和运行机制方面都存在一定的差距。

中外合作办学在引进优质教育资源的同时，对我国整个的教育领域也将产生有益的影响。引进外国优质教育资源的关键是消化吸收、利用创新，最终是提高我国教育的整体水平。教育行政部门要积极引导各类教育机构特别是高等教育机构加大改革力度，与外国知名的高等教育机构开展多种形式的合作办学，与世界先进国家的教育水平持平，真正将引进的外国优质教育资源转化为自身改革和发展的能力，使我国教育事业真正实现优先、优质的发展。

中外合作办学优势互补，双方受益匪浅。如上海电视大学在澳大利亚悉尼建立了上海电视大学悉尼分校，先后开设了汉语、中医药基础等数十门课程。上海中医药大学与日本、韩国、澳大利亚等47个国家的教育机构联手办学，为这些国家已培养多名针灸医生，受到海外医疗机构的广泛好评。

积极开展国际合作办学，不仅拓宽了教育筹资渠道，更重要的是引进外"智"，引进国外先进的教学内容、教学方法和教学管理经验，使学生不出国门就能达到"留学"的目的。如由新加坡英华美学院与上海高校合作创办的英华美上海学院，由于专业证书由英国剑桥大学和牛津大学考试委员会鉴定颁发，现在已成为一所真正与国际接轨的学校。

二、中国高等教育国际化的问题剖析

作为世界上重要的经济体之一，我国已经深度参与到这场经济全球化运动之中。而随着高等教育体系与国际联系日趋紧密，国际交流与合作日趋频繁，国际化在我国已经是一项正在进行着的实践。在吸收世界主要国家高等教育国际化发展经验的基础上，我国高等教育国际化也取得了令人瞩目的成就。此时回顾高等教育国际化发展的历程，总结经验、发现问题，对于认清我国高等教育国际化进一步发展所面临的风险、障碍以及发展策略的选择均有重要意义 [1]。

（1）高等教育国际化与民族化的理念冲突

发达国家与发展中国家高等教育存在的差距，给发展中国家施加了较大的压力。国际化与民族化的观念冲突是我国高等教育进一步发展道路选择的一个关键点，如何处理好高等教育民族化的发展与走国际化道路的关系是我国高等教育需要解决的问题。

（2）高等教育国际化竞争与我国高校总体竞争力不强的矛盾

在经济全球化背景下，具有国际视野和全球意识逐渐成为人才的基本要求，而高等教育国际化正是这一要求的现实体现。发达国家的教育在全球范围内展开市场争夺，各国的高校不再是面对国内的竞争，更要面对来自国际的竞争。而发展中国家与发达国家的差距，则给发展中国家竞争力不强的高等教育体系施加了较大的压力。我国高等教育的主体——高校与世界知名大学相比而言不具有较大的竞争力。从来华留学的国际学生的学校选择以及中外合作办学机构和项目的地区分布看，吸引国际学生和合作办学项目的地区主要是我国经济较为发达的地区。要借助国际化来推动我国高等教育的发展，我国的高等教育必须思考在面对国际竞争压力下如何提升自身的竞争力。

（3）高等教育国际化中高校自主发展与政府干预的冲突

欧美发达国家的高等教育国际化，是在高校自主发展的基础上，按照市场经济的原则发展起来的。政府虽然在其中起着推动作用，但不会直接干预高校的运营与发展，高校具有比较完善的现代管理制度和充分的自主决策权。我国在这方面有着限制，如政府对出国留学的限制。高等院校逐步朝着在政府宏观管理下，面向社会自主办学的法人实体发展。高等学校办学自主权虽然有所扩

[1] 付红，聂名华，徐田柏.中国高等教育国际化的风险及对策研究 [M].北京：人民出版社，2015.

大，但在国际合作方面仍然存在问题，在合作院校选择、专业项目确定、人员出国等方面的政府干预较多。这些干预对于高校及时把握市场机遇、推动高等教育快速发展是不利的。

（4）高等教育国际化发展中的非均衡问题

观察我国高等教育国际化，可以发现诸多的非均衡现象：第一，来华留学的国际学生的地区不平衡。大多数来华留学生都集中在与中国经济相对联系较为紧密的国家与地区。增强我国高等教育的国际影响力，与我国经济影响力保持同步，是我国高等教育国际化进程中值得思考的问题。第二，高等教育国际合作对象的区域分布不均衡。在我国高等教育国际化中，与我国签订合作协议、展开合作办学的国家和地区主要集中在欧美以及日本等发达国家和地区，这些国家和地区不仅与我国有着广泛的教育国际合作，而且与其他国家的教育国际合作关系同样紧密。第三，国内高等教育国际化发展不平衡。我国致力于世界一流水平大学的建立，先后实施了"211"和"985"工程项目。在国际学生招收、国际师资（非语言类）的引进上，我国这些重点大学才是聚集地。

（5）高等教育国际化的水平、层次偏低问题

我国高等教育国际化真正取得突出成就的是学生的国际交流。而学生交流本身属于高等教育国际化中较低的层次，学生培养理念以及战略等较高层次的国际化在我国众多高校中较少。我国强调国际人才的引进，但是各类高校引进的外籍教师层次相对较低，本科生以及外语教学的需要依然是我国外籍教师引进的主体和主要目的。我国学术交流项目中大多只是邀请讲学的形式，停留在学习层次，而很少能在学术上进行争辩性的深入探讨。

（6）高等教育国际化带来的人才外流问题

开放对出国留学的限制，使我国高等教育国际化快速发展，出国留学生接受先进教育思想和理念的培养，我国留学生的回国率较低。高等教育国际化为我国培养了一大批经济建设中急需的人才，却有更多的人才流向国外。

第二节　中国高等教育国际化进程中的风险分析

为了应对高等教育全球化时代面临的挑战，就要全面、综合、系统地分析中国高等教育国际化进程中的各种风险，客观正确评估这些风险所带来的影响，有针对性地提出规避风险的策略，这也是中国高等教育各级主管部门和高等院校亟待研究的课题。

一、中国高等教育国际化进程中的风险特性及内容

（一）中国高等教育国际化风险的特性

中国高等教育国际化风险已经为教育界众多学者所关注。中国高等教育国际化风险是指由于各种内外部因素导致中国高等教育在国际化进程中遇到的不确定性以及损失的可能性。高等教育国际化是教育领域极为关注的一项投资活动，其中不可避免地会存在一定程度的风险。中国高等教育国际化风险具有以下鲜明的特性。

（1）客观性。只要是发生在高等教育领域的投资活动，就会给高等教育改革的各方主体带来利益或者损失，因此，风险客观存在于中国高等教育国际化的全过程。

（2）可控性。如果能建立起高等教育国际化的风险识别与预警系统，那么改革的各方主体就能通过采取相应的方法和措施，有效地识别、预防、控制并化解风险，或使风险降到最低程度。

（3）不确定性。由于高等教育国际化实施过程中存在多种多样的影响因素，如政治、经济、人文、社会、法律等，它们都会对高等教育国际化进程产生影响，因此其风险具有不确定性。

（4）动态性。由于政治、经济等导致高等教育风险的影响因素千变万化，因此风险也会随着上述因素的变化而变化。

（二）中国高等教育国际化发展面临的风险

由于种种因素的影响，中国高等教育国际化过程中会面临各种各样的风险。通过对国内外高等教育相关风险的总结，可以将其归纳为以下风险。

1. 政治风险

（1）高等教育国际化与本土化相冲突的风险

高等教育国际化是一个范畴广泛的概念，世界各国的高等教育各有特色。在中国高等教育国际化实施过程中，国际性教育组织和中介机构大量进入中国的教育市场，一些带有商业营利性质的教育组织以及个人在传授知识、讲授课程的同时，会将个人思想意识以及个人观点向国内传输渗透。高等教育发达国家诸如英国、法国、德国、西班牙在对本国语言文化传播时极力保存本国的教育特色，在英语成为世界性通用语言的今天，外国文化的传播更为便捷，这为

中国高等教育吸收西方文化提供了便利。即在全球经济一体化背景下中国高等教育进行国际化的同时，必须考虑到在以发达国家高等教育国际化为模式进行改革时，不可忽视中国社会和文化的特殊性，不能把国外教育模式移植到中国的大学中去。因此，在中国借鉴国外高等教育国际化的成功经验时，一定要结合本国国情，实现文化教育的国际化交流，处理好中国高等教育国际化与本土化之间的利害关系，维护社会主义意识形态与制度。

（2）国家教育主权面临被弱化的风险

在高等教育跨国界实施过程中，国际性和地区性教育组织相继产生并同时存在。在协调高等教育国际化各种问题方面，国际性组织要求国家交出部分教育决策权，部分国家的教育主权和职能在国际化过程中转移给外部，从而导致国家教育主权被弱化，主权国家相应的教育权利进一步转向国际教育组织。在一些超国家组织如联合国教育、科学及文化组织以及地区性组织对国内政治生活的影响日益增大，这些机构向主权国家传授先进的文化教育理念和价值观念的同时，也从某些角度影响了主权国家的政治及思想意识。当国家的教育主权要求受到高等教育全球要求影响时，国际教育组织和其他跨国教育机构就希望国家的主权要求从属于教育国际化的要求，从而在促进高等教育国际化的同时削弱了国家教育主权。中国的高等教育国际化是以一定的规则为基础，是权利和义务的平衡。

2.经济风险

（1）高等院校经费投资不足加剧了国际化的经济风险

财政性教育经费占国内生产总值的比例是衡量一国教育投入是否充足常用的指标。多数高等院校为了教育部的办学达标评估检查而大兴土木，经过改、扩建后的校园面貌一新，办学条件得以改善，赢得了上级主管部门的赞许和吸引了外界考生，但是这些投资所花费用换来的是减缓或停发教职员工的课时费和降低其福利待遇，造成学校的财务危机。在此背景下，高等教育国际化办学所需支付的外籍教师聘任费、国际学术交流与项目合作费等加剧了中国高等教育国际化的经济风险。

（2）商业化风险

在经济全球化趋势不可逆转的宏观背景下，中国高等教育国际化进程加快，成为高等教育国际自由贸易的一个重要组成部分。发达国家聚集了大学教育的优势资源，因此实际上高等教育的国际化是由少数发达国家主导的，从中获得了大部分的经济利益。这种商业化的大学国际化教育，通过收取高额学费而赚取经营的利润。跨国公司、媒体集团等国际教育中介机构，甚至居于领导地位的少数大学，都被视为冠以教育国际化的商业机构，以寻求商业利益为目的。高等教育学术系统虽然不会完全变为商业性质，但高等教育的市场化会影响精神活动所需要的自由氛围和创造空间。目前信息和科技飞速发展，网络大学应运而生，澳大利亚、英国、德国等国的大学在许多发展中国家设立了分校，高等教育联合办学的形式为发达国家教育国际化事业开辟了更为便捷的商业渠道。

3. 供求风险

（1）现存大学的招生规模和模式与人力资源需求不适应的风险

高等教育为国家有关部门提供高素质的创新人才，而这些部门需要何种类型的人才，如何预测其需求量已经成为需要解决的问题，尤其是中国高等教育在经历了多年扩招之后，高等院校毕业生的就业问题已成为困扰教育部门和学校以及社会的突出问题之一。我国传统教育模式遵循"分数决定命运"原则，而国外高等院校招生原则与国内存在差异，国外高等院校选拔学生的标准是基于"能力+成绩"，在校学习期间学生通过项目设计、真正参与社会实践达到毕业要求。在高等教育国际化改革进程中，传统考试制度下招收的学生是否能够顺应国际化潮流，是否能成为新形势下各个部门未来所需的国际化人才，这构成高等教育招生规模与国际化人力资源需求的供求风险。

（2）中国大学未来的研究能力与高等教育国际化培养能力之间差距的风险

目前，国内知名高等院校尚不能进入世界前列，在科研能力考核方面，如获得国际奖项和在国际权威期刊发表论文数量等成果都与国外有较大差距。高等院校充足的教师资源是培养人才的必备条件，我国大部分高校的师生比例都不符合国家规定标准，不合格的师生比例降低了学习的效率，不利于高等教育教学质量的提高和创新人才的培养。在国内大部分高等院校都有外籍教师，但是外教人员在华工作的状况并不稳定，因教师待遇等问题频繁更换工作岗位而导致在教学中投入精力不足。高等院校教师的科研能力需要时日和经费的支持。因此，中国大学未来的研究能力与高等教育国际化培养能力之间存在教育风险。

4. 文化与法律风险

（1）文化风险

大学的使命就是激励和教育学生对于包括知识和精神在内的社会文化的不断追求，与商业社会所倡导的经济利益有严格的差异，中国的大学国际化教育与全盘西化教育的理念更是有严格区别。每个国家和民族都有自己特有的文化、制度、环境及相应的语言表述方式，不同国家和民族的高等教育改革，其针对性与具体内容是各不相同的，同一社会制度的国家与不同社会制度的国家更会大相径庭。中国高等教育在国际化接轨中，就要对国际化、多元化、本土化进行统一和协调。

中国高等教育国际化、多元化、本土化协调和统一的过程中体现了各民族文化融合的过程，正如"民族的就是世界的"。国际化不能简单地替代民族化。因此，对于中国的高等教育来说，一方面，为实现本民族国家教育学术和教育体系国际化，就必须努力建立符合本民族特性的教育体系；另一方面，必须运用西方的学术话语，真正参与到高等教育国际化竞争过程中去。这在高等教育国际化改革中，就必然存在着国际化、民族化与本土化的协调与统一问题，这是中国高等教育国际化进程中不容忽视的风险之一。

（2）法律风险

高等学校应当面向社会，依法自主办学，实行民主管理。接受教育权是每个公民的基本人权，受到法律的保障。目前，中国高等教育逐步从精英教育进入大众化教育阶段，在步入高等教育的国际化过程中会存在的法律风险：在开展对外交流中签订各种合同的合法性；学校的自身权益维护问题，包括知识产权、学校名称权、商标权等争议和纠纷；国际交流与合作中外籍教师聘用的法律问题；高等教育国际化中的教育收费问题；学生跨国界管理中学生伤害等事故处理问题；各级教育行政部门与学校之间、跨国界教育机构与举办学校、学校与本外籍教师、学生之间的各种复杂的权利义务关系等。教育行政管理，以及学校管理中出现的许多新情况、新问题，都要求更多地运用法律手段予以调整、规范和解决，这就说明在高等教育国际化中不可避免地存在着法律风险。

5. 监管风险

（1）现行监督管理部门职能缺失

办学自主权的空置遏制了大学价值职能的实现和教育理念的发展。在政府主导的行政组织管理机构体制下，忽视了对于教学、科研等创新精神的宣传和褒奖，这对于现阶段中国高等教育改革而言，既是高等教育质量风险存在的根源，也是高等教育国际化的监管管理风险隐患所在。

（2）高等教育质量监管亟待完善

在中国高等教育改革历程中，教育质量保障正在成为一项重要而艰巨的任务。全面建设小康社会，并对教育提出新的要求，即现代国民教育体系将更加完善，终身教育体系基本形成，全民受教育程度和创新人才培养水平明显提高。要全面提高高等教育质量，建成一批国际知名、有特色高水平高等学校，若干所大学达到或接近世界一流大学水平。要不断调控高等教育规模，满足群众对高等教育的需求。要提高高等教育质量，更重要的是把高等教育质量监管摆在更加突出的位置，这也是防范高等教育国际化进程中风险的需要。

二、中国高等教育国际化进程中的风险规避策略

中国高等教育国际化进程中，由于各个地区经济发展存在差异，影响到东部、中部、西部地区的高等教育发展水平；由于内部和外部环境因素的影响，高等教育国际化进程中存在潜在风险。

（一）政治风险的规避策略

中国高等教育的每一步发展和变革都与时代背景紧密相连，跟随当时的政治、社会目标发生变化。中国高等教育改革的历程也体现出被动变革的历史惯性。在经济全球化阶段，中国高等教育被动变革的惯性就成为高等教育国际化风险的基因，也是引起中国高等院校以及相关教育机构危机的主要因素。

认清和预知世界以及中国内部社会的发展形势，适时对于高等教育发展做出符合时代特征的战略性调整，这是中国高等教育国际化进程中规避政治风险的核心。为了明辨西方与我国的敌对思潮，认清未来世界发展的形势，在保持本土化和民族化、学习借鉴世界多元化知识的同时，必须做到以下方面。

（1）利用多种途径，全面收集信息。高等院校和相关国际化教育机构可以通过媒体，如网络、报纸、广播等途径，掌握每日社会、经济、政治形势动态，尤其是对于现代国际政治形势的变化做出正确分析和判断，并对未来做出理性预测，以期对中国高等教育国际化进程提出适时的调整对策。

（2）聘请专家顾问，定期辅导和前瞻性预测。高等院校管理者和相关机构应该经常聘请专家、学者进行有关国际国内形势的讲座，举办学术会议和高层论坛，开展问题研讨、新闻发布分析，尤其是涉及如本土化与多元化、国际化的问题，更要做出及时回应，来规避中国高等教育国际化进程中的政治风险。

（3）商定友好的合作共处协议。对于能够长期合作的国外高等院校以及国际化教育机构，以东道国的地位，建立长期友好、和平共处的关系，商议并签订高等教育国际化合作协议，保障高等教育国际化的良性可持续发展。

（二）经济风险的规避策略

第一，吸引外资和民间资本成为高等教育经费的重要来源。经费是影响高等教育发展的因素之一，高等教育国际化改革所需的投资增加了高等教育的成本，这成为经济风险的主要因素之一。规避教育投资而引发的高等教育国际化风险，政府投资是一个可行的途径，由于义务教育的压力以及政府承担的其他基础设施项目需要较大的费用支出，财政对于高等教育国际化的投资是有限的。若通过提高高等院校学生的学杂费来弥补这些费用，会增加弱势群体和贫困家庭的上学负担。因此，吸引外资和私人资本进入高等教育领域成为解决高等教育国际化经费的重要来源。

吸引外资来华投资高等教育需要打破传统观念的束缚和意识形态方面的困扰。开放国内教育市场，吸引国际资本和教育机构来华办学，可以借助国外办学的优势，取长补短，优势互补。在吸引民间资本和外资增加高等教育经费供给方面，要注意从教育的理念、经营管理的方式、师资的组织、学校的持续性发展等方面加以引导，在发挥其经济效益的同时，更要兼顾社会效益，保障高等院校国际化改革的顺利进行。

第二，制定相关政策，约束国际化中的商业化动机和行为。中国高等教育的总体指导思想和指导原则、发展方向以及战略目标、组织机构设置以及运作方式等。体现了对于跨国公司、媒体集团等国际教育中介机构以及国内部分知名院校的权利与义务的监督，约束高等教育国际化中的商业化动机和行为，让中国高等教育国际化改革有法可依、有章可循。在经济全球化机遇中要积极应对挑战，减少纯商业化动机和行为风险，实现其国际化改革的真正目标与大学文化价值理念。

第三，制定和完善地方法规，赋予投资者合法的权益。通过建立健全地方法规，如在税收、信贷等方面给予高等教育的投资主体政策优惠，保护投资者的合法权益，减少对其的行政干预和束缚，提高项目的审批效率，给投资主体创造宽松的办学环境。

（三）供求风险的规避策略

在中国高等教育国际化进程中，大学的招生规模与国际化人力资源需求不适应、未来的研究能力与高等教育国际化培养能力之间的差距是教育国际化供求的主要风险。平衡高等教育招生规模，提高高等教育水平与质量成为国际化供求风险的规避策略。

1. 平衡高等教育招生规模

高等教育扩招，国内大学生就业压力增加，成为高等教育国际化进程中的风险因素之一。高等教育的人均水平因子是影响中国高等教育国际化进程中风险的第一大因子。扩招使得人均受教育资源数量相对下降，原有体制下的培养模式造成某些领域高等教育质量令人担忧。因此，能否建立适合我国高等教育国际化的有利环境，不仅在于对高等教育经费投入、高等教育质量、就业等局部风险的化解，关键在于平衡高等教育招生规模，适应国际和国内人力资源需求，以消除高等教育国际化的风险因素。

2. 改革课程设置与教学方法

目前，中国高等教育和西方发达国家一流大学之间的差距主要在课程设置以及教学方法两个方面。在教学方法上主要采用研讨式教学、互动式教学，上课采取小班上课的形式。缩小中西方高等教育差距，加快中国高等教育的国际化进程，使中国更多的大学进入世界高等院校前列，就必须培养学生的独立创新思考能力，而改革课程体系和教学方法是关键。

首先，要将高等教育课程建设作为本科教学改革的主要任务，除建设一批通识课程外，新增研讨类课程，以及专业前沿类、双语、复合交叉类和创业、就业类的课程，同时提高课程的质量，过分陈旧的课程坚决淘汰，增设国际上知名大学通设的前沿课程，基于国际视角的维度，开拓学生的思维。

其次，深化并持续性地进行教学方法改革。中国大学教学方式以教师讲课为主，学生发言机会偏少。在这种教学模式下，多数学生不敢提问，不敢质疑，学生缺少创新思维和批判性思维，这种教育模式已经成为中国培养拔尖创新人才的问题。应该将目前正在进行的案例教学、研讨教学方法改革继续深化。教学方法是持续性地充满教学全过程，要破除教学模式上的标准化，可根据学生不同的发展个性，采取协作式、探索式、发现式学习模式。

多样化的学习模式，有利于培养学生团结互助的合作精神，养成探索问题、发现问题、提出问题、解决问题的应变能力。此外，发展现代远程教育是深化高等教育国际化教学改革的重要组成部分。在教学中，要提供足够的资金，采用多媒体教学，不仅满足国内讲课的需求，更重要的是共享国外高等院校的教育资源，如引进国外著名大学的讲课录像，利用互联网教学，在国内也能带领本国学生走进世界知名学府，感受高等教育国际化背景下的学术交流。

（四）文化与法律风险的规避策略

第一，建立"合而不同"的中国主流文化。在高等教育国际化改革中，不仅要建立符合本民族特性的教育体系，而且要努力进入国际教育学术论坛，从而真正参与到国际化竞争过程中。在这一进程中，中国本土民族文化面临着冲突与重构的历史挑战。世界文明是由各民族的多元文明构成的总体，而西方文明只是众多文明中的一种，世界上各民族文化价值相等，并共处于一种多元共生的格局中。因此，文化多元共存的理念应该成为高等教育国际化进程中人们的共识。

在文化多元共存理念以及文化同质化趋势下，建立"合而不同"的中国主流文化成为新时代文化建设的目标。因此，应适时转换本土文化理念及视角，洞察世界文化交流和发展的规律，探索和把握当代中国先进主流文化的路径和方向。具体内容包括：加强社会主义核心价值体系建设，发展民族文化教育、科学基础设施建设，实现本土与传统文化的升级和转型，吸取外国文化的精髓，深化文化体制改革，从而实现高等教育国际化、民族化与本土文化的协调与统一，以此降低国际化进程中的文化与法律风险。

第二，发挥优势，规避劣势。发挥地区优势，规避其劣势，这是缩小各地区教育水平差异的重要途径。应该充分发挥和利用长三角和珠三角地区经济优势，调整产业结构；积极鼓励北京、上海等地区科研院所以及高素质人才，各尽其能发挥其最大潜力；中西部地区要加强中央和地方政策与制度建设，改善其区位、人才、资金等劣势，通过扬长避短，从根本上优化高等教育环境因素，创建高质量文化与法制氛围。

第三，建立知识学习联盟。知识学习联盟有利于实现高等教育的自身价值和基本能力，形成新的核心竞争力。其特点是学习比较灵活，风险较小，成本低且效率高。建立知识学习联盟的具体措施包括：针对高等教育国际化进程中相关问题开展专题讲座，建立国际教育培训机构等。在全球文化视野下，高等教育机构和院校通过优势互补，共享教育资源，共同进行技术、知识的创新；通过互相合作，形成创新的核心竞争力。

（五）监管风险的规避策略

1.改革行政管理机构职能

高等院校的监督和管理组织是大学文化建设的有力保障，是实现大学自身价值和功能的助推器。大学教育以学术价值为导向，崇尚以人为本，以个性文化为风格，以培养国际化视野创新人才为使命。高等教育国际化改革，首先必须改革计划经济体制下政府主导的管理体制，放手给高等教育投资主体充分的治学自主权，尤其是对于私立院校政策上的扶持，鼓励中外合作办学及外国高等教育机构投资，鼓励其在竞争中求发展。在高等院校管理体制上要逐渐消除行政级别设置，而以教学、科研能力作为考察和聘任管理人员的标准，切实抑制官僚主义和腐败行为的滋生，在国际化视野中展示中国大学的职能。

2. 建立高等教育风险研究机构

高等院校在集中精力关注教学和科研内部事务时，对于外部风险因素难以预测和应对。国家和教育主管部门应从学校角度出发，成立高等教育风险研究机构，对于高等教育国际化改革进程中的相关问题和风险进行预测并提出前瞻性对策，以减少高等教育监管不力风险的发生概率以及风险的内外扩散。

3. 严格执行对外教育开放纲要

从三个方面对于扩大教育开放的规划：第一，借鉴先进的教育理念和教育经验，提升我国教育的国际地位、影响力和竞争力。适应国家经济社会对外开放的要求，培养大批具有国际视野、通晓国际规则、能够参与国际事务与国际竞争的国际化人才。第二，探索多种方式利用国外优质教育资源和吸引优秀留学人员。第三，从多方面不断提高国际交流与合作的水平。保障中国高等教育办学的质量，提倡鲜明的办学特色与建立高水平的教师队伍，加强完善对于分支院校的管理，才能实现上述国际化教育目标，推进中国高等教育国际化的进程。

中国高等教育国际化进程中，大学的职能与政治、经济、社会、文化等功能可能会发生冲突，存在一定的风险隐患。高等教育应该兼顾协调各种利益关系，识别并规避各种风险。

第三节　中国高等教育国际化发展的主要领域

一、中国高等教育课程国际化的实现

课程的国际化是指为国内外学生设计的课程，在内容上趋向国际化，旨在培养学生能在国际化和多元化的社会工作环境下生存的能力。课程是传递知识的重要媒介，是学校教育的核心体现，它对高校与学生的发展起着举足轻重的作用。高校的课程体系设置是否科学合理，是否体现了社会发展中已有成果和变化趋势，关系到能否培养出具有合理知识结构、广阔知识面和全球视野的人才。高等教育不仅要向学生传授新知识，更要培养学生的全球意识，在国际的框架内讲授一门学科，以便使学生意识到国家间的相互联系以及一些国际问题如低碳环保、能源等的全球性。全球化的大趋势和日益广泛的国际经济技术合作，要求构建起科学合理、与国际接轨的课程体系和教学内容，构建起符合高等教育国际化的课程体系，努力实现高等教育国际化的培养目标。

就实用角度而言，课程的国际化有两个方面的作用和优势：一是给那些没有到国外留学的学生提供接受国际化教育的机会；二是能够提高课程对国外留学生的吸引力，他们的参与对本国学生和教师的教学环节都大有裨益。长期以来，中国高等院校在课程体系和教育内容上，与国际先进水平存在一定的差距。中国的高等院校要适应高等教育国际化的需要，必须在课程结构体系等方面作较大的改革，要从国际化培养目标要求出发，深化中国高校的专业设置和课程改革，实现课程国际化。具体而言，可以从以下方面着手。

（一）国际性内容课程的开设

当前，经济开放度越来越高，体现国际性内容课程设置更为突出和重要。在高校所开设的公共基础课和文化素质修养课中，应适当增设国际性内容的课程，如国际关系、国际经济、国际问题研究、国际文化研究、国际贸易等方面的课程，以培养学生的国际眼光、开放意识及对外交往和参与国际事务的能力，使中国未来各领域人才具备融入世界的文化背景、国际社会公共价值理念及其他方面的素质。在这方面国内有些高校已经走在前列，如华中科技大学分别从德国亚琛理工大学、英国利物浦大学、英国华威大学引进了工业生产工程管理培训课程、公共行政管理课程和工程商业管理硕士学位课程等，使该校学生能接受到国际化的课程教育。

（二）各专业和课程国际性的增强

要达到开阔学生国际视野的目的，需要在现有各专业和课程中增加一些国际方面的内容，加大国际知识、比较文化和跨文化理解的比重，把个别领域的知识放在国际大环境中以利于知识整体性的发展。在具体实施过程中，要做好课程分类，提出不同课程的国际化发展目标。在教材选择上，除一些反映本国、本民族或本地的文化、知识、技能等特色的课程和涉及意识形态的课程内容外，无论是文史哲还是理工农医，都应该有计划、有步骤地逐步实现教材国际化，如可以采用国外原版教材或在自编教材中大量吸收国外同类教材中的精华内容，同时指定相当数量的国外教材与有关论著作为教学参考书目。在课程内容上应紧跟现代科技的最新发展成果，不断更新或补充课程教学内容，及时让学生了解相关领域最新研究成果。此外，中国既要加强西方文化的教学，也要巩固民族文化的学习，通过对比教学来强化学生对中西不同文化的体会和理解，将跨文化理解、国际合作精神等内容融入现有课程中，关注国际上普遍重视的重大问题及与此相关的学术前沿问题。

（三）推行以英语为主的双语课程建设

较高的英语水平能使学生在吸收西方先进科技文化信息时没有语言障碍，能直接掌握先进的科技知识。英语的广泛使用能为中国吸引更多的外国学者和留学生，而以英语为主的双语教学使课程更好地融东西方文化为一体。中国印发的《关于加强高等学校本科教学工作提高教学质量的若干意见》，其中提出"各高校要积极推动使用英语等外语进行公共课和专业课的教学，尤其是在一些发展迅速，国际通用性、可比性强的学科以及国家发展急需的专业，直接引进先进的能反映学科发展前沿的原版教材开展双语教学"。所以在课程国际化的过程中，应根据不同学科专业的特点与人才培养要求，稳步推进双语教学。

在一些应用学科，比如信息技术、生物技术、新材料技术专业和金融、法律等专业应全面引进国际一流大学的原版教材，大力推广双语教学。在引进的过程中需要根据国内学生的情况和程度进行本土化的改造，设计出国内外基础知识和前沿知识与国际发展趋势相结合的课程。重视公共外语的教学，增强学生运用外语表达和沟通的能力，为学生接受双语教学打下良好的基础。同时，有条件的高校应面向来华留学生和国内交换生开设全英语授课课程，为促进交换生、留学生等国际交流项目的开展提供条件。

（四）增设全校性选修课

有条件的高校应充分整合海外教育资源，增强校园国际化氛围，拓展学生的全球视野，开设全校选修课。例如，可以将旨在提高学生国际化视野的校级选修课分为两个系列："全球领导力"和"前沿科技"。"全球领导力"系列以高端、宏观、有利于提升学生领导力的人文社科类演讲为主，尽量邀请外国（前）政要、重要国际组织负责人、知名跨国企业总裁或高管、世界知名大学校长等。"前沿科技"系列以学科前沿、交叉领域、介绍最新学术动态与成果的高水平学术报告为主，可以涵盖自然科学、人文社会科学与工程技术领域，邀请世界著名学术大奖获得者，以及不同学科领域的世界著名学者等。

（五）建立国际化课程质量监控制度

当前，中国缺乏完善的高等教育课程质量监控制度，这不仅引发了许多有关教育质量问题的纠纷，也影响了国际社会对中国高等教育总体质量的认可。为了使中国高校的课程质量达到国际水准，需要建立与国际接轨的教育质量认证制度。此外，随着中国教育市场的逐步开放，国外的教育第三方监督评价服务机构也将陆续进入中国教育领域。如果中国仍缺乏质量监控标准，必然要受制于高等教育强国所设定的游戏规则。因此，建立国际化的高等教育课程质量监控制度势在必行。

当前，须在考察中国高等教育质量现状的基础上，建立国际化的质量标准，对高等院校教育的全过程进行质量管理的认证，使教育质量管理机构规范化、管理程序规范化、管理过程规范化以及质量评估和持续改进规范化。设立"全国高等教育质量保证和认证中心"，为国内各种质量保证和认证机构搭建一个沟通与交流的平台，并积极参与高等教育质量保证机构国际网络（INQAAHE），向世界发布中国质量保证和认证方面的信息，加强与其他国家质量保证和认证机构的沟通与交流，增进双方的相互信任，推动中国高等教育课程质量的提升。还可以聘请国外著名高校的资深学者担任评审，定期来国内考察，实施课程的校外评审制度，这不仅有利于确保课程内容的质量、增强其考试成绩与国外著名高校的可比性，而且还有利于发现自身在监控课程质量标准上存在的问题。

二、中国高校学生培养国际化的实现

鼓励中国学生到国外去留学，以及吸收外国留学生到中国学习，是高等教育国际化的主要表现形式，也是高等教育国际化中最活跃的方面。中国是世界最大留学生派出国之一，学生培养国际化的主要方式是派遣学生出国学习，这与中国的国情密切相关。由于中国是发展中国家，经济和科技水平与世界发达国家还有一定的差距，派遣学生到国外留学的主要目的是学习外国先进的科学技术及优势学科，让学生通过在国外文化环境和社会氛围中的学习、生活与交流，培养学生具有国际观念、国际意识，克服狭隘的民族主义，尊重他国的风俗，提高了解和研究国际问题的兴趣和适应国际环境的能力，造就具有全球视野、专门知识和创新能力的复合型人才。正是在这种留学观念的引导下，长期以来中国派出的留学生超过接收的留学生。可以认为，要促进中国高校学生培养国际化，派出留学生与收进留学生都应该重视，其具体需要注意以下方面。

（一）鼓励中国学生出国留学

现代科技文化交流是一种双向交流，要培养出国际型人才，增进各国之间的相互了解，就必须派学生到相关国家去了解该国的历史、文化、风土人情，去亲身体验该国的生活，才能够真正深入地了解对方。同时，鼓励中国学生到国外留学，还可以利用国外的优质教育资源为国内培养优秀的建设和管理人才。在学生留学的过程中，可以促进各国学生之间的相互学习交流，及时掌握当今世界顶尖的科学文化成果。

例如，2018 年大陆出国留学人数达到 66.2 万，同比增长 8.8%，继续保持世界最大留学生生源国。出国留学事业的发展离不开国家政策的指导和支持。目前，应该遵循"突出重点、统筹兼顾、保证质量"的原则。突出重点，就是要优先考虑重点学科的需要，鼓励学生出国学习中国急需的先进科学技术，积极吸取国外优秀的科技文化成果。统筹兼顾，就是要处理好当前需要与长远需要的关系。保证质量，就是鼓励学生找准适合自己的学习方向和学习方式，减少出国留学的盲目性。鼓励学生通过交换生、联合培养、国际会议、合作研究、竞赛、实习等多种形式出国学习。

（二）吸引更多国外留学生

学生培养国际化既包括学生的"走出去"，又包括"请进来"，留学生教育及其规模已经成为衡量一个国家高等教育国际化程度的重要指标。中国高校面对经济全球化和高等教育国际化的现实：一方面应积极鼓励学生出国留学，充分利用国外的教育资源为中国培养人才；另一方面要制定相应的政策，改善办学条件，积极扩大招收外国留学生。

当前，在中国政府的宏观政策指导及高校的努力下，中国招收外国留学生的规模有了跨越式发展，招生层次逐年提高，招生人数大幅增加，但是比较世界发达国家的留学生教育，中国的留学生教育仍然有诸多需要改进的地方，中国高校学生培养国际化工作主要可以从以下方面加以改进。

1. 提高教育质量

高水平的教育质量是吸引留学生的根本。中国高等教育的整体水平有待提高，高等院校需要充分合理地利用各种资源，努力提高教育质量，只有这样才能具备参与国际留学生市场竞争的资格和实力。例如，在课程设置方面，应结合外国学生流动趋向和热门专业变化情况积极调整招收外国留学生的专业及学位课程，使教学方法与课程凸显学校特色并逐步与国际接轨。当前，留学生在华主要学习中国语言和文化，这限制了留学生规模的进一步扩大。随着中国高等教育水平的不断提高，应该为外国留学生提供更多的各高校特色强势学科。同时，在政府宏观政策引导下，各高校应根据自身学校的特点制定留学生教育发展规划。在发展多种形式留学生教育的基础上，应重点发展好学历生教育，特别是针对高层次外国留学生的招收和培养，以达到提高层次和扩大规模的目的。

2. 完善留学生相关管理制度

按照"扩大规模，提高层次，保证质量，规范管理"的原则，积极完善留学生相关管理制度，努力创造条件，简化留学生的各项留学申请手续，扩大来华留学生规模，深化留学生奖学金管理制度改革。同时，改善留学生在华期间的生活和学习条件，例如提高学生生活补助，设立多项奖学金，修建大批留学生宿舍，为留学生提供医疗保障、勤工俭学、社会实践、就业指导、维权等方面的服务等。这样既可以吸引更多的留学生来华学习，又能激发在读留学生的学习热情，以便把中国的留学生教育推上一个新台阶。

3. 出台相关政策措施促进留学生事业发展

鉴于开展留学生教育能够带来多方面的利益，许多国家纷纷制定政策吸引外国留学生。借鉴别国经验，中国政府也应该在财政预算中拨出相当数额的资金来资助中国留学生事业的发展，如扩大政府奖学金的规模等。中国自1951年开始设立政府奖学金招收第一批外国留学生以来，随着经济增长，政府在发展外国留学生教育方面的财政投入也在阶段性地增长。

虽然中国对外国留学生提供了较为多样的奖学金项目，但中国的外国留学生奖学金申请及使用办法和条例还有待完善和改进，且奖学金的种类有限，政府在发动社会各界力量参与推动各校设立校级留学生奖学金方面还有很大的发展空间。同时，政府还可以有选择性地重点资助一些著名高校如北京大学、清华大学等在国际上已经有相当影响力的高等学府，支持它们参与国际竞争，树立品牌，为中国的高等教育在国际留学生市场上赢得声誉，争得生源。并且，政府为满足各类来华留学人员的需要，可以进一步扩大日前"中国托福"——汉语水平测试的考点，把中国的考试体系推向世界以适应世界性的"中文热"，鼓励更多的人来华学习工作。

4. 扩大境外宣传力度

要扩大高校的国际知名度，营销工作也是不容忽视的。中国高校应该启动对外的营销宣传，积极对外宣传自己的优势专业和特色高校，构建并逐步完善"留学中国"的信息平台，进行"留学中国"的整体推介，对"留学中国"进行整体的形象设计和品牌定位。开展对海外学生群体的需求和发展动向的研究，拓宽联系网络。

随着世界"汉语热"的不断升温，还可以利用汉语作为中华文化的载体，作为世界了解中国、与中国交往的重要工具，继续积极推进孔子学院的建设。2019年，从湖南长沙举行的国际中文教育大会获悉，根据控制增量、优化存量、稳定总量、提高质量的原则，按照中外双方相互尊重、友好协商、平等互利的办学模式，在外方主动要求和自愿申请基础上，经认真评估和专家评审，2019年共新设27所孔子学院、66个孔子课堂。海地、中非、乍得、朝鲜、多米尼克、东帝汶、马尔代夫、沙特阿拉伯等8个国家首次设立孔子学院。为世界了解中国架起了重要的桥梁，取得了明显成效。

高等院校自身应当进一步提高市场开发意识，积极策划对外招生宣传的策略和方式，根据本校的特色来定位市场及国际生源，力争有所突破。例如，可以充分利用互联网，制作精美翔实的中英文网页，加强对外宣传。具备条件的高等院校还可以积极在海外举办教育展，以更直接的方式吸引来华留学生。

（三）开展多种形式的合作办学

随着世界各国高等教育国际交流与合作的广泛开展，合作办学发展迅速，这已成为当前高等教育国际化最为显著的特点。合作办学的类型和形式繁多，主要可以归纳为两大类：一类是到境外与同行合作，开辟新的教育资源，共同开展教学和科研工作；另一类是在境内与国外大学合作，利用已有资源共同培养大学生。

合作办学的授课方式也是两种：一是引入境外教育资源，在境内实施教学的全过程，可获得由境外合作大学颁发的学位证书；二是学生在当地读完两年或大部分课程，最后一年或最后一阶段转入境外合作大学继续就读，可获得由本国及境外大学颁发的学位证书。

三、中国高校学者交流国际化的实现

高等教育国际化的竞争归根结底是人才的竞争，也是以人为本的竞争。高校学者站在高等院校教学、科研的最前沿，高校要培养出社会精英人才，培养出具有创新思维的国际化人才，一定要有具备国际意识，具有先进教育思想、教育技术和手段以及研究方法的一流师资。具有国际知识和经验的人才可以直接推动高校的教学和科研向着国际化的方向发展，而加强高校学者之间的国际交流是提高师资队伍素质的有效途径，高校学者交流可以采取"走出去、请进来"的方法。

"走出去"，就是教育行政部门和高校有计划地选派高校教师到国外访问、进修、讲学、进行合作研究，以提高教师的学术研究水平和语言能力，使教师队伍趋于国际化，也使教育思想观念、课程和教学向着国际化的方向发展，这是高等教育国际化的重要内容。不同文化背景的教师在一起交流，有利于知识的创新。当前，中国许多高校派出大批教师到国外高校访问、进修、讲学，学习以及吸取了大量最新的知识，了解和接触了当代最新学术动态和实验器材，学到了许多新的教学观念和教学方法，很大程度上提高了教师队伍的整体水平。

"请进来"，就是请国外学者到中国来讲学，参加学术研讨会，有实力的大学可以实施海外高层次人才引进、长江学者奖励和国家杰出青年科学基金等项目，直接招聘世界范围内的教师和学者，为高校集聚具有国际影响的学科领军人才。

此外，高校还可以通过建立长期专家项目、重点外国专家项目、政府合作专家项目等，邀请知名学者、专家进行短期访问和讲学，聘请国外一流学者、专家担任名誉教授、客座教授或顾问等，邀请他们不定期举办讲座、开设课程、进行科研合作等，为中国高校的学术发展注入生机和活力，使师生能够及时接触国际最新、最高水平的学术前沿动态。

经济全球化促进了国际人才交流的全球化，当前的人才竞争激烈，中国要加大力度，解放思想，采取各种形式在世界范围内吸引一流人才来校从事教学科研工作和担任重要的学术职务。在留住优秀的外籍人才方面，不仅要有丰厚的经济报酬，实行高薪高福利，更重要的是要创造优越的工作和政策环境。

四、中国高校研究领域国际化的实现

中国高校研究领域国际化的实现，需要在学术研究领域，增加国际性有益于研究者摆脱狭隘的观念，开拓思维，实现资源信息共享，有助于吸取国际先进的科研手段与方法，特别是能迅速地站到学科理论的前沿，及时掌握最新的研究动态和走向，这对于避免科研的盲目性及调整科研方向、缩短与发达国家的学术差距都具有不可估量的价值。

科研实力是衡量高校水平的决定性标准，积极推进高水平的科研合作，促进中国高校研究领域的国际化是高等教育国际化不可或缺的一项重要内容，它无论对学生的发展还是对学者的研究都有着非常重要的意义。高校应以中青年教师和创新团队为重点，大力提高教师的科研创新和社会服务能力，促进跨学科、跨单位、跨国界合作，形成高水平的科研创新团队。

扩大研究领域的国际化可以采取的方式是多种多样的，比如通过与国外著名大学的合作，进一步扩大学术交流的广度和深度，提升学术交流的水平，增强国际交流的频度；引进国外高层学者来校访问、讲学；设立专项国际会议基金，鼓励高校教师和适当数量的博士生参加高水平国际会议，依托国际会议，促进科技和学术成果的国际交流；出台具体措施，鼓励教师在国际顶尖刊物上发表高水平论文；与世界一流大学和著名跨国公司建立联合研究机构，申请联合基金项目；有计划地选派教师和学生到国外知名大学进修、访问和开展合作研究等，提高教师和学生主持、策划、参与重大国际项目的能力。

研究领域的国际化包括研究对象的范围从国内扩展到国际，研究方法中引入国际思维和全球视野。具体而言，促进中国高校研究领域国际化可以采取以下措施。

（一）以国际学术会议为纽带加强国际交流

加强国际学术交流，可以博采各国之长，使国内高校及时掌握国际前沿理论知识，较快地接近世界科学技术前沿，也有利于国内新科技成果的开发。高校可以定期安排国际性学术研讨会，运用网络技术和信息技术，营造活跃的学术氛围，提高高校的学术水平。同时，通过各种激励措施，鼓励教师参加各类高水平的国际会议，在国际核心刊物上发表高水平的学术论文。鼓励优秀学者出任国际学术刊物主编或编委、国际学术机构负责人或执委等。

国际核心刊物上发表的论文数量和质量往往被列为衡量一所高校科研水准高低的重要指标之一。中国著名的高校往往都是在国际学术舞台上表现较好的高校。

（二）加强境外学术机构与著名高校的交流合作

加强境外学术机构与著名高校的交流合作，与他们联合共建研究中心，搭建以科学研究为核心内容的国际化合作科研平台，实现优势互补，不断提高科研水平和科研能力，推动若干重点学科高起点的发展，完成一批高水平的学术论文和著作，力求在前沿学科有所作为。例如，清华大学与境外学术机构建立起了全方位开放、广泛交流、重点突出、着重实质性合作的一系列项目。

（三）加强与著名跨国公司合作

重视学习借鉴国外著名跨国公司知识创新和技术创新的成功经验，加强与著名跨国公司的合作，搭建一个以技术引进、吸收、消化和创新为核心内容的国际化技术平台。通过跨国公司在高校建立高水平的重点实验基地，创造条件，不断引进和合作，掌握前沿科学与核心技术。与世界知名企业和研究机构联合共建实验室，有利于使中国高校拥有与国际先进水平同步的教学、科研与实验平台，进一步促进高校的教学和科研水平提高，更好地推动高校将其拥有自主知识产权的高新技术成果实现向产业化的转变，同时将中国所短缺的国际成熟技术引入国内，并进行本土化的技术梯度转移，以适应国内不同地区产业结构调整的需要，不断提升高校在经济中的影响力，反过来可以促进高校科研的进一步发展。

当前，中国正处在高等教育改革与发展的一个关键时期，谋划这一时期的发展，特别是把中国一流大学和高水平的大学建设搞上去，实现高等教育的国际化，是时代发展和中国现代化建设进程向人们提出的一个重大任务。因此，人们需要积极学习，及时准确地了解世界高等教育发展的趋势，学习世界上先进的教育思想和管理经验，博采各国之长，并与中国的高等教育和发展紧密地结合起来，积极进取，开拓创新，实现中国高等教育跨越式的新发展。

高等教育国际化发展涉及的领域较多，并且以课程建设、学生培养和学者交流以及研究领域的国际化三个方面为例，进行重点分析：①课程建设方面，提出要通过开设国际性内容的课程、增强各专业和课程的国际性、加强双语课程建设、利用海外教育资源、建立国际化的课程质量监控制度等方法切实提高课程建设的质量和效率；②在学生培养和学者交流方面，需要学生和高校学者的"走出去"和"请进来"两方面均不可或缺；③在研究领域的国际化方面，要以国际学术会议为纽带加强国际学术交流，同时积极寻求与境外学术机构和著名高校建立交流合作关系，加强与国际著名企业的合作。

第四节 中国高等教育国际化发展的路径选择

高等教育国际化是世界高等教育发展的大趋势，是历史和现实的必然选择。开放教育市场是国家之间的互动、互利、互惠行为，不仅可以促进本国以及世界教育的发展，加强国际交流与合作，又能提高自身的教育质量与国际竞争力。作为世界上最大的发展中国家，中国应进一步更新观念，努力适应高等教育国际化的趋势，站在"科教兴国"的战略高度积极行动起来，在高等教育国际化的潮流中掌握主动权，走出一条中国特色的国际化发展之路。

一、确立高等教育国际化发展战略目标

在全球化背景下，全球竞争格局不断发展变化，高等教育的国际化发展已是共识。中国高等教育国际化活动的研究与开展，不应仅仅是一种"碎片化的、细节性的、具体做法上的简单借鉴与分割性实施"，而应在对高等教育国际化的内涵做深刻的理性解读基础上，追寻隐匿于具体国际化实践背后的深层框架，挖掘高等教育国际化的本体之道，并由此更加系统、更加完整、更具理性地对各种具体措施进行分析、实施与评价，最终真正走出一条适合中国本土的高等教育国际化的发展之路。为了达到该目标，现阶段中国高等教育国际化发展的战略目标是：以切合国家战略需求促进民族振兴和社会进步为基本原则，以追求国际资源优化配置为导向，以民族化和多元化为基调，以最终实现教育强国为目标，形成一批具有中国特色的国际一流大学。确立高等教育国际化发展战略目标主要包括以下内容。

（一）以切合国家战略需求为原则

高等教育的国际化发展必须以切合国家战略需求促进民族振兴和社会进步为基本原则。如何在 21 世纪经济全球化的背景下实现中华民族的伟大复兴是中国需要重点思考的一个国家战略。在新的世界经济和政治格局中，如何进一步促进社会进步也是中国战略层面需要考虑的问题。因此，高等教育的国际化战略目标必须服从国家层面的战略思考，必须以促进民族振兴和社会进步为基本原则。

当前，人们需要在实现国家的奋斗目标中实现学校的发展目标。大学是独特的教育与科研机构，不同学校的最根本的区别应是其内在的文化和精神，大学的精神、文化氛围和底蕴是大学的精髓。一流大学应营造一种向上的校园文化和精神氛围，对师生有潜移默化的启迪和教化作用，对人的一生发展和成长有着深刻、持久的影响。一流大学应具有人才培养、科学研究和社会服务三大功能。在中国建设一流大学，要把满足国家的战略需求、促进民族振兴和社会进步放在首位，由此形成中国的世界一流大学的特色。确立一流大学的建设目标，是为了用共同的价值观念和奋斗目标把学校师生凝聚在一起。

（二）以追求国际资源优化配置为导向

高等教育国际化发展战略目标必须以追求国际资源优化配置为导向。高等教育国际化的发展是有其自身的历史进程的。大学缘起时期的国际化内涵仅仅是纯粹的学术驱动。高等教育的国际化历程一直可追溯到中世纪的欧洲大学。当时知识的普遍性是扎根于大学精髓深处的重要力量，由此学者和学生的国际流动就指向一种真正意义上的求知活动。

高等教育在萌芽时代就具有国际性，其根本原因在于知识具有普遍性。随着民族国家的兴起，国家的身份和概念逐渐得到强化，启蒙时期大学的那种为了纯粹学术的国际化活动逐渐地产生了内涵上的变化。高等教育国际化产生了政治和文化倾向，变成了国家身份保持的方法。

随着全球化时代的到来，高等教育国际化变成了经济的竞争与战略的考虑，而必须融入全球化所带来的文化、经济，甚至是政治变革的整体进程之中。在这种形势下，如何利用国际化来优化资源的配置进而实现自身的发展应该成为高校国际化发展过程中的战略导向。因此，在全球化背景下，高等教育的国际化发展战略目标必须以追求国际资源优化配置为导向。

不仅如此，高等教育是一种长期的教育行为，它存在着规模经济与规模不经济。如图 4-1 所示 [1]，AC 曲线段是规模经济的，BC 曲线段是规模不经济的。

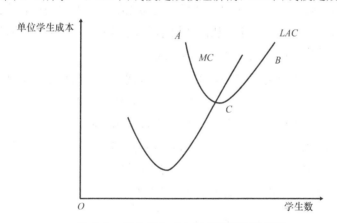

图 4-1　单位学生成本与学校规模相关图

高校规模小，投入的资源过多而使资源没有得到充分利用，这时如果能使高校规模扩大，如实行高校合并、联合办学等，使资源得到充分利用，降低单位学生成本，就会逐渐趋于规模经济。反之，如果过分追求降低单位学生成本，无限制扩大规模，一定会产生规模不经济而影响教育质量。因此，高校在国际

[1] 付红，聂名华，徐田柏，等. 中国高等教育国际化的风险及对策研究 [M]. 北京：人民出版社，2015.

化进程中需要结合自身的规模和资源条件，不能以牺牲教育质量为代价盲目地进行国际化的发展。国际化的第一诉求是以追求国际资源的优化配置为主导的，高校在国际化进程中应坚持这一导向。

因此，无论是从宏观层面高校国际化的发展进程来看还是从微观层面高校自身的规模经济发展来看，高等教育的国际化发展战略目标必须以追求国际资源优化配置为导向。

（三）以民族化和多元化为基调

高等教育的国际化发展战略目标必须以民族化和多元化为基调。

一方面，中国高等教育的国际化应该以民族化为基础。一个国家的高等教育必须根植于特定的民族文化土壤，并受到国情的制约，民族化是国际化存在与发展的基础。中国高等教育的国际化也必须与本民族的文化教育传统相融合，在原有的基础上吸收国际高等教育的成功经验、优化模式及先进科学技术知识。

另一方面，国际化是高等教育现代化的实质和主流，民族化则是高等教育现代化的现实基础与表现形式。高等教育民族化，主旨是强调保持、保护并发扬本民族的高等教育优良传统，民族化只有不断开放，不断接受国际化洗礼，才能始终充满生机与活力；国际化只有与民族化结合，取得民族化形式，才能合法生存并内化于现代化之中，从而在根本上促进现代化。高等教育的现代化，国际化是其实质与主流，民族化则是其形式。

中国高等教育的国际化必须以多元化为基调，不能简单地变成西方化的过程。国际化强调的是交流与合作，最终形成多元化的发展格局，并不是高等教育的全盘西方化。留学生教育并不是高等教育国际化唯一的实现途径和衡量标准，它只是国际化的一个方面，国际化的核心内容在于课程体系的国际化。在这样的背景下，中国高等教育一定要认清自身的特色，在此基础之上谋求国际化的发展，形成独特的有竞争力的高等教育国际化资源。

（四）以最终实现教育强国为目标

高等教育的国际化发展战略必须以最终实现教育强国为目标，形成一批具有中国特色的国际一流大学。教育强国的含义有两层：一是国家资源的利用、开发及人均占有的教育质量、效益和水平的高低；二是依靠教育的不断发展来谋求整体国民素质的提升，进而推动国家宏观战略的实现。

高等教育的国际化发展必须以最终实现教育强国为目标，也有两层含义：一是在教育层面实现中国由教育大国到教育强国的转变；二是高等教育的国际化发展本身是高等教育发展过程中的一个环节，而高等教育本身又是一个国家整体教育的重要组成部分，欲谋求通过教育水平的整体提高来提升一个国家的整体国民素质就不能绕开高等教育国际化这个环节。因此，高等教育的国际化发展战略目标应该从这个层面服从教育强国的战略目标。

中国应在最终实现教育强国为目标的战略指导基础上，培养一批具有国际知名度的高等教育学校。衡量一个国家的高等教育国际化的发展水平，仅仅停留在国内比较上是不够的，还必须在世界范围内与世界高校进行比较和竞争。只有培养出一批在国际上知名的高等学府，才能从根本上说高等教育的国际化实现了长足的发展。

综上所述，中国高等教育的国际化发展应该放眼全球立足现实，以切合国家战略需求促进民族振兴和社会进步为基本原则，以追求国际资源优化配置为导向，以民族化和多元化为基调，以最终实现教育强国为目标，形成一批具有中国特色的国际一流大学，唯有如此中国高等教育的国际化水平才能得到根本提升。

二、构建高等教育国际化发展运行机制

推进高等教育的国际化，需要一系列与之相配套的科学规范的运行机制来为高等教育的国际化发展提供有力的导向、规范、支持和激励作用。总体而言，国际化的运行机制包括两个层面：一是宏观层面的国家政策与管理机构，对推进高等教育国际化所作出的系列规定与管理；二是微观层面各高等院校具体建立的国际化策略运行机制。中国高等教育国际化运行机制具体如图 4-2 所示。

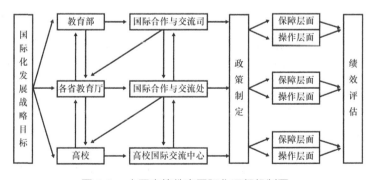

图 4-2　中国高等教育国际化运行机制图

根据图 4-2 所示，为了进一步推进中国高等教育国际化进程，应在整合现有资源的基础上构建"两纵三横"的国际化运行机制。所谓"两纵"是指在战

略目标指导下的"教育部—各省教育厅—高校"和"国际交流与合作司—国际交流与合作处—高校国际交流中心"的纵向指导管理体系。"三横"指的是在战略目标指导下的"教育部—国际交流与合作司""各省教育厅—国际交流与合作处""高校—高校国际交流中心"的横向管理和规划关系。

首先,"三横"的运行机制关系是中国现已存在的运行机制,只是在具体操作中并未真正凸显其对高等教育国际化发展的战略规划和指导功能。具体而言,这些运行机制仅仅是对基本事务的处理,并未真正从战略高度去思考高等教育国际化的发展,更没有从保障层面和操作层面细致地构建与完善这一运行机制。其根本原因在于无论是教育部还是各省教育厅和高校都没有充分认识与理解高等教育国际化发展的战略背景和战略目标。为了真正构建中国高等教育国际化发展的运行机制,需要先从这三个层面上进一步深化其对高等教育国际化发展战略的认同感和理解度,并在此基础上将该战略目标作为其基本的工作内容和工作重点来进行,只有这样才能真正建立起中国高等教育国际化发展的运行机制。

其次,"两纵"的运行机制在中国也存在,但是这一机制目前存在的问题有两点:一是该机制仅仅是一种形式上的上下级管理关系,没有形成对战略目标的"层层分解、相互协作、共同发展"的战略指导和战略执行关系;二是,目前的机制仅仅是一种从上到下的从属关系,没有从下往上的信息反馈关系,或者即使这种反馈渠道存在,也往往由于各种体制上的缺陷(如官本位)使得其无法发挥应有作用。

值得指出的是,目前还存在着另外两条隐性的纵向运行机制,即教育部直属的国际交流与合作司直接对各省教育厅的管理以及直属各省教育厅的国际交流与合作处对高校的直接管理,这些管理模式在某种程度上占据了主要地位。

各相关部门应在国际化战略目标的指导下,根据"三横两纵"的运行机制,制定出中国以及各地区各高校的国际化发展政策。这些政策既包括微观层面和宏观层面,也包括保障层面和操作层面。高等教育国际化发展运行机制的构建,需要重点完善以下机制:

(一)资金保障机制构建

长期以来,在计划经济体制条件下形成了中国高等教育特殊的"政府供给制"。高校在制定发展规划、调整办学思路、加强基础建设、推行改革举措时,主要依据是国家拨款情况,这意味着国家拨款的金额直接决定了高校的发展水平。随着市场经济的发展和市场机制的改进,中国高等院校有了一定的自主权,投资主体也出现多元化趋势，但财政拨款依然是高校建设、发展与改革的重要资金来源。这不符合经济全球化对高等教育国际化的要求，甚至成了高等教育国际化的阻力。

中国应从三个方面努力构建高校国际化发展的资金保障机制：一是国家应进一步加大教育投入，特别是加大对国际化发展的支持力度；二是高校自身要努力拓宽资金来源渠道，除了财政拨款，还应该主动吸收社会捐赠、校友捐赠和银行贷款等。需要注意的是，对高校自办企业的形式应该审慎地提倡。特别对理工类高校，应更进一步利用"产学研"模式，为学校的发展提供足够的资金；三是努力提高这些资金的利用效率。为此，国家财政部门可以会同教育部门建立相关的监督部门，高校自身也应该努力节约使用资金。

（二）高校组织保障机制构建

中国应从两方面深化高等学校行政管理体制改革：一是大力推行高等学校管理人员职员制度；二是转变政府职能，扩大高校办学自主权。现在国际留学生市场的竞争激烈，要在复杂的市场上根据具体情况采取灵活、有效的措施，大学必须成为竞争的主体，拥有自主决策与行动的权力。这就需要理顺大学与政府的关系，扩大高校自主权，尤其是对外交流的权力。

（三）师资力量保障机制构建

推行高等教育国际化需要满足师资力量配备与保障。国际化发展的重点领域是教育课程的国际化、学生培养的国际化、学者交流的国际化和研究领域的国际化，无论是哪一个领域都要求有足够的专业化的师资力量作为基本保障。为了建立高等教育国际化的运行机制，在国家宏观层面上应制定相应的外来人才引进计划；高校自身更应该注重自身师资力量中外来人才的比例以及本土人才中具有国际化意识和能力的人才比例。

高校在对教师的考评中应该在一些方面有所侧重，例如：能否在国际期刊上发表文章，能否用外语进行交流等。只有从上到下各个层面都重视，才会真正提高中国高等教育师资力量中国际化人才的比例，才会真正形成国际化的师资力量保障机制。

（四）国际交流和国际科研合作实践机制构建

在构建这一运行机制时应该既要看重"请进来"，也要注重主动"走出去"；既要进行一些基本项目的交流，也要进行一些科研项目和资源共享项目的合作。只有这样，才能真正完善中国高等教育国际化的国际交流和国际科研合作的实践机制。

三、加强高等教育国际化发展宏观调控

在高等教育国际化进程中，政府的宏观调控将为高等教育的发展提供非常重要的保证。结合中国高等教育国际化运行机制的构想，政府对该问题的宏观调控属于宏观运行机制范畴。这意味着在中国主要是教育部和各省教育厅在国家战略的指导下制定高等教育的国际化发展政策，该策略的制定主要包括两个方面：一是宏观调控保障层面；二是宏观调控操作层面。没有宏观调控保障层面作支撑，宏观调控操作层面的政策就很难发挥应有的作用；没有操作层面的具体政策来指导整个国际化进程，保障层面的政策就显现不出其应有的价值。两者必须有机结合起来，才能对中国高等教育的国际化发展起到促进作用。

就宏观调控保障层面而言，主要包括法律保障、师资力量保障、资金保障、基础设施保障、组织制度保障这五个方面。就操作层面而言，也主要包括五个方面，具体如下。

（一）制定国际化的办学规划

在全国范围内制定国际化的办学规划，这意味着中国在明确了国际化战略目标之后，应在实施层面具体细化和量化这个战略目标，进而形成系统的实施方案。应尽快在全国各高等院校建立起高等教育国际化研究的理论体系，以便进一步挖掘国际化发展过程中的经验，思考和总结不断出现的新问题，使这方面的研究专业化、科学化和系统化。同时，还应在全国范围内建立起国际化研究成果的推广体系，使研究的最新成果能够有效而迅速地应用于中国的现代化建设中去。在实践方面，要确定面向国际高等教育发展的需求，重新审定高等教育的方针政策，对国内教育和培训体制进行系统的改革；要制定相关政策以吸引海外留学生和优秀学者；要加强国际化问题研究；大力进行高等教育国际化宣传等。

（二）打造国际化的优势学科

要努力运用宏观调控的手段激励国内高校努力打造国际化的优势学科，进一步形成中国在国际化进程中的核心竞争力。对具有民族特色的专业学科，国家可以从宏观政策上给予优惠和各方面的支持，使得其不仅在国内发扬光大，更使其在国际上的地位提高。如纺织、陶艺这些专业应成为中国部分高校国际化进程中的重要主打学科。需要明确的是，国际化不仅仅是吸收国际文化的过

程，也是不断向世界传播中国文化的过程；高等教育的国际化发展应该成为中国特色高等教育和国外特色高等教育的优势互补过程。要想实现这一目标，国家在宏观调控层面可以在制定策略规划时重点提出这一方针，在进行相应调研的基础上，选择中国具有民族特色的专业和高校进行国际化的特色重塑和宣传，进而将其推向国际化的潮流中，这必将给中国高等教育的国际化发展带来蓬勃生机。

（三）建设高等教育国际化发展的特区

建设高等教育国际化发展的特区，主要有三个基本设想是：一是政府在宏观层面可以尝试建立高等教育特别发展区；二是对外交流条件放宽，外国高校和外国资本进入减少限制；三是特区区域必须能够承担得起这样的国际化角色，由于经济特区一般在沿海地区，这些城市国际化程度本身已经很高，可以将高等教育的特区也放在这些经济特区中的一个或几个城市。在满足这些条件的基础上，在特定的教育领域全方位、有针对性、规范有序地引入外国资金、智力、教育及管理模式。建立国际高等教育特区或国际高等教育中心，将无疑对中国的教育、科研和经济建设产生巨大推动力。

（四）开办特许学校

特许学校的发展理念类似于中国行政划分中的直辖市。所谓特许学校就是由国家或者教育主管部门特别批准的主要以进行国际交流和合作为主的特办高校。这些学校的合作项目可以是个别项目也可以是全方位的，可以采用中外合作模式也可以采用中方主导外方协助的模式。但是，特许学校的起点应该较国内普通高校要高，对学生的素质要求也应该更高，因其在某种程度上代表了中国高等教育的国际水平。特许学校需要政府财政的大力支持和教育主管部门的鼎力帮助。这种学校得益于政策上的灵活性和宽松的机制环境，可以按照国际惯例对学生进行教育，对教师进行管理。并且，在世界范围内聘请教师，同时主动在世界范围内招生。这种模式若能够成功，必将大大推动中国高等教育的国际化发展进程。

（五）开展国际学历认证

进一步广泛开展国际学历认证。毋庸置疑，国际学历认证和国际学位互换以及国际学分互认是高等教育国际化发展的一个重要方面。高等教育国际化将大幅度加强国际人才培养的合作关系，如果在学位、学分、证书互认方面没有突破的话，那就很难融入国际潮流。在这个意义上，国家主管部门应从宏观调控层面审慎地对待该问题，适当降低门槛，用层次对应的办法进行协商，扩大国际互认的范围。设立"全国高等教育质量保证和认证中心"，为国内各种质量保证和认证机构搭建一个沟通与交流的平台，并积极参与高等教育质量保证机构国际网络，向世界发布中国质量保证和认证方面的信息，加强与其他国家质量保证和认证机构的沟通与交流，推动进出口教育项目的发展。这样才能进一步加快中国高等教育的国际化进程。

四、选择高等教育国际化发展合理形式

随着全球化时代的到来，高等教育的国际化发展呈现出新的特点。经济因素的驱动力在国际化过程中扮演着越来越重要的角色。在全球化时代高等教育的国际化形式主要有四种具体见表 4-1[1]，其中境外消费、境内商业和据点服务是主要形式，但是跨境服务和境内自然人服务会随着全球化的进一步深化而变得越来越重要。

表 4-1　高等教育国际化贸易的四种提供形式

模式	特点	类型
跨境服务	服务本身跨境，提供者和消费者都无须跨境	远距教育
		网络教育
		虚拟大学
境外消费	消费者到别国接受教育服务	传统的留学
境内商业据点服务	消费提供者到服务消费地建立据点以提供服务	分校
		双联学位课程
		授权
境内自然人服务	提供服务的个人前往消费者所在地提供短期性服务	教师及研究者应聘国外

在这种新的背景下，如何合理选取高等教育国际化的发展形势直接决定了高等教育国际化发展的运行机制能否顺利运转，也直接影响着国际化发展战略目标能否在不断进行帕累托改进的基础上实现。国内外高等教育国际化的发展形势主要有基础形式、中级形式和高级形式的分别。其中基础形式主要有学生互换与留学、网络教育及教师跨国进修与讲学三种形式。随着国际化的不断深入，学生互换与留学的初级形式会逐步发展到国外分校的中级形式，网络教育的初级形式也会逐步向产业化发展的中级形式转变，同时教师跨国进修与讲学形式也会逐步发展到进行国际科研合作的中级形式。

---

[1]　付红，聂名华，徐田柏，等 . 中国高等教育国际化的风险及对策研究 [M]. 北京：人民出版社，2015.

随着全球化和国际化的进一步深入，在国外设立分校的中级形式会转变成区域性教育联盟的高级国际化形式，产业化发展的网络教育也会逐步转变为高等教育特区的高级国际化形式，同时国际科研合作的中级形式也会逐步转变为特许

学校式的高级形式。这一转变和升级过程如图4-3所示。

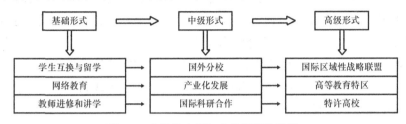

图4-3　高等教育国际化发展形势选择

综上所述，中国高等教育国际化在向中级水平迈进的时候可以选择国外分校、产业化发展和国际科研合作的形式，具体如下。

（一）建立国外分校形式

学生互换和留学的初级阶段形式的进一步发展应该是国外分校形式。只有国外分校形式才能真正提高中国高校知名度。当然合作办学也能起到类似的作用，但是合作办学的实质内容规模比较小，合作层次较低，其最大缺陷在于不能以中国高校的名义作为一个独立实体在国外进行教育和研究，这就很难提高中国高校的国际地位。因此，合作办学应该是从初级阶段向中级阶段发展过程中的过渡阶段。

（二）向产业化发展的目标迈进

传统的国际网络教育的初级阶段应该向产业化发展的目标迈进。高等教育产业化问题的提出主要有两方面原因：一是高等学校教育经费短缺，国家面临扩大招生规模的压力；二是高校法人化。其实，高校法人化的过程实质上就是高等教育产业化的过程。

中国已提出高等学校法人化作为改革高等教育的目标，但尚未出台具体的法人化实施方案。因此，中国可以在高等教育国际化过程中先将网络教育这一部分进行产业化，由点带面逐步推进到整体产业化的程度。国际网络教育的产业化必将在一定程度上减少实施过程中的交易成本，在此基础上，为中国高等教育国际化的发展作出示范性的贡献。

（三）国际科研与合作的中级形式

传统的高校教师进修和跨国界讲学的初级形式应该进一步扩展为国际科研与合作的中级形式。因为传统的教师进修和跨国界讲学实际还停留在教学和学习的意义上，尚不能从学术和科研层面获得大幅度提升。而衡量一个国家高等教育国际化的发展不能仅看数量上的优势，还要看其科研能力和学术能力的国际化水平。国际科研合作在国际化进程中占有较重要的比例，但是，这种形式的国际学术合作在中国的高等教育国际化进程中所占比例还较小，特别是那些普通本科高校在这方面的表现还比较差，仅仅停留在初级的教师进修和讲学层面上。因此，建议进一步加强国际学术交流和合作，应成为中国高等教育国际化进程中重要的成果之一。

在实现了高等教育国际化成果由初级向中级的转型之后，应进一步探索其高级形式。可以认为，国际区域性战略联盟、高等教育特别发展区和特许高校应该成为首选的三个重要形式。

以国际区域性战略联盟为例，区域高校战略联盟是指高校之间、高校与其他社会组织之间，围绕某一共同战略目标，在组织和部门之间进行有效的整合，实现资源的最优配置，从而谋求效益最优，并通过各种契约建立起来的松散型合作竞争组织。

中国学校的战略联盟应该在审慎考察中国周边国际环境的基础上，考虑建立国家之间的国际区域性战略联盟。具体而言，中国可考虑在经贸关系的基础上进一步挖掘高等教育国际化方面的战略联盟合作，在该区域内实现学生的自由流动甚至是自由择校。也可在设立高等教育特区和特许学校的基础上，在小范围内与周边国家或周边国家部分省市或高校进行这种战略联盟，以期实现互惠式的战略发展。

五、完善高等教育国际化发展外部环境

在高等教育国际化发展进程中，不仅要从战略目标、运行机制、宏观调控、成果等内在影响因素入手，还要注重外部环境因素的影响。只从内在影响因素方面谋求发展，不重视外部环境因素的变化，会使得内部政策的可行性和适应性不强，起不到应有的效果；只注重外部环境的建设而不从内部影响因素进行根本性的政策调整和改革，也无法实现中国高等教育国际化发展的战略目标。只有两者同时兼顾才有利于中国高等教育国际化的健康发展。

借鉴环境分析 PEST（P——政治，E——经济，S——社会，T——技术）模型，

可以认为影响一个国家高等教育国际化的外部环境因素主要有四方面的内容：政治环境、经济环境、社会文化环境，具体如下。

（一）政治环境

就国际政治环境而言，当前国际局势保持总体缓和与稳定的态势，但局部的动荡与紧张有所加剧。从总体上看，当前国际政治形势及中国外交关系对高等教育国际化的影响是机遇与挑战并存。

（1）政治环境下的机遇。和平与发展的时代主题和世界多极化趋势给中国社会事业全面发展提供的巨大动力和机遇是长期性的。特别在后金融危机背景下，谋求经济的复苏和增长是世界各国面临的主要问题。对中国而言，利用经济因素谋求更加和谐的国际政治关系是有很大可能的。

（2）政治环境下的挑战。中国对外关系继续朝着更加健康和谐的方向发展，当前，高等教育国际化领域的合作在数量和质量上都得到稳步提升。当前的挑战主要包括：①中国与一些国家双边关系的变化同样对教育产生影响；②国外一些有关国家安全的不稳定因素。

综上所述，中国目前的政治环境以及外交关系正常，虽然小范围内会有摩擦存在，但在整体上不会影响到中国高等教育的国际化发展。事实上，良好的国际政治环境也为中国高等教育的国际化发展提供了重要保障。

（二）经济环境

从国际经济环境看，目前有三个方面需要重点关注，具体如下。

1.经济全球化与区域经济一体化

20世纪国际贸易和投资的自由化、统一劳动市场的建立、跨国公司的发展导致了经济全球化的形成。为应对经济全球化的挑战，越来越多的国家和地区倾向于参加自由贸易区来加快区内贸易和投资的自由化和促进经济增长。中国作为世界经济大国，与世界经济的联系性和相互影响程度也会不断提高，这会直接或间接影响到中国高等教育国际化的发展。

2.经济政策的制定与实施

中国应该进一步实施和完善经济政策，力图使国内经济继续走向良性发展轨道。同时，应制定积极的对外贸易政策，减少贸易摩擦，既为国家经济的进一步发展做好相应铺垫，也为中国高等教育国际化发展提供对外经济政策层面的保障。

3. 金融虚拟经济

中国经济特别是金融虚拟经济的未来发展前景是非常光明的。在这个国际经济大环境下，中国高等教育的国际化发展应能获得国内宏观经济发展的大力支撑。所以，高等教育国际化发展应顺势而为，在策略上表现得更加强势一些，将其发展真正纳入国家宏观经济发展的框架之中。

（三）社会文化环境的影响因素

从社会文化角度看，目前需要重点关注以下方面对高等教育国际化的影响：

1. 传统文化教育对高等教育国际化的影响

文化和教育之间存在着天然的联系，中国传统文化深厚的积淀对民族教育理念和教育形式的变化具有深刻的影响力。例如：春秋战国时期大教育家孔子提出的"有教无类"至今对中国教育事业的发展具有指导意义；宋代书院的出现及其崇尚的自由教学精神在一定程度上弥补了官办学堂的刻板。此外，中国的文教传统还对世界尤其是周边国家的文化教育产生了较大影响，文化教育的对外交流由来已久。但是，中国的文教传统也有着自身的局限性，这就需要人们重视对传统文化精髓部分的提取。

2. 人口对高等教育国际化的影响

人口的属性特征主要表现在数量和质量两个方面，人口数量表示人口规模的大小，人口素质包括人口的身体素质、道德素质和文化科学素质。中国仍然存在一定的人口问题，主要表现在：人口数量多、密度高，再加上外来人口不断增加，未来中国人口数量依然庞大；人口老龄化速度加快，庞大的老年人口将对经济社会发展形成较大的压力；人口总量不断增长，就业压力加大，就业人群与社会可能提供的就业岗位之间的矛盾十分尖锐；人口总体受教育程度仍然偏低。

3. 社会结构与社会事业对高等教育国际化的影响

随着社会的全面进步，人民消费方式也发生了变化，尤其是城市居民的消费能力扩大，消费质量和消费结构逐步升级；恩格尔系数逐年下降，消费模式由温饱型向小康型转变；消费结构发生变化，其中教育支出大幅度增长。其具体表现为：城乡居民收入持续增长，社会保障全方位推进；城市化和现代化进程扎实推进；"科教兴国"战略迈出新步伐，各级各类教育继续保持快速发展的势头；经济持续增长，劳动就业有所扩大；科学发展观的提出使中国各级政府可持续发展的意识进一步强化。

第五章　高等教育国际化视阈下人才培养模式

高等教育国际化不仅具有服务外交、促进教育交流合作与发展的作用，还对国家的经济社会发展、人才培养等都具有重要的促进作用。鉴于此，本章重点探讨国外高校国际化人才培养经验与启示、中国高校人才培养发展机制、国际化背景下中国高校多样化人才培养模式构建。

第一节　国外高校国际化人才培养经验与启示

一、国外高校国际化人才培养经验

（一）英国高校人才培养经验

1. 英国高校人才培养模式

英国于 20 世纪 90 年代更新教育观念，实施宽口径的综合课程教学，加强人才培养，提高科技竞争力，使高等教育更有效地为经济社会服务。

英国高等教育在培养人才方面有良好的传统。牛津、剑桥等大学重视多学科交叉训练，对于开阔思路、培养现代科学人才具有非常积极的意义。英国教育中提倡的批判式思辨也是创造性人才所需要的重要品质。英国互联网教育发展非常迅速，信息实验室基本是 24 小时开放，其网络课程在高校之间都是可以共享的，这非常有助于人才智慧交流与启发。总体而言，在创新人才培养上，提高学生的独立思考能力和开放性思维能力是英国大学训练的重点；强调教育的实践目的，注重训练学生思考的能力、批判性思辨和多学科知识交叉，是英国教育培育创造型人才的特色。

此外，英国的研究生教育为培养学生创新能力，将课程教学划分为选课式和研究式两种类型，尤其重视研究方法论的学习。英国高校在人才培养方面具体有如下措施。

（1）导师指导与自学相结合

导师制是英国大学的一个传统，每一名学生从入学伊始，就有一位导师对他进行学业指导，就选课、实习学校的选择、论文或研究报告的选题、学业进度、课程作业的完成等方面与学生商榷，提供咨询。英国的高校师生关系比较民主、紧密。学生完全可以引经据典反驳教师和教科书的观点。每位导师每周都必须与学生单独见面，检查作业完成情况与答疑。这样的接触使教师对每名学生的情况都有具体的了解。由于这种个别接触，增进了师生了解，使师生关系超出了单纯的业务指导，成为较好的朋友，教师也能更严格地要求学生。

英国高校注重培养学生的自学能力。各类学位课程或非学位课程的考核大多以课程论文的方式进行，学生还要参加大量的研讨会、讨论会，而要完成这些任务，学生需要花大量的时间查阅资料、进行思考和钻研。学生用于自学的时间大大多于参加具体课程的时间。这样，大学通过提供优秀学者进行指导，又以一流的图书馆等设施为基础，既发展了学生高水平的调查和研究能力，又给了学生足够的自由时间。

（2）灵活自由的教学方法

英国高等教育在人才培养过程中，根据专业的不同以及学生不同的情况，多采用多种方式对学生进行培养，其方式见表 5-1[1]。

表 5-1　英国高等教育人才培养的方式

培养方式	具体内容
讲课	课堂讲课仍然是传授知识的主要途径。学生一般没有固定的教材，但讲课时，教师随堂发给学生其本次课所讲的主要内容。教师的讲课多以专题式（尤其是专业课），学时较少。但由于英国的教师多为多媒体教师，所以每堂课信息量较大。在讲课中，教师一般都指定大量的参考书或论文及网站让学生浏览
辅导	教师讲完课后或就教师布置的题目（待学生完成后），分组辅导答疑或就题目进行讨论以使学生明确并掌握学习内容
撰写报告	写报告和论文是要求学生提供信息并分析和讨论所给的问题。在写报告中要求学生评价所得到的信息，并提出所得信息的来源及所得结论的依据。这是学生在今后工作中要求的技能之一
口头表述	由于很多用人单位要求学生具有较强的口头表达能力，因此，很多课程要求学生在辅导课上或完成一个项目（设计）后进行口头表述

[1]　赵红. 高校创新人才培养政策研究 [D]. 上海：上海交通大学，2011：49-60.

培养方式	具体内容
个案学习	研究和学习实际生活中的一个实例，从它的开始直至结束。如机械系的学生可能研究一个新汽车的测试过程，建筑系的学生可能研究一个房子的建造过程
项目工作	项目工作是学生自身或在一个小组中，通过分析、调查，在给定题目的前提下，完成一个报告或设计
小组合作	这项工作旨在培养学生的团队精神、信任和交流技能。在小组合作中，每个学生与其他学生共享一些数据、想法等。在小组合作中，学生应学会处理同学之间由于差异造成的一些问题
实验/实习	学校和工业界为学生提供了相当的试验设备供学生进行实验，以培养其实验技能
顶岗学习	一些高校，特别是新高校，在学生毕业前一年，提供一些单位供学生顶岗学习。学生也可以自找单位进行实习。实习完成后，再返校学习一年，学生在一年实习中，有的就找到了就业岗位

2. 英国高校人才培养政策改革

英国高等教育有着悠久的历史，它有世界上最古老的中世纪大学。1945 年后，开办了为英国社会、政治和经济发展的需要的现代大学，后来又成立了开放大学。英国大学一直带有浓厚的自治传统观念。学术自由被大学认为是一种理所当然的事情，在英国大学本身教育理念和教育模式上反映出来。

在英国高等教育发展的过程中，人才的培养一直是备受关注的中心，创新、大学和技能部的设立，促使英国在科学研究和技术创新等方面，成为世界上较强的国家之一。

社会和技术变革速度的加快已使教育不能再仅限于人的年轻时代，人类已步入一个终身学习的时代，一生一次地接受高等教育也正在变为不断接受与个人及其职业发展有关的教育。当前，为了巩固英国国家的地位，英国政府确定了进一步提供全体国民的知识和技能水平，以及为了使教育更好地适应经济和社会发展需要与人才培养需求的战略目标，并为此发表了一系列政策性文件。

（二）日本高校人才培养经验

1. 日本高校人才培养模式

日本教育的发展与人才培养计划在很大程度上是在借鉴其他国家的同时，结合本民族的特征进行改造而形成的。积极向国外的先进模式学习是日本教育的一个重要特征，此外，日本也注重具有自身民族特征的人才培养模式。

（1）"合金"式人才培养重心的构筑

明治维新时代，为了培养自身的高级专门人才，日本组团出国考察，派遣大批留学生出国学习，聘请外国专家讲学，以培养自身的优秀人才。1877年，京东大学成立，其模式如欧美的高校，但同时又融合各国的人才培养特色，在日本的大学里既可以看到德国讲座制的人才培养模式，也可以看到美国大学的院系结构，在管理上又带着法国的特点，同时日本自身的民族人才气息也很浓厚，因此，日本大学实行的是一种"合金"式的创新人才培养。

（2）注重求新变革，开设新型课程

日本高校为赶上国际发展的潮流，在课程设置上进行了较大的改革探索，具体如下。

第一，设置综合性课程。这些课程大部分是带有国际、情报、文化、环境、政策等名称的新学部和专业，如"文化与交流""环境与人""人间教育科目"等；从内容上看，综合课程都与现代社会文明所包含的各种课题相关。

第二，开设新兴学科与边缘学科课程。20世纪60年代，日本高校为适应变革潮流，开设了信息科学、信息环境科学、资源开发、环境开发、海洋开发等领域的课程；20世纪70年代，又开设了城市工学、环境工学等以城市问题为中心的新兴学科以及以人文研究为对象的教育人类学、公共关系学等适应时代要求的科学。

第三，重视外语课程与信息课程的学习。日本高校增加外语课程和教学时间，利用现代化教学手段教学，根据听、说、读、写、译等不同教学目的分班，按能力水平分班，实行小班教学，增加以亚洲国家为代表的语种、短期语言培训课程等。文部省与"经团联"和日本工业教育协会通力合作设立的"尖端技术人才培养托拉斯"是为应对信息化时代的来临。

第四，注重前沿课程的开设。日本高校专门形成了一些研讨课程，如：就某一特定专业领域，以小班、课堂讨论式教学为特色的当场答疑，或聘请校内外著名专家学者面向非专业学生或专业学生讲授各专业领域最新最尖端的科研成果和专业知识等。

（3）注重创造性教育

当前，日本进行了国立大学的改革，创造性人才培养也被提上新的口程。主要做法有：向世界科技发展最尖端的地方派遣年轻人，加速人才的培养。通过强化数理基础，在早期阶段开始实施基础性与创造性教育。例如，东工大在全日本高校中首开对一年级新生实施以培养创造能力为目的的"演习"课的先河。第一学年参加"演习"课程，第二、第三学年开设"竞争的创造性教育"和"独创的创造性教育"两种课程，第四学年学生们通过学位论文的研究工作以先进的科学技术为题材进行"发现问题、自我学习"的实践，以此来进行相关性人才的培养。

2. 日本高校人才培养政策改革

日本的第一次教育改革始于明治维新时期至 1945 年，整个周期长达 70 多年。这次改革的宗旨是：以"富国强兵""殖产兴业""文明开化"为目标，同时按照国家主义教育理论和教育为经济发展服务的思想，确立现代教育体制。其主要改革举措是实施了免费的义务教育政策。

第二次教育改革是在 1949 年，社会进入经济高速发展之前进行的。这次改革的基本思想是改革教育，促使其为社会民主化和国家经济振兴服务。

第三次教育改革则是从 1971 年至今，此次教育改革以终身教育为理念，目的是培养适应 21 世纪的新型国民以及提高学校教育的质量。为了落实这第三次教育改革的精神，日本政府投入了大量的人力、物力和财力，并制定了一系列相应的政策来实现预定的教育改革目标。

同时，日本政府当前也出台了一系列举措来对高校人才培养进行干预和指导，具体举措表现如下。

（1）日本文部科学省开始实施"21 世纪优异中心计划"（特别优秀的研究教育基地计划，COE），旨在把日本高校改造成培养世界的人才的基地。为此，日本国立、公立、私立大学打破三者之间的界限，参与校际竞争，明确各自个性和特色。为创建世界最高水准的大学教育而由日本文部科学省重点推出的一个大学 21 世纪 COE 计划，以大学院的一个专业或几个专业群为对象，把人文社会科学、自然科学，以及跨学科领域分为 10 个大类。

（2）科学技术人才培养综合计划。这一计划由文部科学省制订，共有四个目标：①培养世界顶尖级富有创造性的研究人员；②培养社会产业所需人才；③创造吸引各种人才、可使他们充分发挥才能的环境；④建设有利于科技人才培养的社会。

二、国外高校国际化人才培养启示

（一）人才培养目标的调整

创新是未来社会的主旋律，在 21 世纪将发挥关键作用。国际环境千变万化，各国在融入竞争的同时，也在探索适合本国高等教育的发展道路。随着经济全球化的进一步发展，中国将迎来日益激烈的国际竞争，在这种情况下，中国需要大批具有高素质创新人才，增强科技创新能力和竞争力，抢占世界科技的制高点。

中国高校人才培养模式要以创新教育为核心，树立创新人才培养目标，对学生进行以创新精神和创新能力为核心的教育。而中国高校的人才培养活动要围绕着创新精神、创新能力的培养展开，使培养的人才视野更加开阔，认识更为新颖，学习更加主动，对新事物的刺激反应更加敏感，实践能力更强，并敢于面对新的挑战，准确把握时机，打破常规，创造性地开展工作。

日益激烈的国际竞争对于人才提出了创新能力的要求，但是依旧不能忽视了它对人才的另一要求，即国际意识、国际交往能力以及国际素质。这是因为，现代的竞争已不再局限于国内的竞争，更多表现为国际性的竞争，如果创新人才缺少了相应的国际素质，便很难在国际社会上形成竞争力。

（二）课程设置的优化

当前，各国高校在进行课程改革和调整时，普遍开设了跨人文与自然、人文与社科等综合性课程。社会发展综合、分化的趋势日益明显，知识结构单一的人才已难以适应新形势的发展，这要求人才必须具备扎实的基础知识和多学科知识。

为培养具有探索、创新精神，适应时代要求的创新型、复合型人才，必须按照文理渗透、人文与科学结合的思路，加强基础课程、通识课程建设及专业课程的整体优化，开展跨院系合作，开设新型跨学科综合课程。随着高等教育国际化趋势的日趋明显，中国高校应及时增设关于国际主题、世界地理、国际文化等课程，在原有的课程中增加国际性的内容，使课程更加国际化，为学生了解世界创造良好的条件。

通过课程的国际化，有利于吸引更多的外国留学生来中国留学，及更多的学者来中国教学、研究。同时，中国高校应建设信息网络系统，充分发挥现代网络技术的优势，实现国内外高校优秀教育教学资源的共享：一方面制作优秀网络课程，中国高校应该积极学习麻省理工学院实施开放课程计划，通过网络媒介将自身优秀的教育教学资源传递出去；另一方面共享其他学校，特别是国外著名高校的网络课程，汲取国外高校最新的科技文化成果。

（三）教学方法的改革

中国高校传统的教学过程主要是以知识、教师、教材为中心，强调知识的单向传输。在整个知识传输的过程中，学生的积极性和主动性难以得到充分发挥，难以形成独立的学习能力、创新能力。中国高校需要改革中国高校传统的"灌输式"教学方式，在教学过程，教师要多采用启发、诱导的方式，充分调动和发挥学生的积极性、主动性，鼓励学生提出问题、分析问题和解决问题；鼓励学生勇敢大胆地提出对于问题的独到见解；减少讲课时间，增加学生自学、讨论、研究时间，使学生有独立思考和发挥创造才能的机会。

在教学方法改革中，需要以学生为中心，学生不能够再被动地接受现成的学习内容，而需要转变学习方式，通过广泛的分享交流、反思学习，寻找适合自身的学习内容，并通过自己的建构框架加以组织，最终形成新的、完全适合自身知识框架与结构的学习方式。

以学生为中心的教学法，让学生参与到学校和教学的组织管理中，学校和教学的各项事务都应该充分尊重学生，鼓励学生自我管理，学生将成为具有主体意识、具有责任意识、具有大局意识的适应时代发展的人。

如果条件允许，教师可以给学生布置某一专题，让学生充分利用多方资源独自探索、研究，教师只是在适当的时间予以指导。为了适应人类社会可持续发展的需要，以及由于知识迅速增加引起的高校教学课程的加大，高等学校必须加强跨学科性和多样性教学，提高教学方法的有效性。中国高校必须打通学科之间壁垒，寻求学科间的共性，采取灵活多样的教学方式，使学生获得扎实的专业基础知识，具有更强的社会适应性。

（四）人才培养途径的拓宽

中国高校的人才培养途径主要包括三个方面：课堂教学、科学研究和社会实践活动。目前，中国多数高校的人才培养途径是课堂教学和社会实践相结合，用一句概括就是：课堂教学为主，社会实践为辅。

就当前的情况而言，社会实践和科学研究在人才培养过程中的功能还没有得到充分发挥，这对于学生社会活动能力、灵活运用理论知识的能力、创造能力的培养都是不利的。因此，中国高校应该拓宽人才培养途径，培养学生良好的知识、能力、素质。

根据国内高校的探索实践来看，产学研模式是一种比较常用的、有效的培养学生实践能力、创造能力的人才培养途径。产学研模式旨在鼓励学生的亲身体验，要求学生应用知识于实际的探索性活动、分析并解决实际问题，使学生在实践中锻炼出良好的社会实践能力和创造能力，这有助于学生毕业后较快地满足实际工作的需求。

中国高校不仅要寻求与国内企业的合作，还应积极发掘与国外企业合作的机会，为学生走向国际劳动力市场创造条件，提高学生的国际素质和国际竞争力，实现中国高校国际化的人才培养目标。此外，还要加强国际间流动，例如，可以与国际组织及国际性社会培训机构合作承办各类大赛，内容可涉及学生的就业力、商业潜力和思维等。通过比赛使学生在案例分析、团队合作、解决问题、沟通技巧以及口才等方面的能力得到提升，并发掘自身在商业管理方面的潜能。高校可积极与国际会计师组织合作，承办案例大赛，或与培训机构联合自主举办案例大赛，并利用高校资源邀请行业资深从业人员参与指导。此外，还可增加国际交流项目，鼓励学生参与境外社会实践，增加与境外国际化人才的交流机会。

（五）人才培养制度的改革

人才培养制度是实现高等教育国际交流与合作的重要环节，是融通国际交流的桥梁。学分制是世界高等教育通行的教学管理体制，中国高校要与国际化相接轨，优先需要进行教学管理体制的改革。如果中国高等教育不能适应这一国际高等教育惯例，必然会对国际合作形成阻碍。所以，中国高校必须充分认识到推进、完善学分制改革的重要性，积极、主动与国际相接轨，迎合世界高等教育发展的趋势。

当前，中国在教育准许方面做了包括课程内容的国际化，师生的国际流动与科研的国际合作等重要承诺，这势必加速中国高等教育国际间的交流与合作。但是，由于当前的国际交流与合作项目的实施必须通过学分的互认才能实现，例如：高校间课程成绩的互认、学位互认，需要学分的转换或学分的相互承认，这就要求中国高校必须尽快进行学分制改革，遵循国际高等教育的惯例，采取国际通行的教学运行制度，促进中国高等教育国际化。

第二节　中国高校人才培养发展机制

当前，高等教育国际化正成为世界大学教育的一股潮流，大学之间的各种合作将会日益加强，高等教育国际化已经成为大学开放程度的重要标志。从当前发展趋势上看，随着经济全球化、知识经济化的崛起以及信息化的迅猛发展，教育服务贸易必然会大幅度的扩展，国际间的教育互动与合作必将日益加强。因此，国际化将为中国高校人才培养模式的改革与发展产生积极作用。

随着中国高等教育国际化的不断深化，世界高等教育理念对中国传统的人才培养理念产生了深刻的影响。中国高校在人才培养方面的一些重要的教育教学改革也受到了世界高等教育思潮的影响。例如，重视大学生的整体素养，进行了"通才教育""文理渗透""拓宽专业口径、加强基础教育"的教育教学改革，与世界高等教育注重人的全面发展的理念相关联；加强创新教育，源于世界高等教育创新思潮的兴起；中国高等教育提倡，要进行教育教学过程的改革，使之更加具有弹性，并强调学生的主体性与选择性。在某种程度上，这也是以人为本的教育理念在高等教育改革中的体现，即尊重受教育主体的主体性和个性，强调受教育者对教育的选择。

在高等教育国际化的背景下，中国高校已树立以人为本的人才培养理念，促进学生的全面发展。为了加快中国高等教育国际化的进程，中国高校还需要树立国际化的人才培养理念。在经济全球化背景下，中国需要大批具有国际视野、能够参与国际竞争的高素质人才。下面就中国高校人才培养发展机制的相关方面进行探讨，具体如下。

一、中国高校人才培养模式的合理化引导与规范

（一）人才培养模式的合理化引导

（1）确立人才培养模式的指导思想

确立合理的人才培养模式，必须在更新教育思想观念的同时，加强对受教育者的素质教育，包括思想素质、业务素质、心理素质、文化素质等，注重人才的全面发展；要加强对受教育者能力的培养，包括自我学习能力、分析解决问题能力、工程实践能力、创造能力等，注重人才的自我发展；要通过调整专业结构，扩大专业口径，优化知识结构，注重人才"知识、能力、素质"的协调发展。

（2）培养目标与培养模式相统一

学校应根据自身的层次、类型以及办学条件，首先确定培养目标，在此基础上，确立与之相适应的人才培养模式，不可盲目采纳或模仿某种不适宜自身发展的模式。

（3）发挥政府的宏观调控能力

在人才培养模式多样化发展过程中，政府对人才培养模式的合理化引导及其规范是相当重要的，例如，政府可以定期或不定期对经济市场进行调查研究、统计和预测；调查社会各行业对各类人才的需求状况与全国各级各类高等学校人才的供给情况等，为高校提供人才需求及社会发展规划信息，引导学校采用切合实际的人才培养模式；政府还可以定期根据学校为社会培养急需人才的数量、质量进行排序，向社会公布，以此激励学校注重对人才培养模式的改革。

（二）人才培养模式的规范

（1）制订各级各类学校人才培养的基本要求和规格

我国一般工科院校实施的培养模式不尽相同，但对培养人才的基本规格、基本要求应符合条件：德、智、体合格，遵纪守法；具有社会主义现代化建设的事业心和责任感；掌握本专业的基本理论、专业知识和技能，受到工程设计方法和科学研究方法的初步训练，有分析问题和解决一般工程实际问题的能力；有一定的文化素养和较好的心理素质；能够借助字典阅读专业外文书刊。

（2）建立健全评价制度

按照社会对高校教育的要求，分别建立对各级各类学校培养模式的评价指标体系，定期或不定期地由政府部门或聘请社会、市场及企事业单位按照指标进行评价，对评价结果进行统计和分析，以建立适合市场经济需要的多样化的人才培养模式。

（3）建立人才培养模式最优化机制

人才培养模式最优化是多样化追求的目标。因地制宜、因人制宜、因时制宜地对现行的种种人才培养模式，按照一定的规律以及共性、个性等因素进行排列组合，形成多种多样的人才培养模式，供学校根据自己的实际情况进行最优化认选，以保证学校培养人才模式的规范性。

（4）建立良性调节机制

建立人才培养模式良性调节机制，即建立一种使人才培养模式向着规范化发展的运行机制，它是符合某种规则的方法、手段、措施等的总称。这种运行机制，可以由政府主管部门调控，使人才培养模式多样化纳入规范发展的轨道；也可实行政府宏观调控与学校自我约束、自我发展、自我调整相结合。无论采取怎样的方式，调节机制确实是使人才培养模式多样化向规范性发展的一种必要的过程控制，这一过程以规范为目的，以调查研究为依据，以控制尺度为实施手段进行调节，避免出现盲目性。

总之，国家可以运用各种合理可行的调控手段，逐步建立和完善高校人才培养模式的宏观和微观调控机制，最终实现人才培养模式的规范化。

二、中国高校人才培养发展机制的问题与成因

（一）中国高校人才培养发展机制的问题

1. 适应与需求相矛盾

人才培养模式多样化发展过程中仍存在社会需求与学校适应的矛盾。社会对人才的需求根据地域、经济状况、社会发展程度不同而不同，而高校的人才培养模式并非完全随之而改变，它具有相对的稳定性，如某些单科院校，在内外部条件尚不具备的情况下，对发展经济、管理、人文等学科有一定盲目性，追求办多科性、综合性大学，这样不仅违背了原定的培养目标，打乱了原有的培养模式，同时没有了自身的特色，削弱了对社会的适应性。

2. 供求失去平衡

人才的供大于求或供小于求现象的出现也是人才培养模式尚存在的问题之一，由于学校内部的专业设置和调整与社会经济的发展不同步，加之学生个体过分强调个人价值，忽略社会需要，因此，常常出现一些专业学生供求不足或者毕业生过剩的供求矛盾。

3. 模式不匹配且趋同

人才培养模式多样化，必须有多样化的教学模式和灵活的教学管理模式相支撑，然而，一些高校由于条件限制，所采取的教学模式或管理模式不适于或完全不适于培养模式的要求。

同时由于学校自身定位不准确，采用的模式不恰当，一味效仿，造成培养模式大同小异，如有的高校一味求大求新，在条件还不具备的条件下，急于建设一流大学，结果失去了自身的特色。

（二）中国高校人才培养发展机制问题的成因

人才培养模式多样化尚存在问题的原因主要来自内外两个方面，内因即指学校，外因即指社会。

1. 内在成因

（1）学校缺乏全新的教育理念，即缺乏坚持规模、结构、质量、效益相统一的发展观念，顾此失彼。

（2）学校是培养人才的主要载体，应实现两个转移。即学校教育的重心应从 20 世纪 50 年代计划经济的框架内跳出来，真正转移到市场经济条件下办教育；从片面追求基础理论的培养转移到知识、能力、素质的全面培养方面来。相当一部分高校尚未真正实现以上两个转移。

（3）学校自身定位不准确，培养模式与培养目标脱节。高等院校应根据学校所处的地理位置、办学实力、服务面向等情况，实事求是地按照学校的属性和学科门类发展、培养人才的层次，找准自己的位置，确定自己的培养目标和培养模式。

（4）学校内部管理能力及教师自身的适应能力不强。

2. 外在成因

影响和制约高校人才培养模式多样化的外因非常广泛，包括政治、经济、文化等因素，如文化传统对人们思想意识的制约；地区性经济发展的不平衡和社会经济发展状况的制约；缺乏规范人才培养模式的制度保障等。

总体而言，虽然人才培养模式多样化存在着来自内部和外部的困惑或者阻力，但外部客观因素是无法改变的，而高校的内部主观因素则是人们可以加以控制和改变的，因此，需要对学校的人才培养模式进行合理化引导和规范。

三、中国高校人才培养模式内部发展机制

多样性是高等学校人才培养模式的必然发展趋势，只有保持多样性，才能出优势、出特色，才能满足全球经济和区域经济对各级各类人才的需要。但是，多样性并非表明高等学校人才培养模式是可以随意、偶然选择和变更的，而是要受教育系统内部和外部各种因素的制约，需要对其进行规范，并根据社会对人才的需求以及人才的发展需求的变化而作相应的调适。特别要加强高等学校系统内部各个环节、部门和要素的整合，通过整合提炼出高质高效的人才培养模式。整合包括两个部分：培养过程的整合和教育资源的整合。

（一）培养过程的整合

高校人才培养过程涉及培养目标和规格的确立，以及根据培养目标和规格进行培养方案的设计和课程体系的设置等。培养过程的整合就是根据学校所在

地区的经济发展状况，社会对教育的需求情况，以及学校自身的发展现状及其对区域经济、文化的发展引导态势，确定自身的人才培养目标和培养规格，并设计出相应的培养方案和优化的课程体系，并制定相应的质量监控和评估体系，保证整个培养过程的规范、有序和高效率。

1. 人才培养的目标整合

人才培养目标要与学校的现状、定位、服务面向以及发展趋势相一致，再也不能像过去计划经济条件下"千校一面"地去培养"千人一面"的人才。当前，我国既需要发展知识密集型产业，也仍然需要发展各种劳动密集型产业，经济建设和社会发展对人才的要求是多样化的，这是我国的国情和经济社会全面发展的客观要求。可见，未来社会对人才的需求是多规格、多层次的，对培养的人才不只是教给其知识、技能；还要教会其如何获取知识和技能并能够去创新和创造；此外，最重要的是教会其如何做人。

教育最基本的功能就是教化人，使人具有高尚的道德行为，教育若失去或者削弱了这一功能，也就失去了其存在的意义，丧失了其使命。关于人才培养目标的整合，就上述意义而言，就是要以人为本，所有的其他目标都要围绕"人本"这个目标，通过整体的培养，保证学生的综合素质得到提高，实现个人的全面发展，从而更好地服务于学生个人以及区域经济发展对不同规格、不同层次、不同规格人才的需求。这也体现了培养目标的多样性。人才培养的目标整合具体如下。

（1）人才培养目标的战略性转变

高等教育必须贯彻国家教育方针，为社会主义现代化建设服务，与生产劳动相结合，使受教育者成为德、智、体等方面全面发展的社会主义事业的建设者和接班人。同时，高等教育的任务是培养具有创新精神和实践能力的高级专门人才，发展科学技术，促进社会主义现代化建设。由此可见，高等教育培养怎样的人的问题，已经有了非常明确的界定。但是对于各类、各层次的高等学校的人才培养目标，需要在这一总的教育目的的基础上，结合自身的定位和区域特点给出明确的含义。当前，关于高等教育的人才培养目标的阐述，具体如下。

第一，分析我国高等教育发展的背景和当前应承担的社会主义建设的历史责任后，可以认为，当前我国高等教育在导向上出现了一些值得注意的问题：过弱的文化陶冶，使学生的人文素质和思想底蕴不够；过窄的专业教育，使学生的学科视野和学术氛围受到局限；过重的功利导向，使学生的全面素质培养和扎实的基础训练受到影响；过强的共性制约，使学生的个性发展受到抑制。

由此提出，面对高新科技的挑战，面对学科的综合化发展趋势，面对多元化文化的竞争，面对国际间复杂的形势与国内建设的多方面任务，我国高等教育培养目标应当作战略性调整，即：树立科学教育与人文教育并重的双重教育目标，使大学生通过学校的教育和自身的努力，既能具有较高的科技水平，又能具有较高的文化素养。

第二，工科院校的人才培养要达到科学与人文相结合。人的思维是个整体，与左半脑密切相关的逻辑思维同与右半脑密切相关的形象思维有差异，与逻辑思维密切相关的科技活动同与形象思维密切相关的人文活动有差异，这种差异，正好相互补充、相互渗透、相互支持、不可分割、相得益彰。

人为地将科技教育与人文教育割裂，文理分家，重理工轻人文，学人文的不知理工，就所学的专业而言，内容也很狭窄，这势必严重地妨碍、制约、损害人的本性、人的思维发展、人的创造性的发展及人的全面发展；只有科技教育与人文教育相融，才能大批造就"有理想、有道德、有文化、有纪律的，德智体美等全面发展的社会主义事业建设者和接班人"。

第三，要加强高等教育思想观念的改革，积极推进素质教育。在人才培养上，融传授知识、培养能力、提高素质为一体，更加注重素质的提高，在提高素质中又以提高思想道德素质为根本，提高文化素质为基础，全面提高人才的整体素质，也就成为一种新型的人才培养观念，或称之为素质教育观念。他还认为：知识、能力、素质三者是素质教育中的三个要求，并且是相辅相成的，在高等教育中要贯彻素质教育的思想，对传授知识、培养能力要赋予新的内涵和提出新的要求。

第四，工科大学应把培养现代工程人才作为其培养目标，现代工程人才包括工程技术人才和有工程背景的其他人才两大类别，工程技术人才根据从事工作的特点及基本职责划分为工程科学（学术研究）、应用开发、工程实施（设计、施工、生产、监测等）和经营管理等类型；有工程背景的其他人才是工程技术工作在社会各个部门的延伸，如教师、律师、经济师、政府官员和公共机构管理者等。研究现代工程人才在发展科技和社会进步中的地位、作用，从社会本位和人本位相结合的角度明确现代工程人才对人才素质的需要，是确定人才素质构成的根本依据。由此得出现代工程人才的培养目标应当是满足两方面的素质，具体见表 5-1。

表 5-1　现代工程人才的培养目标

主要目标	具体内容
做人素质	政治思想：坚定的政治方向，正确的世界观、人生观、价值观，爱国、为人民服务的思想，民族精神 道德品质：伦理道德，中华传统美德 法律知识：公民法律知识，法律意识 人格品行：自尊、自爱、自强，尊重和帮助别人 文化修养：一定的中外历史知识，一定的文化和艺术知识鉴赏力，丰富的精神世界，高尚的爱好和兴趣 现代意识和人际交往能力：懂得人与社会、人与自然、人与人的正确摆位，正确处理它们之间的关系，有竞争、市场、环保、商品、社交知识 生理素质：身心发育、体形、体能良好，对外界适应能力强 心理素质：性格豁达，心理稳定，热情坦诚 运动保健：有一定运动保健的意识、知识和习惯
做事素质	科学态度：尊重事实，尊重规律，认真严谨、谦虚、敬业 工作作风：勤勉务实、刻苦，一丝不苟、精益求精，勤思考、善总结 进取意识：执着、坚毅、进取，有抗挫折和承受失败的意识和心理能力 合作意识：有团队意识，善于合作，有协调能力 工程意识：有大工程观，善于分析综合、创新，有工程兴趣，乐于实践 知识：有基础科学、工科基础、工程基础和专业知识，有实验、实践、设计等方面的知识，有相关学科和人文学科知识 能力：自学能力，观察、分析、解决问题的能力，工程研究、设计和实践能力，创造能力，适应工作转移的能力，合作能力，组织管理能力 技能：外语、计算机、计算、试验、制图能力，语言、文字交流能力 思维方式（方法）：正确的科技思维，懂得科技思维与人文思维的关系，二者能借鉴、融合

此外，需要强调的是，人才素质的本质是人的智能结构和发展水平，智能结构和水平的基础是知识结构和水平，智能结构和水平的外在表现为能力，其内在表现为智力（智商）和非智力（情商）潜能，智能结构和水平化成的潜能就是所谓素质；作为潜能既有先天遗传的天赋因素，又有后天习得养成的因素，它是去掉一切外在的东西之后潜于身心中的品质；加强素质教育的实质是通过教育手段（教学环节、环境氛围）的外塑，通过受教育者的自身努力使之内化为素质，与此同时，内化成的素质又外现为能力使其自身得以更大的发展，通过在外现发展中内化，在内化的基础上外现发展，实现修养、潜能、功底的由低到高、由浅到深的升华。显然，知识、能力和素质三者相互依存、相互转化、相辅相成，三者也有区别，素质并非等于知识，也不等于能力，三者是协调发展、全面提高的关系。

高等本科教育作为终生教育的一个阶段，不可能面面俱到，总是有所为有所不为，关键是清楚三者的辩证关系，把握正确的尺度，同时也不能因为加强那方面的素质就简单地增设什么课程，要通过多种教育途径，通过构建合理的教育内容来实现总体素质的提高。

（2）人才培养目标的优化

按照《中共中央国务院关于深化教育改革全面推进素质教育的决定》的要求，各级各类学校都要积极推进素质教育。作为区域性的理工高等院校，其培养的人才类型主要是面向区域经济发展主战场的应用性人才，人才的素质要求应与区域的生源质量、学校的学科门类、办学方向和定位、科研水平、学术水平和办学条件等相适应，在其相应的基础上进行素质教育，培养合格的人才。区域性理工院校素质教育当前较为普遍的说法是培养高素质的工科应用人才，具体在如何实施上，又普遍存在两方面：一是理、工、经、管、人文等多学科结合、渗透，培养综合能力高、创新性强的人才；二是知识、素质、能力综合发展，培养高素质的应用型、创新性人才。总之，人才培养目标的优化，需要注意以下方面。

第一，人才培养目标是随着社会发展及其对人才知识、能力、素质、创新性的需求而不断地调整、变化的，人才培养目标的优化就是要求从事高等教育的工作者或决策层，要敏锐地洞察时代的变化，不断地研究新问题、新形势，适时调整培养目标，不断满足社会及求学者的需求，为此，高等教育必须体现以人为本的教育思想，积极推行素质教育。

以人为本，从表面意义上看是学校在教育教学中体现以学生为中心，服务学生、方便学生的思想，但就深层次而言，以人为本是在教育教学中体现更多的人文关怀，不仅要向学生传授知识和技术、技能，而且要教会学生做人做事。当前，教育应围绕四种基本学习加以安排，这四种学习将是每个人一生中的知识支柱：学会求知，即获取理解的手段；学会做事，以便能够对自己所处的环境产生影响；学会共处，与他人一道参加人的所有活动并在这些活动中进行合作；学会做人，这是前三种学习成果的主要表现形式。当然，这是对所有教育而言，而高等教育更要注重对人的培养，我国古代有"知而不仁不可；仁而不知不可；既知且仁，是人主之宝也，而王霸之佐也"。可见，无论是古代，还是当前，对人才的素质要求都是全面的，只有知识丰富、技能超群、有高尚的思想修养和道德修养的人，才能为社会作出较大的贡献。

第二，就高等教育的功能而言，高等教育担负着培养人才、发展科技、服务社会的任务，其中，培养人才是高等教育的首要功能。大学对人才的培养，主要表现在人才综合素质的提高上，而人才思想道德素质的提高和理性精神的养成是大学教育首先需要关注的。

当前，随着科技的发展、社会的进步、人类的多种需求、经济的全球化、竞争激烈程度的增加，高等教育更应增强育人的功能，因为如果没有正确的价值取向，凡事以自我为中心，被一己私利牵着走的人，不可能成为社会的栋梁之材。

第三，人才培养目标一定要以学校自身所处的区域经济发展水平和求学者的需要来设定。整合或优化的意义在于，通过整合可以提出切合学校自身特色的人才培养目标、规格、类型，以及与之相配的培养模式，使培养过程的各个要素之间形成合理的有机整体，形成一个相互协调的优化的体系。

总之，随着时代的发展，人才培养目标亦应与时俱进，但要遵循高等教育的基本规律，将育人放在首位，使受教育者成为知识、能力、素质综合发展，能够终身学习，创新能力强的复合型人才。

（3）实现人才培养目标的途径

培养目标不同，其实现的培养途径亦不同，不同的学校根据自己的办学积淀和所在区域的社会发展水平制定的培养目标，需要其采取与之相适应的培养模式。学校的办学模式、办学特色、学术氛围及校园文化，对学生的成长具有显性的和隐性的多元作用，实现人才培养目标的途径，具体如下。

第一，努力提高学校教育主渠道的教学质量，改革人才培养模式。教学工作是学校的中心工作，教学质量是学校的生命线，提高教学质量是学校工作的永恒主题。因此，学校要不断地深入进行教学改革，努力转变教育思想观念，紧跟时代潮流，适时调整人才培养目标，并设计与之相适应的培养方案，使培养的毕业生质量能够与时代同步发展。

第二，营造有利于创造性人才成长的校园文化环境，包括大学生自我管理、自我教育、自主学习，树立其主体地位。为学生提供一个良好的学习、修业环境是培养目标整合优化的目的之一。环境对人的教育起着潜移默化的作用，要使培养目标顺利实现，一定要为求学者营造一个有利于其健康成长的良好环境。

第三，积极利用大众传媒和社会文化的影响，让学生感受信息化社会、知识经济、网络时代等发展的影响。

2. 人才培养的规格整合

人才培养规格是对人才培养目标的具体阐述，它更具体地描述了各专业毕业生所要达到的基本要求。

下面以工程管理专业为例，阐述人才培养的规格整合。工程管理专业培养适应社会主义现代化建设需要，德、智、体、美全面发展，具备土木工程技术及与工程管理相关的管理、经济和法律等基本知识，获得工程师基本训练，具有一定的实践能力、创新能力的高级工程管理人才。

本专业毕业生应具备以下方面的知识和能力：①掌握土木工程技术知识；②掌握相关的管理理论和方法；③掌握相关的经济理论；④掌握相关的法律、法规；⑤具有综合运用上述四个方面的知识从事工程管理的基本能力；⑥具有阅读工程管理专业外语文献的基本能力；⑦具有运用计算机辅助解决工程管理问题的能力；⑧具有初步的科学研究能力。

本专业可设置工程项目管理、房地产经营与管理、投资与造价管理、国际工程管理及物业管理五个方向，各方向还应分别满足下述要求。

（1）工程项目管理方向。工程项目管理方向的毕业生主要适合于从事工程项目的全过程管理工作。初步具有进行工程项目可行性研究、一般土木工程设计、工程项目全过程的投资、进度、质量控制及合同管理、信息管理和组织协调的能力。

（2）房地产经营与管理方向。房地产经营与管理方向的毕业生主要适合于从事房地产开发与经营管理工作。初步具有分析和解决房地产经济理论问题及房地产项目的开发与评估、房地产市场营销、房地产投资与融资、房地产估价、物业管理和房地产行政管理的能力。

（3）投资与造价管理方向。投资与造价管理方向的毕业生主要适合于从事项目投资与融资及工程造价全过程管理工作；初步具有项目评估、工程造价管理的能力，初步具有编制招标、投标文件和投标书评定的能力；初步具有编制和审核工程项估算、概算、预算和决算的能力。

（4）国际工程管理方向。国际工程管理方向的毕业生主要适合于从事国际工程项目管理工作。初步具有国际工程项目招标与投标、合同管理、投资与融资等全过程国际工程项目管理的能力及较强的外语应用能力。

（5）物业管理方向。物业管理方向的毕业生主要适合于从事物业管理工作。初步具有物业的资产管理和运行管理的能力，包括：物业的财务管理、空间管理、设备管理和用户管理能力，物业维护管理及物业交易管理能力。

由此可见，人才培养规格更具有针对性，它是针对某一专业学生应达到的智能、德育等方面所作的基本要求，用以满足毕业生的就业需要。

区域性理工院校由于其办学层次、服务面向、地域经济发展特点等千差万别、多种多样，因此其所设置的专业发展方向也是多样化的，导致人才培养规格呈现多样化的趋势，这同我国区域经济发展的不平衡现状和区域地理人文的差别是相一致的。高等工程教育培养的是高等工程的专门人才，无论是采用"通才"培养模式，还是采用"通识＋专业"培养模式等，其最终目的是要培养高素质、有创新性的工程技术专门人才，所以，人才培养规格的整合要依据学校的培养目标，结合学校所办专业的特色和重点发展方向，考虑学生毕业到所在区域的工业生产第一线，以及所从事的研究设计、制造或运行、营销或管理等不同工作的就业需求，进行针对性的设计，这也体现了人才培养的多样性需求。

3. 人才培养的方案整合

国家教育行政部门根据教育方针和各级各类学校的教育任务制定的有关教育和教学工作的指导性文件，规定着学校教育的方向、教学内容和教学结构，是学校培养人才和组织教学的主要依据。其主要内容有：培养目标、规格要求、学习年限、课程设置、教学环节、课程开设顺序、学时分配、学年编制以及必要的说明等。对照目前较为流行的培养方案，其内涵及其主要内容与教学计划是相当一致的，可以说在某种意义上，培养方案与教学计划可以画等号。

培养方案与教学计划是相当一致的，"相当"就是隐含着其又有不同之处，培养方案是对教学计划的扩充与发展，是推进素质教育的新成果。由于工程教育改革的深化，素质教育越来越为人们所重视，以往的教学计划主要反映教学工作的活动过程，缺乏完整体现素质教育的内容，而培养方案不但涵盖了教学计划中规定的内容，而且强调了培养过程的完整性，它将学校组织实施的课外教育、教学活动纳入对学生的整体培养方案中，达到课内、课外相互配合，有机结合，使培养的学生得到知识、能力、素质方面的全面发展。

（1）培养方案的内容

培养方案是教育教学改革不断深化和全面推进素质教育的新成果，是对教学计划的发展，但是，培养方案并不全盘抛弃或否定传统教学计划的内容，而是对传统教学计划的一种"扬弃"，它强调对学生培养过程的完整性。培养方案的内容包括：专业培养目标、基本要求与专业面向；学制、修业年限和分流培养的要求；课程体系的构成（含课群或模块课程的类型、性质、学时分配、教学方式、开课时间、课内外实践教学活动的安排等）；课内外教学过程的安排；必要的说明（含主干课程、课程要求、各类课程比例、教学管理制度等）。由此可见，培养方案包括第一课堂教学和第二课堂教学，更全面地反映了学生在校的全部教育、教学活动。

（2）培养方案整合的原则

人才培养方案体现了国家对学校教学工作的统一要求，是学校组织和管理教学活动的主要依据。随着社会的发展，国家对高校的管理职能逐步由微观的直接管理向宏观指导与监督转变，对高校进行适度放权，在不违背教育方针的前提下，高校可以按照《中华人民共和国高等教育法》依法自主办学；对于不同类型、不同层次的学校，可以根据学校确立的人才培养目标实施与之相适应的培养方案，培养方案不应是静止的、凝固的，而是发展变化的，是随着学校所在区域社会、经济、科技发展对学校培养人才的要求而变化，它通过不断地"扬弃"而获得提高。由于人才培养目标的多样性，导致培养方案也具有多样性，不可能有一个固定的模式或标准，下面阐述制定优化人才培养方案应遵循的一般性原则。

第一，科学性原则。教学计划的制订要遵循教育教学的基本规律，坚持知识、能力、素质协调发展和综合提高的原则，使学生在德、智、体等方面都得到全面发展；要处理好思想与业务、理论与实践、学习与健康等方面的关系；要培养学生既有良好的思想道德素质、强烈的民族自豪感和社会责任感，又有为社会主义现代化建设服务的本领，以及健全的心理和健康的体魄。

第二，拓宽的原则。教学培养计划的制订要坚持拓宽专业面向，改变本科教育内容偏窄、偏专的倾向；要加强包括自然科学和人文社会科学在内的基础知识、基本理论、基本技能的教学及基本素质的培养和训练，注重对学生创新能力的培养；要有利于培养学生获取知识、提出问题、分析问题、解决问题的能力；要有利于创新能力的培养，使学生具备一定的从事本专业业务工作的能力和适应相邻专业业务工作的能力和素质。

第三，整体优化的原则。要处理好本科教育和研究生教育之间的关系，进一步明确本科教育的培养目标；要达到这个目标所需要的基本知识框架、学时、学分的基本要求，根据培养目标构建融会贯通、紧密配合、有机联系的课程体系；要改变课程内容陈旧、分割过细与简单拼凑的状况，课程内容既要避免脱节也要避免不必要的重复，要逐步形成单门课程系列化、相关课程模块化、知识结构有机化。对于同一大类专业的共同基础课程，要加强内容和体系上的统筹和协调；要处理好理论教学与实践教学的关系，加强理论联系实际，明确实践教学目标，丰富实践教学内容、方式和途径，使教学、科研和社会实践有机结合；要处理好课内教学与课外指导的关系，通过优化课程结构、改革教学内容、改进教学方法、引进现代化教学手段等途径,适当减少课内学时,加强课外指导,为学生的自主学习和独立思考留出足够的时间和广阔的空间,使课内与课外、校内与校外的教育活动形成有机整体。

第四,突出特色的原则。在努力保证人才培养基本质量的同时,办出特色、办出水平。新的教学培养计划在对本科人才培养目标上要符合国家的基本要求,更要体现学校的办学特色。为了适应社会对人才的多样化需求,各学校要"解放思想,实事求是",深入地研究所办专业在 21 世纪经济建设和社会发展中的地位和作用,根据各专业相对应学科与社会经济发展水平和远景规划以及毕业生的服务面向等实际情况,科学地确定各专业的培养目标和培养模式,努力将各自的办学势和特色反映在教学培养计划中;要加大选修课的力度,即加大选修课学时占总学时的比例,增加选修课的种类与数量,结合学分制、主辅修制、双学位制等教学管理模式,为学生提供多种教育形式和机会。

第五,实践与创新的原则。教学计划的修订要有利于培养学生的创新能力,鼓励学生个性发展,将学生个性发展与社会责任高度统一起来;教学计划的修订要强化实践教学,学生的实验教学要成为独立的教学体系,改变过去那种印证性实验的做法,要从提高学生创新能力、工程能力出发,重新建立实验教学大纲,要让学生接受更多综合性实验的训练,给学生创造选修实验的条件。

第六,柔性的原则。制订教学计划要根据社会需求在宽口径的专业内设置柔性的专业方向和选修课程,给学生提供更多的学习主动权,让学生根据自己的情况选择喜欢的课程和专业方向,将因材施教落到实处;积极为学生提供主辅修、第二学士学位及课外学术活动等多种教育形式和机会,为学生个性发展提供平台。

4. 人才培养的课程的整合

(1)课程的设置和课程体系的优化

关于课程的含义主要有三种:一是"学科"说,认为课程有广义、狭义之分,广义的课程指所有学科的综合或学生在教师指导下各种活动的总合,狭义的课程指某一门具体的学科;二是"进程"说,认为课程是一定学科有目的、有计划的教学进程,不仅包括教学内容、教学时数和顺序安排,还包括规定学生必须具有的知识、能力、品德等的阶段性发展要求;三是"教学内容"说,将列入教学计划的各门学科和它们在教学计划中的地位、开设顺序等总称为课程。对比可知,培养方案中的课程设置更接近于"教学内容"说的课程含义,课程是把教学内容按一定顺序组织起来的一个系统,是课程体系。

原有工科院校课程体系存在几个突出的问题和弊端，随着工程教育的改革，特别是"面向21世纪高等工程教育教学内容课程体系改革研究"的逐步深化，原有课程体系存在的问题和弊端逐渐暴露出来，主要表现在以下三方面。

①课程体系分类混乱无序，教学内容结构分布系统性不强，过分重视显性课程而忽视隐性课程与第二课堂，导致显性课程内容不断膨胀，既加大了课堂教学的压力，也人为地弱化和损害了学校第二课堂与隐性课程的教育功能，不利于教学改革的深入发展和学生的自学能力、创新精神与综合素质的提高。

②课程体系比例结构失调，教学内容类型畸变。理论课程与实践课程比例结构畸重畸轻，实践教学环节薄弱，甚至流于形式，形同虚设，从而不利于培养提高学生的实践能力和创新能力。

③课程结构层次体系紊乱，教学内容体系结构性缺损，过分强调学科教育体系的系统性和专业知识结构的完整性，而忽视人才培养目标体系的系统性和高等教育过程的完整性，其结果势必影响到专业人才的全面发展和综合素质的系统提高，甚至还会造成人性扭曲和畸形发展等严重后果。

为此，针对课程和课程体系存在的不足和弊端，必须充分考虑学校的定位和服务面向及人才培养模式改革的系统目标要求，要高度强调课程体系和教学内容的内在联系和整体优化，将显性和隐性及第二课堂的课程通盘考虑，以培养的人全面发展为目标，设计能够综合提高知识、能力、素质的，具有创新性的，符合时代要求的专门人才。

课程改革具有继承性、广泛性、艰巨性和持久性的特点，课程的设置要体现国家的利益，所以课程的整合要在符合国家利益和体现培养目标的基础上进行整合，不能进行就课程而课程的盲目改革；要有克服困难的决心和毅力，要有进行持久战的思想准备。

（2）课程及课程体系优化的保障

课程及课程体系是动态的，随着社会、经济和科技的发展而不断进行更新和优化。随着大众化高等教育的来临以及知识经济对高等教育提出的挑战，如何保证课程及课程体系的合理性、系统性和先进性，将是高等教育长期艰巨的任务。

第一，要继续转变教育教学观念，不断深化教育教学改革，用先进的思想武装头脑，要紧跟时代的发展，与时俱进，不断调整和满足社会的需要和人类发展的需要。

第二，提高教师的素质，从事高等教育的教师既是课程的决策者，又是课程的编制者和实施者，课程的变革，就一定的意义而言，不仅仅是变革教学内容和方法，而且是变革人，只有将人的素质提高了，才能保证不断地提高课程的质量和保证课程的先进性。

第三，要注重组织和建设工作，对课程建设工作要增加投入力度，要积极进行研究和指导，将课程建设的成果及时地转化到教学过程中，使学生能够接受新的知识、思想、技能。

（二）教育资源的整合

教育教学工作是一种特殊的社会活动，有其自身的规律，也符合投入产出原理。没有足够的、高水平的资源投入，就不可能产出高规格、高水平的人才。教育资源既包括师资、教学条件、教学经费、学生生源等有形的硬件，又包括办学的指导思想、教学管理、教学质量监控和保障体系、健康良好的学习和学术氛围等无形的软件。教育资源的内涵具体如下。

（1）知识资源。知识资源包括教材、图书、报刊、资料软件、校园网等。知识资源是办学的基础资源，所以在教学工作中，要始终给予很大的关注。

（2）智力资源。学校的智力资源主要是师资队伍，应具备专业（学科）结构完善、学术梯队合理、高水平教师呈网络状结构的教师群体。师资队伍的基本要素为：数量、结构、水平（尤其是带头人的学术水平）。

（3）设备资源。理工科类的办学需要有充足的设备保障，要确保生均设备值基本数量并有持续上升，以确保教学运行和开出课程教学大纲规定的实验，还要保证开出选修实验、设计性实验、开放性试验等。

（4）设施资源。设施是正常教学科研活动的物质条件，也应始终给予重视，不能懈怠。设施资源包括教室、实验室、体育场和体育设施等。

1. 教育资源配置的优化

资源的优化含有两方面的意义：第一是提供一流的教育硬件资源，包括一支结构合理、素质较高的师资队伍，充足的教学设备，充裕的教学设施及图书、资料软件、校园网等；第二是要营造一个良好的学习环境，包括有正确的办学指导思想、良好的学习氛围，科学、严谨、规范、高效的管理和质量监控、保障体系等。如何进行教育资源的整合主要体现在以下方面。

（1）树立正确的办学指导思想

树立正确的办学指导思想，就是要树立和落实人才培养的中心意识、教学改革的核心意识、教育投入的优先意识，并且不断地增强办学的成本效益意识和人才培养的质量意识，切实加强和落实"教书育人、管理育人、服务育人"的大教育观念，保证教学资源的合理配置，实现投入产出的最大效益。

（2）建设一支高质量的教师队伍

师资队伍的高质量是指教师队伍数量充足、结构合理、水平高。关于这一教育资源的整合，要使广大教师从日常繁琐的教学工作中解脱出来，有计划、分阶段地进行更新知识的培训，要将先进的教育思想、教育观念和教学改革成果根植在广大教师的头脑中，使其自觉地将先进的文化、最新的科技知识传授给求学者；其次，教师本身也要自觉地深入到教学改革中，冷静地思考一些教育教学的深层次改革问题，不断提高自己的业务知识和教学水平。

"回归教学"是整合区域性理工院校教师队伍的良方，尤其是基础课程和技术基础课程的教师，要提高教学水平，只有"回归教学"，这是区域性理工院校提高生存能力的根本。一味追求高层次、不切实际地与重点院校（生源质量高、经费投入充裕）相比，是不切实际的。

"回归教学"一个重要的方面是要进行教学方式方法和教学手段的改革，充分利用现有教学技术来提升教学质量。教学方式方法的改革和现代教学手段的充分利用，对于提高高等教育质量和人才培养质量，可以起到事半功倍的效果。在日新月异的知识经济时代，若依旧沿用传统的教学手段，将很难提高教学效益，所以，教师的现代教学技术应用水平必须尽快提高。此外，教师队伍的整合还包括教师整体素质的提升，教师的一言一行对学生起着表率的作用。所以教师要在业务上、行动上、思想上严格自律，做到为人师表。

（3）营造良好的学习氛围

良好的学习氛围是培养高水平人才的条件，主要有：思想教育氛围；业务学习氛围；素质教育氛围；校园文化氛围；严谨管理氛围。

（4）实行二级管理充分利用现有资源

在高等教育大众化的趋势下，政府投资高等教育的经费越来越多，同时，也给政府带来巨大的财政负担，因此，政府鼓励高等学校多渠道筹资，不等不靠，自力更生；政府的管理职能也逐步向宏观管理过渡，通过对高等学校适度放权，由学校自筹资金依法办学。在办学资金不很充足的困难条件下，高校只能一方面争取银行贷款和争取企业支持、私人捐赠来扩充教育资源；另一方面要充分利用现有资源，实行两级管理，充分调动学院和全体教职工的积极性，更好地发挥其利用价值。

四、中国高校人才培养模式的外部发展机制

对高校人才培养模式发展进行规范，除了建立内部发展机制外，还应创建良好的外部发展机制，只有内外部发展机制同时建立，才能使人才培养模式向着科学、规范的方向发展。外部发展机制主要涉及市场、政府、企业组织、社会团体等多个主体，如市场调节力量的加强、政府管理职能的转变、外部评估约束等。

（一）市场对人才培养的调节作用

1. 市场对教育的主要影响

教育总是依附于一定的经济并为一定的社会政治经济服务，因此，经济的发展必然影响到教育的发展。经济的市场化导致教育产品——人才的市场化，而政治经济的发展原则需要高等教育实行大众化。就人才培养的需求和人才培养的规律而言，人才的大众化与人才市场化的结合，使得教育必须实施多样化，只有多样化才能满足市场的需求，反之，政治经济的发展，市场对人才的需求也必然对人才培养模式多样化起到一定的调节作用。总之，经济的市场化导致人才需求的市场化，政治经济发展需要高等教育必须大众化，为了适应人才的市场化及教育的大众化，高等教育的人才培养模式必须多样化。

政治经济发展是教育发展的基础，不仅影响到教育发展的速度，也影响到教育模式的变革，当前，高校培养的专业人才必须与经济全球化竞争所需要的人才相适应，教育培养模式必须与国际接轨，否则教育将会成为经济发展的潜在障碍，也会使学校失去生存的能力，因此，学校必须进行培养模式的改革，方能适应经济全球化的发展趋势。社会是一个大市场，社会政治经济的变化，将对人才产生多样化的要求，尤其是随着经济全球化及我国市场经济体制的建立，出现了新的双向选择，即人才市场对受教育者的选择和受教育者对教育的选择。因此，教育只能以其自身的多样化，适应市场需求的多样化。

2. 复合型人才的培养

根据市场的需求与变化，高校要不断推动人才培养模式的多样化，培养复合型人才。

高校人才培养模式多样化的基点是满足社会政治、经济发展的需求，反过来，它必须根据市场经济的需求以及高等教育大众化的需求制定自身的发展策略。在这一大前提下，高校要因地制宜，确立适应区域经济发展需求的办学模式，

避免盲目模仿一流大学的办学模式，要从本校和本地区的实际出发，准确定位，坚持和发展地方特色。

市场对人才多样化的需求，对高校的教育教学改革起到了极大的促进和调节作用，我们必须把握好教育与市场经济相互促进的辩证关系，及时进行教育教学改革，以适应市场经济发展变化的需要。

（二）政府管理的协调力

1. 政府行为协调力

我国传统的教育管理模式，是政府代表国家实行统一管理，在招生计划、专业及课程设置上不灵活，影响了高校自身的发展和办学活力。政府的协调力是不可忽视的，要充分发挥市场机制的作用，行使政府的协调权力，理顺政府、社会和学校三者之间的关系；要建立既适应社会经济、政治、科技、文化等发展的需要，又符合高等教育自身发展规律的新体制，即实现建立和完善政府统筹规划和宏观管理、学校面向社会依法自主办学的总目标。

由于市场经济的无序性和竞争性，政府在协调高等学校的发展和改革过程中的作用是不可缺少的，各种培养模式的推行都需要有较好的环境保证，如实行学分制的管理模式、学生自主选择专业、提前或推迟毕业等，必须有主管部门的统筹；实施高等教育大众化，必须以高等教育社会化为前提，改革当今社会有使用人才的权力而没有培养人才的义务的不正常的状态，这种状态的改变，要靠政府的协调和确立一定的法规；学校实行本硕连读、硕博连读的培养模式时在招生问题上必须经政府主管部门的批准；为实施培养模式的多样化，涉及学校与社会，学校与企业间的关系，必须通过政府有关部门的协调，才能得以实施。但政府的协调要有别于行政领导，不能对学校实施过多的干预，政府的协调应限于宏观调控，减少微观干预。

2. 实现教育管理的协调力

健全教育法规，实现教育管理的协调力。20世纪90年代以来，我国加快了教育立法的步伐，先后制定了《中华人民共和国教育法》《中华人民共和国高等教育法》《中华人民共和国教师法》等法规，对教育的基本制度、教育的管理体制及高校内部的管理体制、高校的人才培养、高等教育的投入和条件保障等方面进行了立法，通过立法规范我国的高等教育，实现教育管理的协调力。尤其是在中共十六大精神指导下，要进一步贯彻实事求是及与时俱进的思想，真正理顺政府与学校的关系，实现政府宏观调控，学校依法自主办学，形成推进高校人才培养模式多样化发展的良好格局和合力。

（三）外部评估的约束力

1. 评估指标导向作用

高校人才培养模式的多样化，需要分别不同类型不同层次的学校，按照不同的指标体系进行评估，以促进各类不同院校的发展。教育部为了对全国普通高校进行宏观管理和调控，采取了一些必要的行政手段，定期或不定期地对全国高校进行教学工作评估，根据不同的办学年限、办学层次，分为合格评估、随机水平评估、优秀评估三种。

评估的共性指标体现在：办学指导思想、师资队伍、教学条件与利用、教学建设与改革、教学管理、学风、教学效果及特色项目八个方面，而二级指标内容及主要观测点以及每个二级指标的权重系数，则根据不同层次、不同类别的院校而有所差别。

评估指标的差异反映了教育部对不同层次、不同类别的院校办学的基本要求不同。通过评估，对全国各高校自身的定位及办学思路是否准确、人才培养模式是否科学合理、措施是否得力等提出意见和建议，同时，对办学特色给予评议，这一做法，对我国各类普通高校起到了指导、促进作用，使其办学方向更加明确，使学校的定位更加准确，人才培养模式更加适宜本校的类型和层次，有力地推动了学校教学基本建设和教学改革的进程。

教学水平评估指标体系对高等学校人才培养有很好的指导作用和极强的约束力，它鼓励人才培养模式的改革，但这种改革必须遵循教育和人才培养的规律，必须符合我国的国情，必须有利于人才培养质量的提高。在这个大前提下，要防止"千校一面"状况的发生，各学校多样化的人才培养模式要依据各学校的校情、办学思想、培养目标和学校的定位办出自己的特色，因为，在评估指标体系中明确规定没有特色的学校不能评优。

在评估过程中，专家非常重视学校的培养模式改革，更重视培养模式的改革要符合本校办学思想与定位，换言之，各学校所处的环境不同，即办学条件、办学历史、生源情况、服务面向、培养目标不同，培养模式也应不同，这不仅为学校实施培养模式多样化确定了基准，也是对学校实施培养模式多样化的一种约束。

2. 建立社会评估机制

学校培养的人才都将成为社会的一分子，他们将在社会的大环境中生存和发展，因此，社会及主管部门对学校培养的人的思想品德、理论知识、工作能力、综合素质等方面的评价是对高等教育人才培养质量认可与否的根本依据，而他们在评价方法、态度、质量标准、需求等方面的差异性对高校人才培养模式的多样化发展有极大的促进作用。因此，不断建立完善评估标准，制定必要的评估制度，尤其是对各种环境模式进行跟踪调查，进行定期不定期的评估，以此促进培养模式随着时代的发展不断变革，使人才培养模式的多样化改革不断发展，完善教育主动适应市场与社会需求的外部调节机制[1]。

第三节　国际化背景下中国高校多样化人才培养模式构建

人才培养目标是学校对教育过程中所培养的人才基本规格的原则规定，是人才培养模式改革的主要依据。高等院校要从社会的需求出发，结合本地区、本校的实际，科学准确地定位，合理地设计人才培养目标，这对于明确学校的办学方向、建立合理的教育制度、确定教学内容和教学方法、科学地组织管理教学过程都起着决定性的指导作用。

当前，面临着知识经济时代的到来以及经济全球化的加剧，高等学校应该科学准确地确立新的人才培养目标，紧紧跟上历史发展的步伐。

一、国际化背景下高等教育的改革发展

国际化背景下高等教育改革与发展的要求主要表现在以下方面。

（一）高等教育主动适应市场经济发展需要

人类社会的发展要经过自然经济—市场经济—直接社会化经济（商品经济）的由低级到高级的三种经济形态。现代资本主义市场经济已有数百年的实践，已形成了国家干预下的经济形式，而不是纯粹状态下的市场经济。在现代市场经济的条件下，高等学校作为复杂劳动力和科技产品的生产基地，不可避免地体现出市场经济的某些特征。

当前，随着高等教育在国家经济、政治、科技、文化等竞争中的地位日益加强，国家对它的宏观调控力度将明显加强，高等教育本身所固有的市场性质也将明显表现出来，并将逐步从对国家的依赖更多地转向对市场的依赖，市场

---

[1] 马勇，刘俊玮，马克力，等. 面向东南亚云南教育国际化人才培养途径探究 [M]. 昆明：云南大学出版社，2016.

对高等教育的介入与参与也会日益扩大。因此，人们在确立人才培养目标时要主动地适应市场经济发展的需要。

（二）高等教育同科学研究与生产实践更加紧密

现代高等教育不仅有培养人才的教育功能，而且具有不断创造新知识、新技术的科学研究功能，同时，还有为经济发展提供劳动力和科技成果的服务功能。随着高等教育从社会的边缘进入社会中心，高等教育的服务功能将越来越突出，社会、家庭、个人对高等教育的认同和评价，都将越来越多地取决于高等教育所提供服务的质量、数量和类型，主要表现为提供社会经济建设所需要的各类人才、科技成果、智力支持等。因此，当前，一方面，教育、科技、经济的一体化进程大大加速，高等教育必须在服务社会经济中体现自己的价值和合理性；另一方面，当前社会急需的人才是既懂理论知识，又有较强实践动手能力，能够解决经济活动和生产活动中的难题，具有应用研究和开发研究能力的复合型人才。所以，高等教育必须主动地融入生产实践，要把科学研究与生产实践紧密地结合起来。

（三）高等教育国际化的趋势所向

经济全球化已成为不可阻挡之势，伴之而来的还有技术、贸易、文化、教育等的全球化，高等教育正在恢复其古老的国际性，学者、留学生之间的跨国交流正日渐频繁。在这个过程中：一方面，通过高等教育之间的跨国交流与合作，在办学思想、管理体制、人才培养、科技发展诸方面互相借鉴、互相渗透；另一方面，各国的高等教育为了保持与生产力发展、科技和社会发展相适应而不断改革与创新。因此，高等学校的发展不能脱离国际大环境，要应对经济全球化，就必须在思想上增强国际意识，要积极推动高等教育与国际接轨，学习借鉴西方发达国家的高等教育经验，提高我国高等教育的质量和办学水平。

（四）高等学校自身的改革发展

随着我国高等教育管理体制改革的不断深化，我国政府的高等教育管理职能正在发生重大转变，正从以前的"全能管理"转向"有限管理"，从微观管理转向宏观调控，目的是为高等学校提供更大的办学自主权。与之相适应，中央各部门大多已不再办学，基本形成二级教育管理体制，多数部委属院校已经划转地方，只保留了很少部分的部委院校。

但是，由于我国高等教育长期沿袭苏联的模式，强调专业对口、人才培养目标统一、培养规格单一，形成极具共性的人才培养目标，例如，工科人才培养目标大多是定位在培养在工程领域从事设计与研究的高级专门人才，导致培养的人才呈现出知识面狭窄，适应性不够强的状况。

20世纪90年代，随着科学技术的迅猛发展引起经济结构、产业结构和社会结构的巨大变革，社会对高等学校培养的人才需求呈现出多规格、多类型、多层次、综合化的态势，对人才的综合素质也提出更高的要求。各高校为了适应社会的需要，也积极开展人才培养模式的改革探索并取得一定成果，但就人才培养模式改革的总体而言，由于存在着盲目追求高层次、升格、升级、向重点院校看齐等倾向，导致不同学校同一专业的培养目标与模式、课程体系仍然大同小异，尚未有根本的突破，与形势的要求尚有较大距离。

二、国际化背景下高校多样化人才培养模式的类型

（一）高校人才的整体智能结构分类

1.通才教育模式

所谓通才，指具有多方面的知识、能力，各方面都得到发展的人才。通才教育指给本科生必要的人文、社会科学和自然科学知识基础，着重培养做人的基本素质及今后参与工程实践的基本知识和基本能力。它强调要重视对学生文理等多方面的基本知识和技能的教育和完整而健全的人格的培养，以及进行学科性广博知识型的教育。这是一种未来型的教育模式，它要求学生在本科阶段掌握较宽的知识面、系统而广博的知识，具有较强应变能力，能较好地适应毕业后就业的各种选择和融多门学科知识为一体的现代社会的需要。

这一模式有利于学生个性的发展，有利于学生发展自己的才能，成为创造型、自信自立的人才，但它要求社会能为他们提供良好的后续教育（研究生、企业培训）条件，使他们能成长为高级专门人才。美国、日本、英国侧重这一模式，我国的研究型大学用90%时间为本科生打下广博而坚实的基础。

2.专才教育模式

所谓专才，即在某一方面或某一领域具有专长的人才。专才教育指给本科生提供掌握某一专业领域的实践与研究工作的教育。这是一种现在型的教育模式，它强调要重视对学生进行某一学科、某一专业专门知识与技能的训练，强调理论联系实际，注重培养某一领域的独立工作能力，本科毕业后能尽快地承担工程实践与研究工作任务。这一模式培养的人才专业性很强，比较适应生产结构分工较细的具体工作岗位，能够胜任本职工作。因此，在培养计划中较突

出专业性，基础知识也偏向于为专业服务，按不同的专业设置相关的基础课程。德国、法国等国家偏向于这一模式，我国一些教学型院校也采用这一模式。

3. 通专才结合的"通识"模式

这种模式指在文化科学基础扎实、知识面广的基础上，以某一专业知识为载体，培养学生既能从事某一专业领域的工作，又具有较强社会适应性的人才培养模式。当前众多国家和地区的培养模式正根据各自国情、区情，吸收通才、专才的优点，互相借鉴，培养专业口径较宽、文化科学基础较扎实、知识面广、专博统一、适应性强的人才。例如：新加坡实施通才与专才教育并重，进行博与专相统一的均衡教育；国内如清华大学、北京师范大学等众多高等院校也正在探索这种培养模式。

4. 宽基础复合型的培养模式

宽基础复合型的培养模式是国内许多地方院校积极探索的一种新的培养模式，它是为适应我国社会主义市场经济体制的建立对人才提出的新要求而产生的。宽基础指本科生必须具备本学科较扎实的基础理论及必要的人文社科知识，牢固打下广博的学科基础；复合型指学生具有两个或两个以上学科或专业（专业方向）的知识与技能，具有能跨学科（专业）工作和研究的能力。这一模式的产生是由于地区性理工学院经过几十年的发展大多成为以工为主的多科性、综合性大学，为这一模式的开展创造了必要的实践条件。经过这一模式培养的毕业生深受社会的欢迎，具有较强的适应性和创新性。

（二）高校人才的智能水平结构分类

1. 英才培养模式

英才培养模式指以培养从事基础科学研究、新技术研究的学术型人才为目标的培养模式。学校对少数拔尖的本科生采用单独开班、单独授课、个别指导等方式，实施英才教育。为他们提供优惠的培养条件，配备高水平的导师，按理科要求打好数理化、外语、计算机基础，通过严格的科研能力训练和社会实践锻炼，为他们成才营造最佳氛围。

当前，针对大众化高等教育带来的教育质量下降、教育资源紧张、高学历贬值等弊端，世界各国都采取各种措施维护精英高等教育的应有地位，如：美国通过高等学校的分层，使整个高等学校系统成金字塔型分布，把精英型的大学置于金字塔的顶端，由这些大学来培养社会所需的英才，而由处于金字塔中下层的社区学院、技术学院、州立大学等培养各种应用型人才；新加坡为"杰出人才""聪明人才"开设"荣誉班",提供各种优惠培养条件,实施英才教育,培养了大批领导型人才;国内的部分高等学校如北京大学、福州大学等也在积极尝试英才教育模式并取得很好的成果。

2. 优秀人才培养模式

优秀人才培养模式指培养具有较强基础和发展后劲、知识面较宽的高级专门人才的模式。学校对优秀学生(在地方院校中指高考重点录取线上的新生)采用单独组班方式,在公共基础课中,强化基础、提高要求;在高年级组织他们介入教师科研,或在导师指导下开展科技创新活动,使他们不仅具有学科专业知识与能力而且具有较强的实践能力和创新意识,为今后成才打下坚实的基础。

3. 应用型人才培养模式

应用型人才培养模式指以培养主要面对地方、面向基层企业的具有一定基本理论和较强工程实践能力,能从事设计、制造、运行管理的"实用性"工程师和高级技术人员为目标的培养模式。在地区性理工科院校中,对一般本科生大多采用这一模式,在掌握专业基础知识的基础上,着重加强工程实践能力的培养,提高解决工程实际问题的能力。

(三)高校人才的培养过程分类

1. 教学科研结合型模式

教学科研结合型模式指在本科生培养过程中,将学生的科研能力培养有机地贯穿在教学过程中,使学生在本科阶段受到科研基本训练,加强创新精神和动手能力的培养,为今后的成才打下基础。这种培养模式越来越受到广泛的重视,各国的高等学校都已经意识到加强本科生科研能力培养的重要性,有许多世界知名的高等学校专门设立了本科生科研机构或者科研计划,如美国密歇根州立大学的"科研推广中心",加州伯克利大学的"本科生研究办公室",麻省理工学院的"本科生研究工作计划"等。此外,像哈佛大学、剑桥大学、耶鲁大学等世界一流大学也十分强调教学与科研相结合。加强本科生科研能力的培养也引起了我国许多高等学校的重视,部分高等院校在尝试推动教学与科研相结合。

2. 厂校结合型模式

厂校结合型模式指学生在学校接受专业知识的基础上,安排一段时间在工厂、企业接受强化实践训练，为社会企业培养充足的应用人才。许多工业化国家高校采用这一模式，如德国的学徒制模式和"二元制"模式就是一种典型的厂校结合培养人才的模式。这种模式要求工厂、企业、公司具有较好的教学培训环境与条件。目前除高等职业教育外，国内高校本科教育由于条件限制，较少采用这种模式。

3. 产学研一体化培养模式

产学研一体化培养模式指本科阶段实行学校、科研单位、工厂企业三结合的培养模式，使学生全面接受专业教育、科研训练及工程实践训练。这种模式在美国、日本较为普遍，在我国国内也有部分院校开展这一试点。

产学研合作模式有很多具体的做法，通常包括互设联络办事处、建立大学—企业研究联合体、发展应用研究所、创办合作研究中心、建设科学园或者高技术产业带等。产学研合作对于加速人才培养进程，提高人才培养质量有重要意义，通过这种途径，大学可以从民间企业招聘教师，这些教师可以为学生带来实践的东西，这些东西是课堂和书本上无法得到的；大学的学生可以去企业实习，提高实践技能；对企业而言，企业的科技人员可以到大学进修，可以聘请大学教师到企业讲学，为企业提供理论指导、信息咨询等。总之，这种方式对于产学研各方而言都是一个"双赢"的过程，因此，这种模式已经引起了很多高等学校、企业、政府、科研机构、社会团体等的兴趣。

4. 合同制培养模式

合同制培养模式指本科生在培养过程中，学校与用人单位签订人才培养合同，学校直接为企业培养岗位工作人才，这一模式主要盛行于俄罗斯，在我国少数本科院校也采用这一模式。

三、国际化背景下高校多样化人才培养模式的原则

（一）开放性原则

当前，面对高等教育的国际化与市场化，高等教育正从封闭走向开放，从社会的边缘走向社会的中心，其人才培养模式的构建也必须遵循开放性原则，既要认真总结当前本校在人才培养模式改革实践中取得的经验，也要学习国内其他高校在这方面的经验，还要大胆学习、借鉴与利用资本主义市场经济模式下形成的西方发达国家的人才培养模式、工作运作规则和管理经验，在此基础上，结合本校实际，积极探索和建立适合社会主义市场经济需要、符合高级人

才成长规律、有中国特色的人才培养模式。

（二）教学与科研结合

教育的基本功能是促进人的发展和社会的发展，并通过培养人的教育活动来对社会发展起作用，而培养人的活动一般是由它的专门机构——学校来完成的，所以，任何学校都是以培养人作为它们的基本职能。但是，高校是知识密集、学者集中的地方，又有完备的图书资料、仪器设备以及广泛流畅的信息交流，这就决定了它除了培养专门人才之外，还必须承担发展科学、开展社会服务的任务，所以高等学校本身必然是教学与科研结合的文化组织。

高等学校教师是执行高校三大基本职能的主力军，教师只有通过参加科研不断更新自己的知识结构、提高学术水平和教学技巧，才可能更好地完成培养人才的任务；同时，教师通过参与将科研成果转化为生产力的科研推广和咨询活动，才可能更好地为社会服务。所以，高校教师在承担人才培养任务的同时，必须积极开展科学研究。

当前，社会对人才素质提出了多样化的要求，尤其对创新精神和实践能力的培养提出了特别的要求，在这种背景下，大学本科生不仅要从教师那里接受前人的知识，还应当通过参加科研、创新活动，不断增强创新意识，培养求真务实的探索精神并增强实践动手能力，这就要求新世纪的理工科大学生在完成基本知识技能培训任务的同时，还应当积极参加科研与创新活动。因此，在构建新世纪多样化的人才培养模式时必须重视本科生培养过程中教学与科研的结合。

（三）服务性原则

高等教育的三大功能之一是服务功能，随着高等教育在政治、经济、文化、科技等的发展中发挥越来越大的作用，大到国家民族，小到单个个体，都对高等教育有着越来越强烈的需求，这种广泛的需求反过来又刺激了高等教育服务功能的发展：一方面，高等教育必须根据社会的需要，通过培养大量各级各类合格人才来促进社会的发展；另一方面，高等教育要通过开展科学研究和社会服务活动，为社会发展提供必需的知识、科技、信息等方面的成果。

例如，地区性理工科院校大多是地方政府根据本地区经济建设的需求而建立的，它们的学科、专业设置与地方国民经济建设结合紧密，覆盖了地方上绝大多数支柱产业，其人才的层次、数量与就业都具有服务地方的特点。

服务性原则应包含两个方面的内容：一方面，建构人才培养模式要坚持以人为本，服务于人才的成长，为人才成长营造良好的氛围。这就要求充分尊重学生的个性发展，确立学生在教学过程中的主体地位，充分调动学生学习的主动性，促进学生整体素质均衡、和谐地发展。另一方面，要坚持服务于社会的需要，为地区经济发展培养大批急需的高级专门人才。由于教育培养人才存在滞后性，因而在服务社会时，既要重视地区经济建设的当前需要，也要重视为地区经济的长远发展做好人才储备工作。

四、国际化背景下高校多样化人才培养模式的保障

建构人才培养模式是一项牵一发而动全身的系统工程，改革的实践与深化需要有良好的环境条件和保障体系。

（一）扩大高校办学的自主权

随着我国政府的职能从"全能政府"向"有限政府"转变，高等学校对政府的依附关系将逐步减弱，高等学校越来越成为自主运行的独立法人实体，它们将享有更大的办学权。进一步扩大高校的办学自主权，主要包括以下方面。

1. 扩大高校人事自主权

高等学校的人事任免权一般包括干部任免权、用人权、职称评审权等，目前，有的重点大学如北京大学、清华大学等在干部任免、用人、职称评审方面享有较大的自主性，但是，广大地方高校和一般高校却没有享有这样的权力，因此，应该积极扩大高校在这些领域的权力。在干部任免权方面，处级及以下干部应该由学校自主决定，上报备案，以免久拖不决，影响工作的顺利进行；在用人权方面，应可以按规模确定学校定编总数，实行工资总额承包，给学校自主确定在编数及人员进出的权力，在人事指标、工资级别、户口关系等方面给高校以一定的自主权，保证高等学校能够引进人才、留住人才并用好人才；在职称方面，很多高等院校由于各种复杂的原因，往往不具有高级职称终审权，这给地方院校的师资队伍建设以及人才的引进带来一定困难，应适当放宽评审权条件或实行双轨制。

2. 扩大高校经费自主权

经费投入的不足已经严重制约高等学校的改革与发展，应该对各种办学形式给予支持，给予收取费用及支配经费等方面较大的自主权。当前，面对大众化的高等教育入学压力，如果没有更多的资金和资源投入，高等学校的办学将难以为继。在这种情况下，高等学校必须享有更多的经费自主权，可以通过各

种合法的途径扩大资金来源，多方面筹措办学经费，比如，可以通过合作办学、对外办学、产业化办学等方式，吸引私人企业、社会团体等投资高等教育，扩大资金来源。

此外，在制定收费标准、工资福利的发放等方面，高等学校也应该享有更多自主权。这样，高等学校就可以通过收取一定的学费，或者收取社会服务费、科研咨询费，甚至通过一定的产业化途径获取商业利润等方式，获得更多的经费收入，从而弥补政府对高等学校经费投入的不足。

3.扩大高校管理自主权

随着高等学校逐步走向产业化和市场化，高等学校将直接面对市场，因而必须按照市场规则行事，而市场的变动往往难以预测，为了有效地应对瞬息万变的市场需求，高等学校必须享有较大的管理权和决策权，否则，很容易失去许多机会。同时，由于区域经济发展的不平衡，各地的高等学校在面对市场竞争时显然有不同的市场策略，如果使用某种单一的、统一的管理模式，难免使高等学校陷入僵化和困境，因此，不同的高等学校应该根据自身的区域特点、办学特色、规模层次等，对学校的发展和改革进行自主管理和自主决策。

当然，所有这些权限的下放并不表明政府对高等学校的放任，就我国现阶段的实际情况而言，政府依然是高等学校最大的领导者、管理者、主办者和资助者，因此，应该发挥政府尤其是省级政府在高等学校办学过程中的宏观调控作用，为高等学校的发展创造宽松的政策环境并指明其总体发展方向；要积极为高等学校的发展提供策略和帮助；同时，要减少政府对高等学校具体事务的直接干预和过度介入。

（二）发挥大学生的主体意识

在建构多样化人才培养模式的改革实践中，要充分发挥大学生的主体意识，这是因为，任何模式的实行最终都要通过学生这个主体来实现，仅有教师的积极性而没有学生的主人翁意识和主动参与，改革是难以获得成功的，这已为近年来的改革实践所证明。

随着我国高等教育逐步步入大众化阶段以及缴费上学改革的实施，学生的主体意识有了明显增强，学生的个人发展需要与欲望也越来越强烈，因此，在构建人才培养模式时要正确处理好个人发展需要与社会发展需要的关系，既要考虑社会发展的需要，又要充分考虑满足学生个人成才的欲望和充分发挥个性的要求。要充分发挥学生的主体意识，应从加强思想政治工作入手，把学生强烈的成才欲望和发展需要引导到正确的方向。

1. 增强学生主人翁意识

学生观是教育工作者对教育对象——学生的身心特点、发展潜能、素质目标及评价标准等问题的看法和观点。现代学生观的核心就是要弘扬学生的主体精神，要以学生为本，遵照学生的身心发展规律，最大程度地发挥学生身心发展潜能，全面提高学生素质，实现学生的主动发展。学生在学习中是认识的主体，是实践的主体，又是发展的主体；主体性是人的本质特征，是人作为社会活动主体的本质属性，这是其他动物所不具备的；人的主体意识和主体能力则构成人全面发展的内在因素。因此，人们必须注意去释放、开发学生的主体性，承认并尊重学生的主体性是开展人才培养模式改革的重要立足点；要让学生从"要我学"的被动状态转变成"我要学"的主动状态，成为人才培养模式改革的积极参与者、推动者和受益者。

2. 调动学生的积极性

积极引导，调动学生主动参与的积极性。在建构人才培养模式实践中，要增大"自由度"，让学生有自主安排、积极参与改革的空间，将一、二、三课堂有机地统筹安排，变"教学计划"为真正的培养计划，开设充分的高级选修课；允许学生跨专业、学科、院系选修；开展各种形式的课外科技活动；参与教师科研，鼓励支持学生撰写科研论文，对于科研成果突出的学生，要给予奖励；开展各种科技、艺术、体育竞赛，以及各种社会实践活动，营造一个宽松、浓厚的成才氛围。

（三）纵深推进教育教学改革

建构人才培养模式只是改革的第一步，实践过程是教育教学改革不断深化的过程，把改革向纵深推进是实现培养目标的重要保证。

1. 建设结构合理的师资队伍

建设一支结构合理、素质高的师资队伍是实践培养模式的重要基础。需要注意以下方面。

（1）在"量"的方面。当前教师缺编的状况进一步加剧，普通院校的师生比已达到 1∶16 甚至超过 1∶20，而地方院校师资的补充还不能满足发展的需要，教师外流或隐性外流的现象也非常突出。

（2）在质的方面。由于普通院校受办学的软硬件条件限制，要引进优秀人才存在较大的难度，要引进顶尖级、能拿到国家级课题的专家就更难，学术梯队断层的状况在短时间内难以得到解决。此外，当前，各普通院校虽然也引进一批高学历的青年教师，但就整体而言，他们的教学能力、实践动手能力以及师德方面都还有待在工作实践中进一步提高。

（3）在结构方面，在结构方面必须采取非常规措施，深化人事制度改革。具体可以采取一些措施，具体见表 5-2。

表 5-2　深化人事制度改革的具体措施

主要措施	具体内容
以转变思想观念为先导，以改革统揽师资队伍建设全局	①树立"大人才"观，不拘一格选拔优秀人才。"大人才"观即凡有能力、有用的，特别是急需的就是人才，要不拘一格识人才、用人才；在人才管理上要树立"突出岗位业绩，淡化身份概念"的思想，以业绩为目标而不是以身份为目标实施可持续发展，让人才脱颖而出，为"小人物"脱颖而出成为冒尖之才提供机会 ②树立"人才共享"观，做到人才"不求所有，但求所用"。要转变人才单位所有制的观念，充分发挥优秀人才的作用，对顶尖级人才应提倡"人才共享"，如对出国留学、业务水平居世界前沿的专家，不一定要他们回到学校，可采用聘其为"客座教授"的方式，既为学校服务，又能继续保持与世界科技发展步伐同步，这样更有利于学校的学科建设；对国内顶尖级专家、院士，可聘请每年来校工作几个月的方式；在高校之间，通过跨校讲学、远程教育、合作研究形式，实现人才的共享 ③树立"两条腿"观，把积极引进与自力培养相结合。在确定引进对象时，要着眼于学科带头人和青年学术骨干，要加强对引进人才的论证工作，既要有真才实学，又要与学校学科建设紧密相关，防止盲目引进造成不良后果。对地方院校而言，要改善师资队伍总体状况，更要着力于在职培养，要充分挖掘本校的人力资源，创造各种有利条件，促进本校中青年教师迅速成长，同时，必须处理好外部引进与内部培养的关系，一方面要合理引进新生力量和新鲜血液，另一方面要加强自身的造血功能
加强重点学科建设，营造吸引人才、利于人才成长的良好氛围	地方院校要集中力量扶持本校优势学科、重点学科的发展，以重点学科带动其他学科的发展，实行"非均衡"发展战略，提高学校及学科的综合实力。这不仅有利于师资队伍水平的提高，而且可以"筑巢引凤"，为高级人才的引进创造良好的环境
采取有力措施，加速中青年教师的成长	建设一支年富力强，积极向上的中青年师资队伍，是地方院校发展的重大战略举措，要从本地区、本校实际出发，制定"中青年骨干教师培养规划"，实施有效的师资队伍建设工程，为他们的成长提供快捷通道；通过举办教师进修班的形式，鼓励青年教师在职攻读研究生高级学位课程，以同等学力申请硕/博士学位，尽快提高地方院校师资队伍的学历层次；此外，要重视青年教师过好"教学关""实践关"，推行"双师制"，使师资队伍能更好 W 适应教学改革的需要
加大学校内部人事制度改革，实行岗位聘任制	切实改善地方院校教师的工作与生活条件，引进竞争机制，稳定骨干教师队伍，促进教师队伍的合理流动；实行"按需设岗、按岗定编"的人事制度，避免"因人设岗，因无人而不设岗"的不良现象，减少资源浪费，合理使用教育资源

2. 深化教学内容改革

教学内容改革是教学改革的核心，也是人才培养模式改革的重点以及难点。就教育改革总体而言，当前已进入教学内容改革的攻坚阶段。虽然已出现一批优秀教材，但教学内容陈旧、滞后于时代发展的问题尚未得到根本解决，与人才培养模式改革要求尚有较大的距离。地方院校在教学内容改革上是大有可为的，除可以采用教育部组织编写的优秀教材，尤其是公共基础课和专业主干课程的优秀教材，使教学内容尽可能跟上时代发展的步伐外，还可以通过多种渠道获得和改进教材，具体如下。

（1）从人才培养目标定位出发，组织力量编写有特色的教学参考书及选修课教材。

（2）积极创造条件，引进有特色的原版教材，推进双语教学，并让学生尽可能接触学科发展最新动态信息。

（3）通过教师的教学与科研的结合，将教师研究成果充实到教学内容中。

（4）组织校际合作，集中力量编写具有地方院校特色、紧密联系生产实际的系列教材。

3. 加快教学方法改革

教学方法是指教师在教学活动中，对学生施加影响，把科学知识传授给学生，并培养学生能力，发展智力，形成一定道德品质和素养的具体手段。

高等学校的教学方法与普通学校相比，具有明确的专业方向性及科学文化发展过程和研究方法的接近性，因此，高等学校教学方法改革应遵循的原则是：使教师在掌握教学方法的共性、普遍性和规范性原理、技能的基础上去追求个性、特殊性和创造性。随着科学技术的进步和教育学、心理学研究的进展，涌现出许多新的教学方法，如"发现法"（也称"发现教学"或"发现学习"）、"问题教学法""案例教学法"等，它们都是有利于学生智力开发和能力培养的优秀教学法。

需要注意的是，教学方法本身并无优劣之分，各种教学方法在教学活动中存在着各自不同的功能和作用，关键在于用怎样的教育思想指导其使用。因此，在开展教学方法改革中，应鼓励教师树立正确的教育思想体系，熟练地根据教学目标、教学内容、教师自身特色以及学生的个体差异去选择最合适的教学方法，去探索或创新出新的教学方法。

高等学校的教学方法改革是在整个高等教育改革背景下进行的，当前世界高等学校教学方法改革的共同趋势是：在教学方法的功能上由传授知识到教会学习；在教育方法指导思想上推行启发式，废止注入式；在教学方法的结构上，由讲授为主到指导学生独立地学习与研究为主。这也是地方院校在教学方法改革中应充分注意的发展方向。

4. 推广应用现代教育技术

推广应用现代教育技术，构建创新教育模式。现代教育技术是指在先进教育思想和教育理论的指导下，应用现代科学技术，通过对教学过程及教学资源的设计、开发、利用、评价和管理，实现教学优化的理论与实践。在一定意义上说，现代教育技术是当代教育的制高点，谁抢占了这个山头，谁就在新世纪中处于有利地位。

由于现代教育技术在我国还处于起步阶段，地方院校与重点院校差距较小，只要我们抓住这一发展机遇，就能在新世纪的现代教育技术领域占有一席之地。创新教育是指以培养具有创造性思维和创造能力的人才为目标所进行的教育活动，创新教育包括教育理念、教育技术、教育方法等的创新，其中，教育技术的创新是其重要方面。应用现代教育技术可以增强学生的创造思维和创造能力，使学生养成积极求异、敏锐的观察、丰富的想象、开拓进取等方面的个性品质，培养学生获取、分析、处理、交流、应用信息的能力。

现代化教育技术的应用，不仅仅是教学手段的变革，就长远发展而言，它必将对教学内容、教学方法及人才培养模式的改革产生深远的影响，在实现"国际型""创造型"人才培养目标上将起着重要的作用。所以，地区性理工院校应充分利用理工结合的优势，抓住当前发展契机，制定发展规划、加大投入、组织队伍，大量采用现代教育技术，如计算机、多媒体、校园网等，推动教育创新的实现，拓宽人才培养模式改革的思路。近年来，不少地区性理工院校在网络教育、课件研制、多媒体应用方面已取得长足的进步，实践证明，在应用现代教育技术、建构创新教育模式的改革上，地方院校是大有可为的。

（四）探索新形势下产学研合作模式

加强高校与社会的联系，积极探索新形势下产学研合作模式。教育与生产劳动相结合，是我国教育方针的重要组成部分，是培养全面发展的合格的社会主义事业建设者和接班人的基本途径。在国际化背景下的高等教育中，它的主要表现形式之一是实现产学研的结合。在构建新的人才培养模式时，要增强学生的创新精神和实践能力，全面提高学生的综合素质，也要求我们必须走产学研结合的道路，尤其是地方院校由于其特殊地位，更应当加强与社会的联系，更积极地探索产学研结合的新路。

当前从总体看，真正开展产学研结合较好的高校还较少，结合的深度也还比较浅，"三结合"还未形成有效的机制。从根本上讲，要使高校在产学研结合上取得更大进展，还有赖于我国经济体制改革的完善，有赖于我国企业活力的增强，有赖于在全社会形成培养人才是全社会共同责任的观念，使全社会共同关心、支持和参与高等学校的改革实践。

当前，我国经济体制改革正向纵深发展，企业正在进行重大的结构调整和改组，多个区域经济中心正在崛起，地区性理工院校必须抓住机遇，密切与社会、企业的联系，通过互惠互利的原则，尽可能地扩大办学资源。探索新形势下产学研合作模式具体如下。

（1）通过举办各种形式的教育，满足社会、企业对人才的需求

在我国企业重组、调整、升级的过程中，对高层次人才的需求明显增大，原有的员工也迫切希望有在职进修提高的机会，这一形势有利于地方院校加强与企业的联系，学校可通过举办各种形式、层次的教育（研究生、本科、专升本、函授、培训班、分校……），满足社会的需要，同时也增强学校的办学活力。

（2）通过共同开展科学研究，为企业排忧解难

充分利用高校知识密集、人才密集的优势，以解决企业生产关键问题为课题，教师与企业科技人员联合攻关；还可组织大学生参与攻关，既可帮助解决企业的困难，又可让师生在联合攻关中得到锻炼和提高。

（3）充分利用毕业设计环节，真题真作，加强学生的工程训练

例如，理工院校的毕业设计环节，是学校与企业、学生与工程实际加强联系的大好时机，可以以工厂、企业需要为课题，教师与技术人员联合指导，让学生在毕业设计环节既得到综合训练，又得到工程实际的训练，同时，通过这一形式，也为企业选拔人才和学生的就业提供一个很好机会，实践表明，这一形式深受学生及企业的欢迎。

（4）成立董事会或产学研结合委员会

这是产学研结合的高级形式，它可以让社会、企业真正介入高等教育，共同制订教学规划、专业设置、教学时数及培养计划，提供经费支持、实习基地，开展科研攻关，签订人才培养合同等[1]。

---

[1]　程静．高校人才培养模式多样化：诠释与对应 [M]．北京：北京工业大学出版社，2003．

第六章　高等教育国际化与创新型人才培养

　　培养创新人才是当前各国教育改革与发展的重要趋势。而高等教育国际化在培养创新人才方面可以发挥非常重要的作用。本章重点探讨创新与创新型人才培养及其关系、高等教育国际化创新人才培养环境的建设、高等教育国际化视阈下创新人才培养的路径。

第一节　创新与创新型人才培养及其关系

一、创新与创新型人才培养的认知

　　创新是以新思维、新发明和新描述为特征的一种概念化过程。创新是人类特有的认识能力和实践能力，是人类主观能动性的高级表现形式，是推动民族进步和社会发展的不竭动力。创新在经济，商业，技术，社会学以及建筑学这些领域的研究中有着举足轻重的分量。口语上，经常用"创新"一词表示改革的结果。既然改革被视为经济发展的主要推动力，促进创新的因素也被视为至关重要。

　　创新型人才指的是富于开拓性，具有创造能力，能开创新局面，对社会发展作出创造性贡献的人才。要有良好的道德修养，具有创新的意志品质；要有很强的自我学习与探索的能力，在某一领域或某一方面拥有广博而扎实的知识，要有敏锐的洞察力以及有较高的专业水平。需要具备人格、智能和身心三方面基本要素。创新型人才的内涵具体如下。

　　（1）有创新的意志品质

　　创新是一个对已知领域进行破旧立新的过程，或者是一个探索未知领域的过程，这个过程充满着各种风险和困难，甚至是要经过无数次的失败，人类文明以及科学技术发展到现在，每一点的进步都是需要不断地努力和坚韧的毅力，并且为了目标能够坚持不懈地奋斗，所以创新型人才应该具备良好的事业心、献身精神和历史责任感。具备了这样一种品质，才能够有在探索的过程中锲而不舍，不轻言放弃，才能构成创新型人才的强大精神动力，最终实现理想的创新效果。

（2）有创新观察和思维能力

创新从某种意义上可以说是突破性的发现，创新型人才要具有敏锐的观察能力和思维能力才能实现这种突破性的发现，所以就要求创新人才能够发现别人所不能发现的事物，并可以将事物和已经掌握的专业知识结合起来。同时，创新型人才也应该具备独创性的和前瞻性的创新思维，才能对事物的判断独特而准确。

（3）有创新知识

知识经济时代的到来使中国高等教育面临着机遇和挑战。知识经济是依靠知识的创新来创造财富的。所以创新是它的核心，而创新的关键在于人才。无论是科技还是经济的竞争，无论是知识还是技术上的创新，归根结底还是要靠素质高的创新型人才，培养创新型的人才才是这个时代的需要，也是一个国家在国际竞争中占有主动的必要条件。

（4）有创新实践

拥有创新精神是科学实践的前提，而实践是创新得以实现的保证，创新和实践两者是缺一不可的，任何的创新都要经过不断的实践活动去检验，只有在具体的实践活动中才能总结经验，精益求精。任何创新的过程都是依据科学、依据事物存在的客观规律进行不断摸索的过程，每一个创新都不是凭空捏造和想象的，因此，具有创新精神的人才必须具有求实的作风和严谨的工作态度，遵循事物的客观规律，从实际出发去进行创新实践。

二、创新与创新型人才培养的关系

（一）创新人才培养为中国自主创新提供人才基础与技术支持

创新型人才是提高我国自主创新能力的基础，为自主创新提供人才支撑和有力保障。没有创新型人才，建设创新型国家的战略目标就无从谈起。科技创新，关键在人才。人才培养，基础在教育。《国家中长期科学和技术发展规划纲要（2006—2020年）》提出"到2020年力争使科技进步贡献率达到60%以上"。为达到这一目标，必须重视创新型人才的培养，发挥创新型人才在中国自主创新中的重大作用。因为真正的核心技术、关键技术尤其是关系国民经济命脉和国家安全领域的技术，必须依靠我国进行自主创新。因此，高校培养的人才质量，决定着我国自主创新的效果，是创新型国家建设的关键所在。

高校参与自主创新是社会与经济发展的客观需要。当前，我国科学技术已经取得了一系列重大的成就，但与国际先进水平相比，仍然有一定的差距。中国要成为创新型国家，必须依靠自主创新，实现从"中国制造"到"中国创造"的跨越。

创新活动不仅高度依赖于科学研究，而且也越来越具有群体性，所以创新已经不再单纯是一种企业行为。因此，加强国家创新体系建设，要建设各具特色和优势的区域创新体系，促进中央与地方的科技力量有机结合，发挥高等院校、科研机构和国家高新技术产业开发区的重要作用，增强科技创新对区域经济社会发展的支撑力度。企业与高校及科研院所联合，是提高我国自主创新能力的有效途径。高校利用自身的人才及资源优势，能为科技创新提供最丰富、最前沿的信息。

随着高校创新型人才培养步伐的加快，其对经济、社会发展的作用以及影响将更加显著，作为科教兴国主力军，高校应当充分发挥其人才及科学研究的优势，为我国自主创新提供技术支持。

（二）创新人才培养为建设创新型国家营造创新氛围

营造良好的创新氛围与培养创新型人才是相辅相成的。良好的创新氛围有利于高校创新型人才的培养。从高校走出的创新型人才走向社会，走向各个工作岗位，在学校接受的创新教育会深刻地影响一个人的职业生涯乃至整个人生，使他们在工作和学习中积极进取、锐意创新，成为各行各业的领导者，进而影响到周围的人和环境，有利于在整个社会形成一种创新的氛围，因此，也就有利于推动创新型国家的建设。

（三）创新人才培养是高等教育的历史使命

高校要把培养一批具有创新能力的人才当作自身的使命和责任。高等教育历来是传播、扩散和创造知识的重要基地，是知识创新的主要动力和源泉。高校学科门类众多，科技专家云集，研究课题广泛，学术思想活跃；人才培养和科学研究相辅相成，便于基础研究与应用研究紧密联系，发挥学科交叉与融合的优势。这些都是高校科技创新和理论创新的独特优势。增强自主创新能力，建设创新型国家这一重大战略决策的提出，为大学强化知识传播和创新的功能，成为科技创新和理论创新的不竭源泉提供了新的契机。推动科技进步和经济社会发展，已经成为高等教育义不容辞的历史使命。

（四）创新人才培养是建设创新型国家的必然要求

一个国家的创新，关键体现在科学技术上。跨入创新型国家行列，至少应具备四个条件：一是创新投入高，国家的研发投入占国内生产总值（GDP）的比例一般在 2% 以上；二是科技进步贡献率达 70% 以上；三是自主创新能力超强，国家的对外技术依存度指标在 30% 以下；四是创新产出高。

上述四个条件汇聚成一个，就是要有掌握核心技术的创新型人才。当前，我国整体科技发展水平已位居发展中国家前列，一些科研领域已达到国际先进水平。

目前，就整体水平而言，中国在科技创新方面与世界先进水平还存在一定的差距，自主创新能力有待提高，专利数量少，高新技术产业所占比例较低等，这些对中国科技、经济的发展及综合国力的提升都有一定的影响。

总之，建设创新型国家，需要宏大的创新型人才队伍，需要高等教育向社会输送大批具有创新素质的人才[1]。

第二节　高等教育国际化创新人才培养环境的建设

一、高等教育国际化创新人才培养环境的要求

创新型人才培养的教育制度环境必须满足以下方面的要求。

（1）有利于营造宽容与理解的氛围

正因为创新活动中蕴含着失败的可能，所以要想造就一大批创新人才，就必须要有包容探索失败的制度环境，要能够让宽容和理解成为一种氛围。

（2）有利于提倡和保护学术自由性

所谓"自由性"，制度环境的自由性，即意味着这种环境能够容纳更多的情感、理念、价值、内容、形式、模式、机制。

（3）有利于创新个性的自由发挥

每一个作出突出贡献的人才，每一个取得创新性成果的科研群体，都是独一无二的。没有个性，就没有人才，就没有创造性，独特个性的存在是主体创新的内在基础。人的个性是一种由体力、智力、思想、情感、意志、情绪等熔

---

[1]　侯丽霞. 中国高校创新型人才培养问题研究 [D]. 沈阳：沈阳师范大学，2011：29-51.

成的复杂的合金，不了解这一切就谈不上教育。由此可见，尊重个性、张扬特长，是创新的基本要求。而在现实生活中，创新人才的个性各异，有的不善言辞，不善交际，甚至不懂人情世故；有的清高、孤傲；有的外向，坦陈己见，喜欢标新立异，不循规蹈矩，不惧怕领导和学术权威。此时，尤其需要制度能够为每个创新主体提供思想自由的环境，允许每个人"放肆"地表达自身的奇谈怪论，真正激发他们的创造欲望。

（4）有利于保障大学的学术自治权

大学自治是指大学具有维护其组织成员学术自由的权利，而不会受到来自政府和社会各方面势力的干扰。之所以强调大学自治性，主要是由学术自身的独立性决定的。

二、高等教育国际化创新人才教育环境建设目标

创新人才教育环境是创新人才成长、发展并发挥作用的环境条件的总和，按其存在的形态和作用方式，可以分为硬环境与软环境两大类。硬环境主要由物质环境、实践环境构成，是教育的物质条件。软环境主要是由观念环境、制度环境、校园环境等构成，包括教育的理念、宗旨、传统及教育改革创新等方面的内容。创新人才教育环境建设目标可以分为两类：一是硬环境建设目标；二是软环境建设目标。

（一）创新人才教育硬环境建设目标

硬环境主要是指教育的物质条件。我国《中华人民共和国教育法》《中华人民共和国高等教育法》规定，设立高等学校必须具备基本条件：有组织机构和章程，有合格的教师，有符合规定标准的教学场所及设施、设备等，有必备的办学资金与经费来源。创新人才教育硬环境目标具体体现在以下方面。

1. 符合国家规定标准

有符合国家规定标准校园面积、教学场所（平均标准），有和谐宜人的校园布局与建筑。在我国，创新人才教育环境建设往往没有引起人们的足够重视，也往往被人片面理解。应该看到，创新人才教育环境建设除了国家规定标准校园面积、教学场所（生均标准）外，还应该有一个精心设计的校园建筑环境、一整套便利的师生生活服务和休闲娱乐设施、一系列完备的科技创业后勤服务设施和机制、一个相对宽松宁静的居住外部环境等诸项内容。纵观当今世界一流的学府，如剑桥大学、哈佛大学、斯坦福大学等，也正是以追求与自然环境相互协调的校园建筑、规划设计，并拥有优美、自然的校园景观而著称。

2.有完善的教育教学设施

所谓完善的教学设施是指学校的教育教学设施完全能够满足日常教育教学和达成教育教学目标与水平的需要。教育教学设施包括学校图书馆、实验室、实践创新基地等。

要加大教学仪器设备投入和实验室建设力度，按照各专业的本科教学培养计划，建立健全能满足教学要求的各类实验室。要高度重视校内外实习基地建设，形成完善的实习基地体系，满足各专业因材施教的教学需求。要花大力气建设各类创新基地，大学生科技活动中心等教学基地，成立工程训练中心，加强校内实习基地建设，能够满足实践教学和科技创新活动的要求。要加强新一代校园网建设，在学校建设规划中，要建成基于国际化的新一代校园网与应用支撑平台示范工程，为教学和科研提供更优质的服务。

3.具有创新能力的师资队伍

有一支具有创新精神与创新能力的师资队伍。教师是进行教育教学工作，完成教学任务，达成教育目标的主导力量；拥有教学经验丰富、责任心强、潜心研究的师资队伍是培育创新人才的基础。师资队伍的数量与质量均要达到一定的要求。教师的创新精神和创新能力，为学生创新能力和创新精神的发展起到良好的示范作用。学生的创新精神除了来自社会压力外，可能最主要的还是来自教师的影响和感召。具有创新精神与创新能力的教师所具有的开放性的人格和宽容理解的良好心境，能够营造出和谐民主的教学氛围，善于发现和开发蕴藏在学生身上的潜在的创造性品质。因此，教师在创新教育过程中起举足轻重的作用。高等学校应在师资培养、职岗评聘、业绩考核、人才流动等方面制定切实有效的政策，培养和造就一支具有创新精神与创新能力的师资队伍。

（二）创新人才教育的软环境建设目标

随着国家和地方政府及高校自身投入力度的加大，创新人才教育硬环境已有比较明显的改善，但软环境建设发展滞后，严重影响创新人才的培养。因此，必须重视软环境建设，只有和硬环境建设相辅相成，教育才能承担起崇高的社会使命，才能在实施科教兴国战略中发挥应有的作用。创新人才教育软环境建设主要从以下方面展开。

1.有科学的学校定位与先进的办学理念

学校定位主要依据社会发展和经济建设的需要，以社会需求为导向；依据自身的条件，自身现有的实际情况和水平；还需要考虑学校发展的潜力，包括总体目标定位、学校类型定位、层次定位、人才培养目标定位、人才类型定位、服务面向定位等。学校定位一定不要盲目攀比，要体现自身的特点，要有个性，不能是放在哪个学校都合适。

学校需要明确办学思想，科学定位，办出特色，办出水平。找准学校在人才培养中的位置，一方面是要明确学校在国内外同类高等学校中所处的地位；另一方面是学校在国家培养人才的战略任务中，承担什么样的任务，这对于能否培养创新人才至关重要。

2. 有科学规范的管理

管理的科学化、现代化与规范化是科学管理的本质要求。行之有效的管理体制、具有激励作用的运行机制和健全的规章制度是促进科学规范管理的重要保证。随着社会的不断发展，社会对创新型人才的要求越来越高，因此，必须加大力度建设培育创新型人才成长的软环境，构建公平、竞争、激励、创新的制度环境。就高校而言，制度建设主要包括行政管理制度、教学制度、学术制度等方面。

三、高等教育国际化创新人才培养环境的评估

创新人才教育环境评估是以创新教育价值观、创新人才观及创新人才教育环境目标体系为依据，运用一定的科学方法与技术，解释创新人才教育环境的状态变量，对创新人才教育环境人本价值与社会价值进行评鉴与判断，并为创新人才教育环境建设导向、激励、改进提供信息反馈的过程。创新人才教育环境评价主要有以下方面作用与意义。

（一）推动教育理念的创新

推动教育理念的创新，进一步明确创新人才培养规格。创新人才教育环境评价是对创新人才教育环境的人本价值与社会价值进行评鉴与判断。创新人才教育环境从其状态上可以分为硬环境与软环境，硬环境是学校教育的物质条件，软环境则包含教育的理念、传统以及教育改革创新等方面的内容。

教育理念创新是教育软环境最主要、最核心的内容，是学校教育的指导思想。通过评价，可以发现教育理念、指导思想上的偏差与不足，及时"调整"。创新人才教育是素质教育重要组成部分，是"以人为本"的主体性、个性化教育。

（二）推动教育教学改革

推动教育教学改革，进一步完善创新教育体系与教育课程体系。创新人才

教育环境评估十分重视衡量人本价值的实现程度，特别是对创新人才教育软环境——教育教学改革与发展的评价，着重考虑如何培养创新人才所具备的创新意识、创新思维、创新能力及创新品格等方面的素质。通过评价、实践与探索，包括对涉及教育、教学体系在内的教育环境进行价值判断，并为促进创新人才教育环境的建设提供信息反馈，最后推动教育教学改革，构建创新人才培养体系和创新教育课程体系。这个培养体系与课程体系以全面提高创新精神为宗旨，促进学生主体性和创新精神的发展，促进学生创新潜能的发掘，促进学生创新责任的提高，促进学生健康个性的形成，最终培养、造就创新人才。

（三）推动教育设施建设

推动教育设施建设，进一步优化育人环境与氛围。教育教学设施是创新人才教育环境物质形态，是培养创新人才的物质条件。通过创新人才教育环境评价，可以发现"物质条件"存在的不足，建设人文景观、优化育人环境。环境与氛围是一种无形的，在一个群体中人们互相影响导致同化的力量。一个人置身于特定的环境，身临其境，久而久之，就会受到熏陶而形成共同的风尚与气质。

因此，有意识培育、营造一个整体优化的教育环境对于培育创新人才具有重要意义。根据评估的标准与要求，学校建筑设计、人文景观建设等，都要融入大学精神与时代风格，校园的山水、园林、道路、楼宇、景点都要考虑使用功能、审美功能、教育功能的统一。优化育人环境，还包括加强有利于培养创新能力和动手能力的教学设施与公共服务体系建设，加强开放教学实验室、科技创新实验室、各类工程中心建设等，以保证学生从事实验与工艺技能训练；加强信息网络、图书资料及服务手段建设，使学生能广泛获取学习资料与信息。总之，创新人才教育环境评估可以推动教育环境建设目标的实现。

第三节　高等教育国际化视阈下创新人才培养的路径

全球经济一体化的进程在不断加速，不仅仅是资本在全球资本市场中流动，人才的跨国流动同样在加速，对国际化人才的需求已经成了必然。所谓国际化创新人才，是指在全球一体化的竞争环境中能够有效地识别、把握市场机会，占据主动地位的人。国际化人才具有一定的专业教育背景，拥有专门的技术和执业资格，通晓国际相关的法律和制度，有较高的外语水平，可以做到熟练沟通，适应性强，可以与不同的地域文化融合，视野广阔，具有全球化视角。

培养国际化创新人才，应注重两个方面：一是使学生逐渐增强全球化意识，理解全球范围内政治、经济、文化等的相互依赖性；二是通过教育学习使学生逐渐掌握在全球市场环境中参与竞争所需的专业知识和技能。国际化创新人才培养是人才国际化进程的重要组成部分。人才国际化是一个过程，是一个以人为载体，将全球各国家、各地区的文化进行交流，相互学习、相互融合、取长补短的过程。关于高等教育国际化视阈下创新人才培养路径，需要注意以下三个方面。

一、树立国际化观念

观念是各种政策制度形成的思想基础和文化土壤，它深刻地影响着个体行为和政策实施的成效。国际化的观念是人们对国际化的认识与看法。

高等教育"新国际化"时代随着经济全球化收到更多的重视。所有高校在一定程度讲都必须国际化。国际化的知识与技能已不再仅仅是未来与国际事务有关的专家的任务，而或多或少成为普遍的要求，已进入到多数专业之中。

显然，再将国际化视为一流大学或专家特有的任务，需要尽快转变观念。高等教育的各种利益相关者，都应考虑重新认识国际化。高等教育的决策者，应意识到国际化涉及各种类型的大学，即重点大学、普通大学和高职院校都应考虑国际化的问题，每一个专业类型人才的培养都应具有国际竞争力；高等教育的工作者，应理解国际化已不局限于外事工作或留学交流，而尽可能将国际风范融入日常的教学和行政工作中；学生应了解经济全球化对人才的更高要求，养成多元文化的理解力和具有国际水准的专业知识能力；社会人士应改变对高等教育国际化的单一态度，将国际性视为大学应有的品质，推进国际化策略理应成为大学的中心业务。

二、加强产学研合作教育

（一）产学研合作与创新型人才培养的联动及其构建

产学研合作通常是企业、科研院所和大学间以企业的创新技术需要为动力，通过与合作参与方的创新合作行为，优势整合分配创新资源，进行高效的技术创新的过程。而创新型人才通常都是具有开拓性创新能力，能够获得关键领域的技术突破性创新，并且能够对社会发展做出突出贡献的人。所以整个产学研培养过程是新型人才发现及发展的重要途径，两者之间有密切的联系。

从产学研合作的主体看，产学研合作由多元主体构成，它可以是校企双方，也可以是政府、高校、企业、金融、科研院所及中介机构等主体参与组成。高校、科研院所和企业是产学研合作培养创新人才的主力，其科研水平的程度的高低直接影响到产学研合作培养效果。

1. 产学研合作与创新型人才培养的联动

国家政策指引下，人才创新重大战略指导下，以产学研为核心培养模式的中国人才培养的协同创新活动正在展开，产学研合作与创新人才培养的联动主要出现以下方面。

（1）参与者主导

一般而言，产学研合作的参与主体有政府、企业及大学。同时按照不同主导地位分为以下类型。

第一，政府主导型。政府在整个产学研体系构建的过程中起到主导作用，制定出具体的培养方案，给出培养的目标、方式及时间阶段，并且由政府引导科研资金的筹集，一般为政府财政出资或由政府引导的企业资本投入。根据不同背景，各国的投资企业类型有较大的区别，中主要是由国有企业及高新技术企业积极等的参与政府主导型产学研培养合作。同时参与的高等院校主要为工信部、教育部等部门的重点大学，如南开大学、中科院等。

第二，企业主导型。企业主导型培养模式主要是由企业自身创新型人才需求引导，企业根据实际需求，确定人才培养方式及目标，用了满足未来企业发展人力资源的空缺。通过与高校及相关科研机构的共同合作，吸引在该领域具备人才培养实力的高校参与研究。企业主导型培养人才模式一般由经济较发达区域的民营企业或外资企业参与；而参与高校一般是在应用性强的理工科专业具有较强科研能力的大学。

第三，高校主导型。高校发挥自身的科研创新体制特点，制定科学合理的创新人才联合培养范式，并且结合实践构建优势学科共建应用型试验平台，以及强大的科研团队，以此来集聚相关企业参与整个培养模式中；或由高校及重要领域的领头人才成立高校附属公司，为创新人才培养创建最直接的实践基地；或者依托高校科研力量，创办高校科技园，让创新人才培养过程中接触科技创新来提升创新思维与创新能力。

（2）参与者项目协同

产学研合作与创新人才培养通过协同承担科研项目，为拔尖创新人才培养提供项目支撑在目前是取得了较好成效。合作主体间通过科研项目或研究课题来实现人才的创新性培养，这些项目可由一个主要参与主体主导，由所有参与方共同承担，企业和高等院校负责召集优秀的学生及创新人才参与科技创新，其研究成果具有较高的实用价值，一般直接作用与企业的产品开发与生产，而通过实践性的项目，参与其中的创新型人才也得到了有效的培养。

参与者项目协同重要特点就是，这类协同项目一般都基于基础性的研究方向，参与者在项目执行中的协同程度直接影响到科研成果的转化和创新人才素质的提升。其中以南开大学、华中科技大学等这些依托地域经济优势，吸引企业参与联合培养的高校参与为典型的协同机制。

（3）参与者动力机制

产学研合作与创新人才培养的参与者之所以能达成合作，其动力机制是指各方参与者为了追求潜在的共同利益，实现各利益方个体收益（物质和非物质）的最大化，企业需要提升技术创新能力和科技成果转化能力，需要借助高校的科研团队，而高校的人才培养需要企业的实训基地和科研实践平台，无论是高校还是企业，都拥有各自的利益。高校是产学研合作培养创新人才的主要力量，企业则是合作培养创新人才的载体。他们之间虽然利益存在冲突，但在一定的程度上也存在着利益的一致性。参与者动力机制可分为内部动力和外部动力，具体如下。

第一，内部动力。人才培养是一个持续而又复杂的工程，高校仅仅凭借教师和课本知识是很难培养出创新型人才，也很难维持人才培养的后续。产学研合作参与主体间通过资源的优势互补，依托人才培养和科技进步的合作项目，以赢得市场竞争地位和科研实力为共同目的，企业以往依靠职业培训来获取高素质员工，也使得高校实现了人才培养过程中实践能力训练的目标，合作的动力是新交易产生，取代以往的旧交易，资源在一定程度上达到了优化配置，产学研合作各方优势互补，从而形成规模效益，降低交易成本，提升人才培养效果。

第二，外部动力。随着市场经济的深入，企业和高校体制不断改革，产学研合作和创新人才培养处于转型时期，即产学研各方由原来相对封闭的状态过渡到开放合作的状态。高校在完成教学、科研等本身必备的职能时，还需要参与经济建设中，搞好社会服务，并从社会服务与投身经济建设中获取收益，从而达到高校、企业和地方的协调发展。企业作为市场经济的主体和市场经济最基本的细胞，要想在市场经济的竞争中取得优势，就需要培养创新人才，以人才引领企业创新发展，其最好的方式就是产学研合作培养创新人才[1]。

[1] 初国刚.产学研合作创新型人才培养模式和机制研究[D].哈尔滨：哈尔滨工程大学，2018：31-95.

2.产学研合作与创新型人才培养的构建

（1）产学研合作要素间的耦合关系

产学研合作要素间的耦合关系具体如下。

第一，知识耦合与产学研合作。产学研合作过程中，合作各方只有进行有效的知识共享和交流才有可能达到知识耦合，达到合作的目的。信息与知识在合作各方之间的无障碍流通是合作成败的关键。有着不同背景的人员要切实合作和交流，改变以往高校卖企业买的模式，才能达到知识的规合创新。高校的研究应更注重知识的实用性，以实践问题为导向，企业也不再以利润作为唯一的目的，更注重提高自身的科学文化素质和应用能力，产学异质性知识耦合会推动经济更加快速的发展。产学研合作中知识耦合的动力主要来自以下方面，具体见表6-1。

表6-1　产学研合作中知识耦合的动力主要来源

主要来源	具体内容
来自市场的驱动力	商业知识来源于市场，科学知识的价值也需要在市场中体现出来。为了应对越来越激烈的竞争，扩大自身的发展空间，产学研各方都需要利用尽可能多的资源。高校和企业的优势资源有着较强的互补性，在市场的作用下，双方之间可以发生多种形式的合作，实现双赢
来自政府的调控力	仅仅依靠市场机制的产学研合作常常缺乏战略性和持续性，也会存在市场失灵的情况，此时引入政府的调控，可以在很大程度上纠正市场的盲目性。政府可以站在战略上和系统性的角度，有计划地合理配置资源。政府可以通过行政、法律以及经济方法等对产学研合作进行调控，促进各种知识的有效耦合
多种渠道资金的支持	在现阶段，为了解决社会经济发展中遇到的具体问题，常常需要各方面知识的耦合，科研需要更先进的设备和必要的资金作为支撑以及需要承受更大的风险。因此，为科研提供必要的资金支撑是推进产学研合作顺利推进的关键。目前，各国有拓展融资渠道扩大资金来源、建立风险基金和科研基金等做法
产学研合作各方自我发展的原动力	产学研合作中，合作的各方都能接触并吸收自身领域之外的知识，可以扩大自身的知识面，提高创新能力，有利于自身的发展，这是产学研合作的原动力
不同文化的感染力	产学研合作各方成员有着不同的文化和社会背景，思维和做事方式差异很大，这无疑会影响到知识耦合的方式。只有合作各方成员都有较强的合作意识和对自身事业的责任感与使命感，产学研合作才能向更高的阶段发展

第二，企业技术与产学研合作。产学研合作过程中高校与企业作为合作主体，而企业的技术创新能力和技术成果转化与产学研合作产生密切的关系。产学研合的创新模式是突破性技术创新的重要保障，有利于科学技术与经济的快速发展。产学研合作技术创新体系是指在一定区域内，相关的组织机构等组成网络体系，各创新主体密切联系，依靠各种创新资源，利用各种方法，建立起来的有利于推动技术创新的社会经济系统。技术创新主要有三个特性，具体见表 6-2。

表 6-2　技术创新特性

主要特性	具体内容
复杂性	技术创新包括原材料、生产技术、生产工艺等方面的创新，涉及知识、方法、程序等方面，是一个复杂的过程。而高校培养创新人力自然需要培养一部分技术创新能力高的人才，由于技术创新的主体也具有复杂性的特点，生产企业、高校以及政府部门与研究机构等，针对技术创新能力方面的培养产生了很多复杂程序
高风险性成本方面	创新人才培养期间，企业借助人才培养来进行重要突破创新，不但要投入大量的固定成本，还会带来很高的人力成本与时间成本。技术方面，高校和研究所技术创新的成功率不高，往往给合作企业带有很大的不确定性，因而创新主体面临的风险较高；市场方面，既是技术创新成功，消费者对新技术的态度也存在很大的不确定性，创新主体面临着无法实现经济效益的风险。此外，国内外经济环境、政策法规、人们消费习惯和消费观念的变化也有可能影响到产学研合作过程中技术创新的结果，因而存在很大风险
高收益性	企业和高校进行创新人才培养，并针对性进行技术创新的主要目的是获取高额利润，企业获取经济利润，高校和科研院所获取科研经费以及科研平台等收益，这是产学研合作主体合作培养创新人才的动力。技术创新能在很大程度上提高生产效率，降低成本。技术创新会在一定时期内使其他主体无法模仿，形成技术垄断，可以获得高额垄断利润，给企业带来丰厚的回报

第三，战略联盟与产学研合作。产学研合作培养创新人才主体间进行战略联盟，不失为一种长期合作关系，是介于市场与企业、高校之间的一种长期协定。战略联盟是企业为了在竞争中获得优势而结成的合作主体间的联盟，可以通过合资新建等共享股权的方式合作，也可以通过合作生产、共同营销等非股权的方式进行。

校企合作培养创新人才通过战略联盟相互合、相互影响能够实现互利共赢，获得竞争优势。战略联盟可以作为产学研合作的一种重要组织形式，通过形成战略联盟，产学研合作主体之间能够建立相对稳定的组织方式，并通过制订相应的组织制度约定合作各方的权利和义务，从而保障产学研合作的有效运行。

（2）产学研合作项目的协同关系

产学研合作是企业、高校和科研院所以及政府机构通常是基于项目合作形式进行创新人才的培养。科研项目作为一个产学研人才孵化的一个载体，具有重要的作用，然而合作过程中难免出现合作主体间为了各自的利益而导致项目治理不当，因此，合作主体间项目的协同发展相关研究关注的重点，为创新人才培养的项目利益提供研究视角。

产学研合作项目协同的关键是信任机制，信任是社会系统的重要润滑剂。信任作为政府、高校和科研单位、企业嵌入产学研合作网络中经济行为的本质特征，对产学研合作项目的知识传播、知识共享、知识创新等知识活动产生影响。因此，分析产学研合作项目的协同过程，就是在信任的理论上进行分析，揭示产学研合作项目社会网络结构与项目治理风险中信任机制的相互影响，对降低产学研合作项目治理风险，保证产学研合作项目成功具有非常重要的理论和实践指导意义。

产学研合作培养创新人才是高校、企业以及科研院所形成的一个具有高知识密度和高科技主体的社会网络体系。产学研合作培养创新人才的社会组织是具有经济行为的微观单元，所以对产学研合作项目实施过程与社会网络结构演化的动态交互、协同过程进行研究。产学研合作项目的协同关系的相关内容具体如下。

第一，产学研合作项目协同过程。依据嵌入性理论，信任是嵌入在社会结构中的一种功能化的社会机制。随着社会网络结构的演变，产学研合作过程中主体间通过项目形式来实现合作培养创新人才，这个协同过程中信任是促成合作的基础；反之，当信任发生改变时，校企合作的组织结构也将受到影响。在产学研合作项目中通常会有个人信任、过程信任和制度信任，可能还会随着产学研合作的不断发展产生新的信任类型，只是在产学研合作项目不同的关系结构中，不同信任类型的强度所占比重会随之发生变化。

例如，在产学研合作的磨合期，主要以个人信任和过程信任为主，信任强度促成了校企合作培养创新人才绩效，伴随社会网络结构的演化，信任类型和信任强度和比重也随之改变。因此，在产学研合作培养创新人才项目社会网络结构演进的每个阶段，分析信任机制的协同演化过程是揭示产学研合作项目社会网络结构与信任机制关系的重要途径，也是构建演化模型的重要环节和基础。

第二，产学研合作项目协同信任。随着产学研合作培养创新人才项目的不断开展，所需要资源规模的不断扩大，依靠个人信任和组织信任来获取所有的资源已经逐渐不可行，创新人才培养项目需要引入新的项目参与方，在已知参与方之外寻求合作和发展的机会。相似的社会背景和价值取向有利于人们之间的交往，同时，良好的沟通能够使人们之间维持社会关系的成本较低。企业和高校以及科研院所在人才培养的过程中基于彼此信任关系达成高强度协同信任，高强度信任关系促成了产学研合作期间人才培养的顺利实施。

产学研合作项目中的各参与方往往倾向与有相似社会背景、价值取向、共同项目目标的其他潜在的项目利益相关方交往，比如高技术企业更喜欢与工科型科研院所合作，同时创新人才培养期间企业员工和高校的师资团队之间的交往会建立起相互之间的社会关系，良好的沟通拉近了人们之间的空间距离，又使得人们维持这种社会关系的成本较低，形成稳定的社会网络。因此，产学研合作项目中的各参与方往往选择与自身地理位置临近的，或者具有长期合作的个人或者组织作为优先合作或者交易对象。

产学研合作项目各参与方之间频繁的交易，在各方之间形成嵌入性关系，嵌入性关系的存在是产学研合作项目社会网络得以形成的根本原因。产学研合作培养创新人才项目的社会网络，促使人才培养顺利进行，同时加快了创新知识转移的速度，使得人才培养项目规模扩大的同时，合作主体间也向高信任机制过度。

（3）产学研合作主体间的链合关系

产学研合作主体间的链合关系具体如下。

第一，单部门单链合作阶段。单部门单链合作作为产学研创新协同模式的最基础范式，是合作网络发展的初始阶段，为创新型人才的培养提供基本培养模型。该阶段，多是由企业某种研发需求为原始动力，吸引产学研人才的集聚，引发创新行为，培养创新型人才，其主要的研发主体为需求企业及合作科研机构与高等院校的研究团队或者研究个体，由其组成临时合作研发团队，针对专门的研究任务和目标进行研究工作。该类培养模式表现出五个特点，具体见表6-3。

表6-3 单部门单链合作阶段的特点

主要特点	具体内容
模式内容单一	以项目为导向，创新人才紧密的根据项目的规范内容及目标进行创新合作，任务结束后，合作告终，不具有创新培养的连续性
网络稳定性较差	创新合作体系的组建完全根据企业的创新需要，导致整体的网络构建具有不确定性，使得大学及科研院所的创新能动性得不到充分的发挥，创新人才培养网络的稳定性不足

续表

主要特点	具体内容
创新由企业主导	企业集权整个创新过程，创新人才的需求及培养目标完全根据企业的需求而制定，创新的科研技术手段及科研经费等方面都被企业的战略规划限制
项目组织结构相对简单	组织协调机制具有一定的临时性，而且项目创新时期管辖的人员幅度较少，所以企业在整个产学研创新过程中的组织管理机制简单，沟通管理协调的成本低
科研机构没有自主权	由于科研机构没有自主权，其能动性与创新行为受到限制，所以创新的效率及效果有时候不能充分的得到保证。

总体而言，虽然阶段的创新培养效果都受到一定的限制，但是这阶段项目合作范式相对简单，便于应用操作，组织培养成本相对低，而且便于初始合作参与主体的相互了解，对于整体的产学研合作创新型人才培养具有重要的意义。

第二，跨部门单链合作阶段。单链基础上深入合作就形成了跨部门的单链合作，这一阶段许多大型企业通过复杂的研发项目来培养创新人才，这些项目难以凭借单一的高校或科研机构独自研发取得成果，从而相关的科技研究院所会与相关协同单位构建跨学科和领域的全面合作体系，形成复杂的科研系统，这样就形成了跨部门单链合作的范式。跨部门单链合作阶段的特点具体见表6-4。

表6-4　跨部门单链合作阶段的特点

主要特点	具体内容
参与项目的创新人才具有更加复杂的创新背景	由于跨部门单链合作项目比较复杂，针对应用领域的技术难题较为复杂，所以解决途径与研究方案的制定需要多学科及多领域的专业知识，从而对于创新项目的参与主体有多学科、专业领域的知识要求
整个合作创新网络结构相对稳定	在初始阶段的磨合后，合作的参与方都形成了一定的配合默契程度，整个合作的规划更加的成熟。此外，这阶段合作的研究时限一般比较长，需要长期的沟通与协作。同时，参与的人员一般都会经过层层的选拔，同时为了保证项目的顺利进行，人员结构具有一点的稳定性
可以更加有效的发挥专业优势学科强项	通过高校或科研机构与企业联合成立研究中心，"学研"参与者拥有了一定的自主研发话语权，可以更加有效的发挥专业优势学科强项，在创新的方法、途径以及研究创新方向上给出有建设性的意见
管理协调较为复杂	管理协调较为复杂，体现为企业内部高校或科研机构内部不同研究小组、不同专业和不同系所的组织协调。更多参与方意味着沟通方式、工作步调，甚至相关信息交流和传递都需要协调管理。同时具体的研究内容、组织汇报工作等都需要较为复杂的管理工作

主要特点	具体内容
知识的扩散更加的频繁，形成知识共享圈	由多个科研机构、高校及企业参与的复杂创新系统，在完成项目合作的同时，也促进了相关参与方间的交流，有利于形成高效的"创新场"。然而，该合作模式最终还是不能摆脱单个参与单位个体需求的局限性，从而使得这种合作方式的资源优化及社会效益无法达到最优

第三，复合部门单链合作阶段。复合部门单链合作阶段的合作范式更加有利于创新型人才的培养。其对于提高参与主体的创新能深入融合其创新与社会发展需求的密切性，从而提高了创新人才培养的可能性。此阶段对于在产学研合作创新人才培养具有重要意义，有利于培养某一产业领域关键共性技术人才，有利于专业人才培养。复合部门单链合作阶段主要特征见表 6-5。

表 6-5　复合部门单链合作阶段特征

主要特征	具体内容
相关的合作领域较为复杂	复合部门单链合作阶段的科研项目大多集中于产业攻关技术的研究，并且课题较广泛，往往都要组建诸多的子课题项目，是综合性的合作阶段
结构稳定性强	由于长时间的稳定的合作结构，形成了产学研创新网络体系，并且随着合作项目的深入合作进行，各个参与主体之间形成了很强互补性和相互依赖性，产生了合作创新利益共同体，具有很高的核心凝聚能力，并且增高了离散成本，使得整体网络结构偏向稳定
各参与主体都充分发挥自身的优势	在复合部门多链合作系统中，多方主导的工作模式，便于各个主体贡献出自身的强势力量，从而确保了整个合作创新的决策都能充分考虑各方的意见，寻找出共赢的合作方式，综合利用最大化
管理协调非常复杂	深度的合作、多方的参与使得组织协调成本增加。不同部门、领域的研发合作人员间相互的协调与沟通工作在这一阶段，表现出极强的异质性，为了产学研创新过程的顺利进行，需要消耗大量的管理成本进行协调
高效的知识共创体系正式建立	基于复杂的产学研合作阶段，各种跨学科、跨部门的创新技术及研发理论得到融通，促进了产、学、研之间的相互协调沟通，使得知识的外溢和流通更加的通畅，消除了相互之间的壁垒，提高了知识创新的效率，从而消除隔阂，进而提升了创新型人才培养效果

（二）产学研合作培养创新型人才的运行机制

1. 产学研合作创新型人才开发机制

建立健全产学研合作创新型人才培养开发机制的目的是形成较为完备的人才晋升通道，形成培养多元化、个性化、复合型的人才机制。产学研合作创新型人才开发机制重点在于以下具体工作。

（1）做好创新型人才的职业规划工作

耦合建立持续系统的规划机制。完整的职业规划主要包括职业定位、目标设定和通道设计三要素。创新型人才不同于普通人才，其职业定位应有一定的广度，目标设定要有一定的弹性，通道设计需要在不同的职业序列中建立横向沟通渠道。换言之，对于创新型人才的职业规划要更具有灵活性和可变性，根据人才的自身需要和环境变化做出调整。

（2）注重创新型人才的培养过程

注重创新型人才的培养过程需要从创新型人才的"起点"做起。创新型人才的起点是高等学校，是高等教育的人才培养环节。人才培养工作主要从明确的培养目标，科学的培养模式，有潜质的培养对象和优秀的培养者四方面展开。对此，创新型人才培养需要从四个方面展开，具体如下。

第一，要有明确的培养目标。当前的培养机制缺乏对创新素质的要求，因此，高校应该在本科生人才培养目标中明确提出创新型人才所需具备的能力、知识和素质等，具体包括"具有以批评的方式系统地推理的能力""具有独立思考的能力""具有敢于创新及独立工作的能力"等要求。制定了明确的人才培养目标，高校人才培养才有了参考的依据，更有利于人才培养目标的实现。

第二，设计科学合理的培养模式。优良的培养范式影响着每个人才的情感、知识、能力及素质，是这个培养过程的重要基础条件。对此，在人才培养模式设计中，高校需要以社会和市场需求为基本准则，发展出一套能够提高学生学习能力、创新能力和创业能力的培养方案，强调学科交叉，重视知识传授，关注实践训练，培养复合型创新型优秀人才。

第三，注重挖掘学生的潜质，集中体现"以学生为中心"，给学生以充分的学习自由。人们发现，相对于创新能力、知识、素质的培养，更重要的是先要设法消除人才创新的障碍。高校需要具有宽松的学术氛围，能够接受学生的质疑和批评，具有包容性教学环境。

第四，要建立一支合格的教师团队。教师应该与校园之外的产业、行业有广泛的联系和交流，教师作为一个整体应具有丰富的实践经验，了解企业和科研院所的运行，了解市场需求和发展趋势，能够及时向高校学生阐述变化并在此基础上及时调整教育教学内容。同时，大学中要有不同的学术声音，正是由于高校不同的学术声音和学术思想的不断交融与碰撞，才会有对问题不同的看法，才会产生具有创新型的思维，才会促进学生创新型思维的不断迸发。

（3）要建立产学研一体化的人才开发模式

高校可以为企业提供科研力量，为企业发展提供最新科技成果支持。而这些科研成果又可以为高校提供教学素材，两者形成良性循环。科技园区的发展为创新型人才培养提供了实践平台，而优秀人才的聚集又促进了科技园区的发展，有效推动了产业发展。人才与产业发展间形成良性互动。对此，政府可以积极鼓励科技园区的创建，将其作为人才培养基地、企业孵化中心、博士后流动工作站等人才发展平台。这样可以有效实现人才一体化培养模式。

2. 产学研合作创新型人才考核评价机制

建立考核和协调机制，使得产学研各方从人员调配、岗位职责、项目执行、绩效考核、奖惩激励等多方面构建考核评估协调机制，从而完善产学研合作制度。

基于这些制度，明确产学研合作主体各方职责和义务及行为准则，保障和参与主体的合法利益不受侵犯，构建评价指标体系。此外，合作主体需从人员变动、协作方式、知识产权、资源对接、利益分配等多方面构建协调机制，进而解决合作过程中可能出现的矛盾与冲突，实现产学研合作的制度化。产学研合作创新型人才考核评价机制需要注意以下方面。

（1）应重视在实践中检验人才，避免人才评价中重学历、资历，轻能力、业绩的错误倾向。应用先进的评价方式和技术，努力提高评价体系的科学合理性。制定出综合全面的评价体系，根据各个类型，细化评价准则，建立详细、统一和易操作的人才能力评价系统。

（2）制定科学的人才晋升制度。坚持公开、公正、公平的原则，根据相关研究的人才成长和使用规律，依据评价体系的客观结果，以市场需求为导向，打破传统身份、行业、年龄等界限和论资排辈的人才选拔模式，多层次、多渠道挑选优秀人才，最大限度地挖掘人才优势，做到用人有据、用当其时、用其所长，有效提高人才使用效率。

（3）做好后备人才的选拔和培养工作。从可持续发展角度考虑，人力资源开发不仅要实现现有人才能力的最大限度挖掘，更有做好后续人才的选拔和培养，保障后续人才储备充分。

3. 产学研合作创新型人才流动共享机制

创新型人才往往是产学研机构中的高端人才、高层次人才，由于自身的特点和强大的创造价值能力，具有更高的流动性。

（1）产学研合作创新型人才流动机制

宽泛意义上的人才流动是指人才在地区、行业、岗位等方面的变动，是社会按照人才的价值规律和社会要求所进行的空间动态调节。此处提及的人才流动主要是指人才在不同的组织之间的流动。解决人才流动问题的关键是要求各个创新主体建立科学规范的人才使用、激励制度，充分发挥人才的作用，减少人才的不合理流动，这也是人才流动和共享机制中的治本之策。建立健全的产学研合作创新型人才流动共享机制，需要注意以下方面。

第一，健全人才流动机制，发挥人才市场作用。整合现有人才市场和劳动力市场，建立公平、统一、开放的人才市场环境，辅以必要的人才市场供求、价格、竞争机制。大力发展人才服务业，构建健全的、专业的、信心化、产业化人才市场务体系，设立专门专业的人才市场服务机构。政府需要发挥在人才市场中的监管作用，引导和协助区域人才协调发展，促进全国人力资源的合理配置。

第二，完善产学研合作创新型人才培养的流动机制，设立合理的退出机制。相对于人才的流动，人才的退出在整体的人力资本体制中也非常的重要。而中国的很多企业在这方面还缺乏完善的退出制度，使得人才的流转处于被动局面。人才退出制度必然会造成员工的紧迫感增加，反向的利用压力激发员工的潜能，可以有效激发员工工作的积极性和主动性。

（2）产学研合作创新型人才共享机制

人才共享是指在不改变人才原有身份的前提下，通过有偿使用、平等协商、利益驱动、市场定位、政府引导等形式实现多部门的人才共享，资源知识多方利用机制。这一模式是人力资本长期发展和管理过程中创造的新范式，有利于人力资源能力的最大化。人才共享的方式多样，具有较强的灵活性，具体内容如下。

第一，委托共享方式。委托共享方式适用于临时性、单项性的项目，如由于专业领域技术的人才需要，通过该种方式将项目委托于高校或相关科研单位人才，并与委托人签订委托协议，明确规定项目完成的数量、质量、标准及酬劳，这样可以使得双方都有良好的收益。

第二，借用共享方式。例如，企业的某一项目需要特定的技术性人才，同时由于项目的临时性，此种需求并不需要长期的聘用，这种情况下通过支付低额费用借用相关人才，在项目完成后将人才归还原单位。

4. 产学研合作创新型人才培养利益分配机制

人才合理使用的关键问题，就是要实现人才资本的价值与其付出的相匹配，让其获得与其贡献对等的酬劳。产学研合作过程中，对于创新型人才产生的经济利益，要有合理的方式进行分配，这也是保证人才获得自身权益的必要保障。同时，需要进一步创新收入分配机制，探索实行按劳定酬、按任务定酬、按职责定酬、技术承包和岗位工资制度等，实现工作业绩与经济效益有机结合，使分配向优秀科技人才倾斜，在保证优秀人才良好发展的同时，保证其经济利益。

产学研合作创新型人才培养利益分配机制，需要积极探索按生产要素分配的实现形式和具体办法，鼓励企业对有特殊贡献人才奖励红股或股份期权，以知识资本入股，按知识资本分红，充分结合个人和企业利益，充分尊重人才价值，给予其对等的价值报酬，积极调动个人工作积极性，努力做到一流的人才、一流的业绩、一流的报酬。

三、进入高等教育活动过程

国际化的观念与运行机制形成后，需要进入高等教育活动的具体过程，才能达成实际效果。课程与教学、科研活动、招生与管理是高校培养人才的主要方面，国际化策略应具体体现在这三个过程之中。

课程与教学无疑是所有高校培养人才过程中最为具体和复杂的环节。在新国际化时代，一个具有国际维度的课程已不再是一个附加的价值，而被视为课程质量的一个保证。它是课程得到国家认证及国际认证的一个条件。如何在课程中体现国际维度，课程里应保留哪些国家成分，就目前而言，在课程中体现的国际维度并不是指关于其他国家的学习，而是指关于其他文化的学习。这种学习的真正价值在于增加人们对自身文化的反思和理解，以及在国际环境中以不带偏见的态度处理文化差异的能力。这就要求在课程中开设多元文化方面的课程，培养学生的文化意识和反思能力。

与课程相比，科研活动中国际化的重要性得到普遍的认同。尽管当前，中国高校科研活动的国际化程度有了较大提高，各种国际合作研究的课题有所增加，但值得注意的是，学生参与此类科研活动的人数及机会仍然受到较大的局限。参与国际性的科学研究乃是培养学生创新能力的绝佳机会，为此，学校仍需进一步发展科研的国际合作，尤其应创造机会使更多的学生从中得到锻炼和提高。

招生与管理的国际化，仍是高校办学中比较薄弱的一个方面。其中不论是对国际学生还是对本土学生的管理，大都沿用比较封闭模式进行管理，这亟待改变。在多数高校中，国际学生与本土学生的管理仍完全不相接的，无形中减少了学生在校国际交流的机会。这就需要考虑在学生管理上做整体的规划，使本土与国际学生之间有更多的接触与了解，使之共同生活在一个文化多样的世界之中[1]。

---

[1]　李代丽．高等教育创新型人才培养模式研究 [M]．中国原子能出版社，2017．

第七章　"一带一路"倡议下高等教育国际化思考

"一带一路"倡议的实施，为不断深化的中国高等教育改革尤其是高等教育的国际化发展提供了新的内生动力与外在机遇。本章重点探讨中国与"一带一路"沿线国家高等教育合作概况，区域视角中国与"一带一路"沿线国家高等教育合作，双边视角下中国与"一带一路"沿线国家高等教育合作以及"一带一路"倡议下中国高等教育国际化的新图景。

第一节　中国与"一带一路"沿线国家高等教育合作概况

"一带一路"倡议自提出以来，吸引了100多个国家和国际组织参与，60多个沿线国家同中方签署了共建"一带一路"合作协议，20多个国家同中方开展国际产能合作，以亚洲基础设施投资银行（简称亚投行）、丝路基金为代表的金融合作不断深入，一批有影响力的标志性项目逐步落地。2016年7月教育部发布的《推进共建"一带一路"教育行动》，提出聚力构建"一带一路"教育共同体，形成平等、包容、互惠、活跃的教育合作态势，促进区域教育发展，全面支撑共建"一带一路"。建设"一带一路"教育共同体，是中国教育对外开放的新方向和新要求，亟须中国高等教育制定开放策略，寻求主动转变。

一、中国与"一带一路"沿线国家高等教育合作的现状

高等教育国际化可以理解为了促进国际理解与本国高等教育质量和水平的提高所进行的人员（包括教师和学生）、课程、研究、项目、学校的国际流动与合作。"一带一路"倡议从全局上建构了中国与沿线国家的高等教育各要素交流合作的道路、平台和方向，中国与"一带一路"沿线国家高等教育交流

与合作需要在此基础上重新出发。

（一）中国与"一带一路"沿线国家研究合作

为了服务国家外交战略，促进教育的对外开放，中国从 20 世纪 80 年代就开始了国别和区域研究工作，中国高校和科学院层面的国别研究中心按研究国家分类，数量排名分别是：俄罗斯（24 个）、巴基斯坦（9 个）、伊朗（8 个）、印度（6 个）、蒙古国（5 个）、乌克兰（4 个）、以色列（4 个）、越南（4 个）和波兰（3 个）。针对埃及、希腊、马来西亚、印度尼西亚、缅甸、泰国、哈萨克斯坦和匈牙利等国的国别研究中心均为 2 个，其余 15 个国家均为 1 个。

在教育部首批 23 个区域研究中心中，"一带一路"区域研究中心有 8 个（其中阿拉伯研究中心 3 个），所占比重较大；而教育部首批 14 个国别研究中心中，"一带一路"国别研究中心只有一个，即俄罗斯研究中心。这也说明了中国对"一带一路"沿线国家的研究主要集中在区域研究方面，国别研究仍然以传统的欧美国家为主，并没有从更高层次和战略上来布局"一带一路"国别研究的工作。

"一带一路"沿线国家设置的中国研究的机构情况又如何呢？"一带一路"沿线国家中有 9 个国家的高校共设立了 10 个中国研究中心，分别是新加坡、土耳其、马来西亚、菲律宾、斯洛文尼亚、巴基斯坦、孟加拉国、斯里兰卡和尼泊尔。

（二）中国与"一带一路"沿线国家语言课程交流

"一带一路"建设，需要一批既熟悉"一带一路"沿线国家语言，又了解其国情和文化的高端人才。目前，"一带一路"沿线国家的官方语言有 40 余种。鉴于此，中国高校应加快外语人才及"语言＋专业"的复合型人才的培养，尽快适应"一带一路"建设的需要。

进入 21 世纪以来，在"一带一路"沿线国家，普遍出现了汉语热的现象，汉语成为这些国家的主要外语。在泰国、以色列等国家，汉语已经跃居成为第二外语，高校学习汉语的注册人数仅次于英语，在有些国家甚至超过了英语。主动传播汉语及中国文化的孔子学院和孔子课堂也在"一带一路"沿线国家中蓬勃发展起来。

（三）中国与"一带一路"沿线国家合作办学

境外办学是高等教育国际化的一个主要趋势。在全球化时代，境外办学意味着对教育主权观念的一种突破，更加注重教育的市场化及服务性质。因此，从这个意义上来看，境外办学的全球大发展，表明各国对待教育全球化和国际化的积极态度，在客观上促进了境外办学的国际理解功能的发挥，这对各国文化的交流和理解，对世界和平事业有长远意义。

中国与"一带一路"沿线国家高校间的合作办学水平决定了两国对彼此文化和教育的认同水平。中国在"一带一路"沿线国家设立的合作办学机构有厦门大学马来西亚分校、老挝苏州大学、云南财经大学曼谷商学院3所，合作办学项目有90多个，涉及14个国家和地区，主要分布在东南亚国家。

二、中国与"一带一路"沿线国家高等教育合作的特点

鉴于"一带一路"沿线国家在发展程度上的多样性，中国与不同发展阶段的国家之间的高等教育交流呈现出不同的特点。但是从整体上看，中国与"一带一路"沿线国家之间的高等教育交流表现出如下四个主要特点。

（1）交流方向上，重视"引进来"而非"走出去"。《国家中长期教育改革和发展规划纲要（2010—2020年）》提出了"走出去"的战略要求，但是由于长期以来以学习借鉴提高为主的"引进来"的高等教育国际化战略，使得中国与"一带一路"沿线国家之间的高等教育交流合作方向一直以"引进来"为主。具体表现为中国学生到"一带一路"沿线国家留学的数量明显少于这些国家的来华留学生数，出国合作办学项目数量明显少于"一带一路"沿线国家来华合作办学项目数量，"一带一路"沿线国家开设的中国研究中心的数量明显少于国内高校开设的"一带一路"沿线国家研究中心的数量。

（2）覆盖范围上，重视与"一带一路"沿线主要国家交流与合作。中国尚未与"一带一路"沿线所有的国家开展高等教育交流与合作。目前中国与"一带一路"沿线国家的高等教育交流与合作主要以俄罗斯、印度、新加坡、泰国、以色列、伊朗、印度尼西亚等为主，还需要增加其覆盖的国家与地区。

（3）合作要素上，重视学生交流与合作，忽视教师课程与研究合作。中国与"一带一路"沿线国家在学生交流与合作办学方面发展迅速，也逐渐由单边交流向双边和多边交流发展。但是在教师交流、课程与研究方面的合作还不尽人意，中国与"一带一路"沿线国家在该方面的数据也比较缺乏。因此，中国要主动规划和开展与"一带一路"沿线国家之间的高校教师、课程和研究的合作与交流。

（4）发展多样性上，与不同发展阶段国家交流呈现出不同特点。"一带一路"沿线国家在发展程度上差异很大，绝大部分是发展中国家，小部分是发达国家

如俄罗斯、以色列、新加坡和希腊等，还有一部分是欠发达国家如尼泊尔、缅甸等。因而，中国作为世界第二大经济体的发展中国家，在与发展阶段如此多样化的"一带一路"沿线国家进行高等教育交流与合作中同样呈现出多样性的特征。例如，在与俄罗斯的高等教育合作办学项目上，俄罗斯高校来华办学项目多达133个，而中国高校到俄罗斯合作办学的项目却很少。在来华留学生方面，如巴基斯坦、印度、印度尼西亚、越南、老挝、马来西亚等的留学生数排在各国来华留学生数的前15名。中国与"一带一路"沿线国家之间的高等教育交流和合作就需要充分依据这种多样性来制定不同的发展战略与实施路径。

三、中国与"一带一路"沿线国家高等教育合作的转变

（一）合作角色上，由参与者向主导者转变

长期以来，中国在高等教育对外交流与合作中的角色主要是参与者，主动或被动地参与各种国际教育组织及区域教育组织，以谋一席之地和一定的发言权，如联合国教科文组织亚太国际教育与价值教育联合会、中国东盟教育论坛等。然而，"一带一路"倡议则要求中国要从参与者向主导者转变，从"一带一路"高等教育合作战略构想、组织和机制设计到计划的实施与援助，都要体现主导性、组织性和协调性。需要协调推动，积极对接沿线国家教育规划与政策，搭建中国与沿线区域和国家的教育沟通合作平台。地方高校要紧密对接国家总体布局，致力于"友好省州""姐妹城市"和"学校联盟"建设，积极推进本地高校和企业携手走出去，开展广泛的教师交流和青年精英交流、合作办学与合作研究，并主导建立"一带一路"国际学术合作组织、国际科学计划，促进教育相通与人心相通。

（二）交流方向上，由"引进来"向"走出去"转变

"引进来"几乎是所有发展中国家高等教育国际化的价值取向，而"走出去"则是发达国家高等教育国际化的要旨。"一带一路"倡议的出发点就是"走出去"，向沿线国家输出文化、学校、课程、专业、教师、学生和各种援助，并为商品、企业和资本的输出提供支持。目前，中国与"一带一路"沿线国家高等教育合作在"走出去"上滞后于"引进来"。因此，在交流方向上，中国高等教育要由"引进来"向"走出去"转变，调整国家、地方和高校高等教育国际化战略方向，为教育输出做好思想上、人员上和课程上的必要准备。

（三）合作范围上，由部分国家向所有国家转变

过去，中国高等教育的对外开放主要是面向发达国家，兼顾一些发展中国家和欠发达国家。中国与"一带一路"沿线国家之间的高等教育交流与合作主要以俄罗斯、印度、新加坡、泰国、以色列、伊朗、印度尼西亚等为主，还需要增加其广泛性和覆盖性。鉴于此，为了实现中国"一带一路"倡议和教育愿景，在合作国家范围上，要扩大开放水平，全面向沿线国家开放，尤其要向南亚、阿盟、中东欧国家倾斜。

（四）合作要素上，向全方位深度合作转变

高等教育国际交流与合作的要素分为两种类型。一类是教育系统外部要素，即政府、高校与民间组织；另一类是教育系统内部要素，包括人员、课程、研究和办学等。因此，中国与"一带一路"沿线国家的高等教育合作需要在多种合作要素上扩大合作范围，实现全方位有深度的合作，真正落实"一带一路"留学推进计划、合作办学推进计划、师资培训推进计划、人才联合培养推进计划与教育援助计划，发挥教育在共建"一带一路"中的基础性和先导性作用。

（五）发展多样性上，由一元模式向多元模式转变

中国在与"一带一路"沿线不同国家开展高等教育合作交往时，要主动根据处于不同发展阶段的国家的特点，选择相异的合作模式。也就是说，要从过去的一元模式向多元模式转变，制定适合不同国家的高等教育合作模式。例如，俄罗斯、新加坡、以色列和希腊等国家，发展水平较高，中国与之开展高等教育合作要采取双向平衡合作模式，交流需要加强。对尼泊尔、缅甸、柬埔寨等欠发达国家，要实行教育输出与援助模式，输出中国的课程、教师和学校，并对其学校设施和教师进行援助和培训。对占绝大部分的发展中国家，实行以输出为重点的双向交流模式，扩大中国教育资源的输出与影响，吸引其优质教育资源与留学生。

（六）机制和平台上，由松散型向系统化转变

与"一带一路"沿线国家的高等教育合作是中国与多区域、多国家的合作，需要不同层次的交流合作机制和平台。在区域层面，中国与多国建立了东盟、阿盟、南亚、中东欧高等教育论坛、中阿大学校长论坛、"中非高校20+20合作计划"等交流合作机制和平台。在多边关系上，建立了中日韩大学交流合作促进委员会和中新印高等教育对话论坛等机制。在双边关系上，中国与一些沿

线国家建立了高等教育交流机制和平台如中日大学校长论坛、中韩大学校长论坛、中俄综合性大学联盟等。因此，中国与"一带一路"沿线国家和地区初步建立了一些区域、多边和双边层面的高等教育合作机制和平台，但总的来说还没有在"一带一路"倡议框架下去进行系统化的建构。

因此，在合作机制和平台建设上，中国高等教育需要进行自我革新，向系统化转变，整体构建高等教育合作"一带一路"总平台、区域合作平台、多边合作平台、双边合作平台及院校合作平台等多层次、立体化平台系统，促进中国与"一带一路"次区域、国家高等教育的沟通、交流与合作，为实现"一带一路"教育共同体服务[1]。

第二节　区域视角下中国与"一带一路"沿线国家高等教育合作

"一带一路"倡议已经已经成为广受欢迎的国际公共产品，成为国际合作的重要平台。截至 2018 年，已经有 150 多个国家和国际组织同中方签署了共建"一带一路"合作文件，一大批合作项目已经落地生根并开花结果，为沿线国家经济社会发展注入了强劲动力，获得国际社会的积极评价。

在教育上，教育部发布《推进共建"一带一路"教育行动》，提出聚力构建"一带一路"教育共同体，形成平等、包容、互惠、活跃的教育合作态势，促进区域教育发展，全面支撑共建"一带一路"。区域化或区域一体化已经成为国际政治经济的重要现象，欧盟、亚太经合组织与东盟、北美自由贸易区等区域联盟显示了一个地区构成的世界。区域主义可以帮助减少贸易障碍，实现贸易自由化，促进国家和区域经济发展；通过提高区域冲突管理能力和军事能力，解决社会安全、国家安全和环境安全等问题。因此，在"一带一路"沿线，欧盟、东盟、南亚、阿盟、非洲联盟等区域联盟相继建立，形成既一体又开放的政治经济联盟。

"一带一路"教育共同体的建设是一个多层次的教育合作体系的构建，它涉及中国与"一带一路"沿线国家的高等教育的区域合作、多边合作、双边合作及院校合作，其中区域合作是中国"一带一路"建设的重要合作视角，是指中国与"一带一路"沿线各区域进行高等教育合作，例如，中国与东盟、阿盟、独联体、南亚等区域在高等教育政策、论坛、大学联盟及人员、教育和科研等

---

[1] 李盛兵. 高等教育国际化研究 [M]. 北京：科学出版社，2019.

方面开展的交流合作。

一、中国与东盟的高等教育合作

东盟涵盖整个东南亚地区，位于中国的南面，连接三大洲（亚洲、非洲、大洋洲），处在两大洋"十字路口"的位置，包括中南半岛上的老挝、柬埔寨、缅甸、泰国、越南、马来西亚 6 国及太平洋上的新加坡、文莱、菲律宾、印度尼西亚 4 国。

20 世纪 90 年代以来，中国与东盟各国加强了在教育领域的合作与交流，先后成立了东盟大学联盟、亚太大学联盟、中国—东盟教育交流周和中国 - 东盟中心，组建"中国—东盟教育合作委员会"，开通了中国—东盟教育信息网，设立中国—东盟共同奖学金、大学校长论坛和教育成果展等等，积极推动了多边及双边高等教育全方位、多领域、高层次的交流与合作。

中国与东盟国家的合作办学主要表现在两个方面。第一，在设立合作办学机构和项目方面，中国在东盟国家的新加坡、马来西亚、老挝和泰国各设立一所海外分校，在其他区域和国家还没有设立海外分校；第二，在举办孔子学院方面，中国依托东盟国家的大学建立了 30 间孔子学院和 19 间孔子课堂，累计招生约 15 万人，其中在泰国设立 14 间孔子学院和 11 间孔子课堂，分别占东盟国家孔子学院和孔子课堂总数的 47% 和 58%。

东盟国家设立了 10 个中国研究中心，其中新加坡 5 个、越南 3 个、马来西亚 2 个。中国研究东盟的研究所和中心较多，具有代表性的研究机构包括：广西大学中国—东盟研究院、广西民族大学东盟学院、厦门大学东南亚研究中心的马来西亚研究所、贵州大学东盟研究院、中山大学东南亚研究所、暨南大学东南亚研究所等机构。

相比其他区域，中国与东盟的高等教育交流与合作是最广泛的，在学生交流、合作办学与研究、交流平台和机制建设等方面都进展很快。当然，在与东盟一些国家的高等教育交流合作上还存在很大空间，包括菲律宾、印度尼西亚、柬埔寨、缅甸等。

二、中国与南亚的高等教育合作

南亚共有 8 个国家，其中尼泊尔、不丹、阿富汗为内陆国，印度、巴基斯坦、孟加拉国为临海国，斯里兰卡、马尔代夫为岛国，总人口达 17 亿以上，占当年世界总人口数的 23.88%，是世界上人口最多和最密集的区域，同时也是继非洲撒哈拉以南地区后全球最贫穷的地区之一。南亚地区受其经济、社会及高等教育质量等因素的影响，其高等教育学生国际流动一直存在巨大顺差，即出国留学生人数远远多于赴南亚的留学生人数。

中国与南亚地区高校的合作办学项目数量较少。就国别而言，中国共设立南亚地区国别研究中心17个，占中国设立的"一带一路"沿线国别研究中心总数的17.3%，具体包括6个印度研究中心、9个巴基斯坦研究中心、1个斯里兰卡研究中心、1个尼泊尔研究中心。同样，南亚诸国也相当重视对中国的研究，共设立4个中国研究中心，包括巴基斯坦信息技术学院中国研究中心、孟加拉国中国研究中心、中国—斯里兰卡合作研究中心、尼泊尔中国研究中心。

中国与南亚地区的高等教育合作除了在来华留学生人数上表现较好外，在交流合作平台、赴南亚地区留学生人数、合作办学和研究诸方面都需要进一步拓展，中国高等教育走向南亚的动力、机制和成效都显不足，需要增强走出去的勇气。

三、中国与阿盟的高等教育合作

阿盟共有17个国家，包括伊朗、伊拉克、土耳其、叙利亚、约旦、黎巴嫩、以色列、巴勒斯坦、沙特阿拉伯、也门、阿曼、阿联酋、卡塔尔、科威特、巴林、塞浦路斯和埃及。中国与阿盟建立了良好的经济交流合作平台，包括中国–阿拉伯国家合作论坛、中国–西亚北非中小企业合作论坛、伊拉克–中国经济合作论坛、中国–阿联酋商务投资论坛、科威特–中国投资论坛、中国–巴林商务论坛等6个经济合作论坛。在教育上，中阿双方建立了"中阿（10+1）高教合作研讨会"和中阿大学校长论坛，但是中国还未与"一带一路"沿线的阿盟国家签订任何国家（地区）间相互承认学位、学历和文凭的双边协议。阿盟赴中国的留学生人数偏少，中国赴阿盟留学的人数更少。

阿盟承办海外分校数十所，但是中国与阿盟的合作办学机构和项目还未有多少发展。中阿合作办学空间巨大。中国对阿盟的7个国家设立了18个国别研究中心，还有10个阿盟国家没有相应的国别研究中心。阿盟国家中只有土耳其设立了1个中国研究中心。

阿盟是欧亚大陆的枢纽，是世界能源的供应地，也是伊斯兰文化中心。但是中国与该地区的高等教育交流严重不足，在学历互认、学生交流、教师交流、合作办学、合作研究等方面缺乏广泛而深入的交流合作，很多方面的合作还是空白，需要政府和高校高度重视。

四、中国与中东欧的高等教育合作

中东欧包括波兰、捷克、斯洛伐克、匈牙利、斯洛文尼亚、克罗地亚、罗马尼亚、保加利亚、塞尔维亚、黑山、马其顿、波黑、阿尔巴尼亚、爱沙尼亚、立陶宛和拉脱维亚16国，地处东西欧交会处，有"欧洲工厂"之称。中国与中东欧建立了"16+1"合作机制，开启了"中国—中东欧国家教育政策对话"平台。

在合作办学方面，爱沙尼亚在芬兰创办的爱沙尼亚商学院是中东欧地区高校唯一的海外分校。中东欧与中国的合作办学主要体现在合作办学项目和创办孔子学院上。仅有波兰与中国开展了合作办学项目，共有8个项目，其他中东欧国家与中国还没有开展合作办学项目。中东欧共有孔子学院29间，孔子课堂8间，分别占"一带一路"沿线国家孔子学院和孔子课堂总数的23.2%和16%。中国设立了8个中东欧国家研究中心，其中波兰3个、匈牙利2个、捷克1个、克罗地亚1个、罗马尼亚1个。

中东欧国家共设立亚洲（远东、中国）研究中心14个，其中设立研究中心数量比较多的国家有：波兰（4个）、匈牙利（3个）、保加利亚（2个）。

中国与中东欧地区高等教育的交流合作除了波兰等国家外，交流合作程度都不高，需要调整对外开放战略，积极主动地与中东欧国家开展学生交流、教师交流、合作办学和合作研究，重建往日的紧密联系。

综上所述，中国与"一带一路"沿线各区域的高等教育合作发展程度各不相同。在区域合作层面，更加需要开展两个方面的工作：一方面，要搭建中国与这些区域高等教育合作平台，包括区域教育部长会议、学历互认条约、大学联盟和高等教育论坛；另一方面，要鼓励和支持各类高校参与"一带一路"建设，与中国企业携手走出去，传播中国文化、知识和教育模式，扩大中国文化和教育的国际影响力。

第三节　双边视角下中国与"一带一路"沿线国家高等教育合作

"一带一路"教育共同体的建设是一个多层次的教育合作体系的构建，它涉及中国与"一带一路"沿线国家高等教育的区域合作、多边合作、双边合作及院校合作，进而形成"一带一路"教育交流合作的总体格局。区域合作是指中国与"一带一路"沿线各区域进行高等教育合作,例如中国与东盟、阿盟、独联体、南亚等区域在高等教育政策、论坛、大学联盟及教育和科研等方面开展的合作。多边合作是指中国与"一带一路"沿线多个国家之间的高等教育的合作,如新加坡-中国-印度高等教育对话论坛等。而双边合作是指中国与"一带一路"沿线国家在高等教育政策、论坛、大学联盟及教育交流、办学、科技等领域的合作,它仅涉及两个国家,是"一带一路"教育行动的合作主体。院校合作是一种民间合作与交流,体现在姐妹学校、大学联盟、人员互访、学分互认与研究合作等方面。

一、双边合作机制需要进一步拓展

中国与"一带一路"沿线国家初步进行了高等教育双边合作,但在学历互认、教师交流、合作办学与研究合作等方面的政策沟通需要加快。政策沟通居于"一带一路"建设"五通"之首,至关重要。加强政策沟通是"一带一路"建设的重要保障,以促进政治互信,达成合作新共识。加强教育政策沟通,也是"一带一路"教育共同体建设的重要保障,具体内容包括以下三个方面。

第一,双边教育合作协议方面。中国与四国(蒙古国、以色列、希腊、马来西亚)政府已经签订了双边教育合作协议,与印度尚未签订任何双边教育合作协议或备忘录。

第二,双边学历互认协议方面。学历互认是国际高等教育交流与合作的基础,也是两国互信互利建设的前提。中国与蒙古国和马来西亚两国政府签订了双边学历互认协议,为两国高等教育交流奠定了基础。中国与印度、以色列、希腊则没有签订双边学历互认协议。

第三,双边学生、教师、研究和学校交流合作协议方面。教育的双边合作具体体现在学生、教师、研究和学校交流合作上。中国与上述五国在这些方面的合作政策不尽相同,进度不一。相比较而言,中国与蒙古国、以色列在教师、学生和研究合作上达成了基本共识。为双方学生和教师的交流与合作提供必要指引和保障。中国与印度、马来西亚、希腊三国没有签订双边的学生、教师、研究和学校交流合作协议。除此之外,与五国在研究合作上也没有达成政策上的共识。

总的来说,为了更好地推动中国与"一带一路"沿线国家高等教育发展,双边合作机制需要进一步拓展。

二、双边合作政策需要加强沟通

在高等教育双边合作机制上，中国与"一带一路"沿线国家建立了两国教育部专员、大学校长、专家及国际教育者的交流沟通平台，但两国教育部长会议这一重要平台建立不多。建立双边合作机制是《推动共建丝绸之路经济带和21世纪海上丝绸之路的愿景与行动》的重要内容，它提出积极利用现有双多边合作机制，推动"一带一路"建设。双边教育合作机制应该包括双方教育部长会议、高等教育论坛、高校联盟、大学校长论坛、教育服务中心及教育展览会等。

三、继续推动学生流动、合作办学等工作

中国与"一带一路"沿线国家的高等教育双边合作取得了一定的成效，在吸引留学生方面效果较好，但在教师交流、合作办学及学生派遣方面存在较大的发展空间。高等教育双边合作成果体现在学生流动、合作办学和研究合作三个方面。

在学生流动方面，中国与五国合作水平不一，但均呈现出呈增长趋势。

在合作办学方面，中国与五国的合作目前还不太多。在研究合作方面，中国与五国的合作发展也是进展不一。内蒙古大学与蒙古国传统医学研究院、蒙古国科学院、蒙古国立大学和乌兰巴托大学联合开展了多项跨学科的研究项目。中以合作设立了6个研究创新中心。中国与印度和马来西亚高校的研究合作尚需加强。

中国与"一带一路"沿线国家的高等教育双边合作关系是推进"一带一路"教育行动中最重要的关系，它的进展如何直接影响到该项事业的成败。双边合作关系包括高等教育政策沟通、平台建设及合作实践等。

在教育政策沟通上，中国与四国签订了双边教育合作协议或备忘录，但是还没有签订"一带一路"双边教育合作计划或方案。中国仅与蒙古国和马来西亚两国签订了双边学历互认协议，但是还没与印度、希腊和以色列签订相关协议。中国与蒙古国、以色列在学生、教师和研究合作上达成了基本共识，但是与印度、马来西亚、希腊三国没有签订双边的学生、教师、研究和学校合作协议。

在合作平台建设上，中国与各国初步建立了中国教育展、高等教育发展论坛、教育服务中心、大学联盟和大学校长论坛五种平台，并且在"一带一路"倡议提出之后，双边平台建设非常活跃，但双边教育部长会议这种重要合作平台还没有建立。在教育合作实践上，中国与五国高等教育合作取得了一定成效，

建立了面向未来进一步合作的基础，但也存在很大的发展空间。在学生交流方面，近距离的国家交流比较密切，远距离的国家交流需要加强；在合作办学方面，中国高校如何"走出去"是一个大的课题；在合作研究方面，中国与印度和马来西亚的合作需要加强。

第四节　"一带一路"倡议下中国高等教育国际化的新图景

推进"一带一路"建设是国家统筹国内国际形势变化提出的重大战略构想。"一带一路"倡议的实施为不断深化的中国高等教育改革尤其是高等教育的国际化发展提供了新的内生动力与外在机遇。近年来，中国高等教育的国际化水平不断提高，教育的国际地位、影响力、竞争力不断提升，但同时也存在高校管理体制与国际不接轨、发展模式单一等问题。

高校必须直面国际化发展的优势与劣势，认清机遇与挑战，从内外路径入手，调整学科专业布局，发展留学生教育，拓宽国际合作与交流的领域、内容和方式，发挥高等教育在人才培养、科学研究、技术研发、国际合作、文化交流等方面的功能，主动融入"一带一路"建设大局。"一带一路"建设实施为不断深化的中国高等教育改革尤其是高等教育的国际化发展提供了新的内生动力与外在机遇。

一、"一带一路"倡议对中国高等教育国际化的重要意义

"一带一路"强调各国的互通互联，既包括道路联通、贸易畅通、产业合作等硬实力，也包括政策沟通、文化互通、人才交流等软实力。人才是战略实施的基础、核心要素。因此，肩负人才培养使命的教育在"一带一路"建设中发挥有基础性和先导性作用。无论是"一带一路"倡议构想的理论研究，还是具体的建设内容，都需要高等教育发挥知识贡献与人才支撑功能，调整布局转型发展。"一带一路"倡议不仅是中国国家利益迈向全球的强国梦展现，也是中国高等教育提升教育质量迈向国际化的新机遇。

（一）"一带一路"倡议对中国高等教育发展注入新动力

1.推动高等教育深层次改革

当前，中国经济发展进入新常态，"一带一路"倡议已与全面深化治理改

革的同时按下了"快进键"。在推动教育深层改革的大背景下，"一带一路"建设重点在于形成参与和引领国际合作竞争新优势，创新开放型经济体制机制，加大科技创新力度，扩大开放范围与力度。这就要求高校反思当前存在的问题，面向世界，主动学习和借鉴西方先进的教育管理、思想观念、课程与评价、办学经验等，推动教育发展模式的转型。

2. 推动高等教育国际化转型

"一带一路"是中国首次以大国姿态推动全球治理变革的重大战略，需要高等教育在人才培养、科技合作、学术交流等方面发挥作用，为世界新秩序建设做出贡献。推动中国教育国际化转型，已经成为"一带一路"倡议的迫切需要。中国高等教育必须加大改革开放力度，由主要服务于内向型经济增长转向主要服务于外向型经济发展，推进不同地区的教育向各种国际化人才培养需要转型。

（二）"一带一路"倡议对高等教育国际化人才培养提出新要求

在"一带一路"倡议推进中，无论是政策、经济，还是科技、文化的交流沟通，人才，尤其是创新型国际化人才的培养是极其重要的影响因素。

1. 促进培养理念的转变

随着"一带一路"倡议的提出，高等教育国际化建设已经成为中国教育改革的重要举措。"国际化"不再局限于少数一流大学，而是各级各类大学都应该吸收国外教育理念，围绕"国际化"进行人才培养模式的改革；"国际化"教育也不仅仅局限于少数与国际事务相关的专业，而是要融入基础专业的教学中，真正培养有科技背景、有创新能力、熟悉沿线国家经济政治政策、风土民情的国际化复合型人才。

2. 促进国际化人才的流动

实施"一带一路"倡议，加强各国互联相通，人才必须先行，这就要求高等教育围绕"一带一路"沿线国家发展急需的学科专业，扩大来华留学生招生规模，提升来华留学生培养的质量。同时，"一带一路"倡议加速了各国的教育、文化交流，这就要求高校在国际化人才的培养方面，坚持内培外引相结合，在加快培养一大批能够肩负"一带一路"建设、实施"走出去"战略的国际化人才的同时，吸引各国专家学者教师来华开展研究。

（三）"一带一路"倡议对高等教育产学研合作提供新平台

"一带一路"发端于中国，将东亚、东南亚、南亚、中亚、欧洲南部、非洲东部的广大地区联系在一起，是世界上跨度最长的经济大走廊，也是世界上最具发展潜力的经济合作带。高等教育在全面发挥人才、推动科技创新对"一带一路"建设的支撑、引领和先导作用，推动沿线各国科技能力提升与经济社会的可持续发展的进程中，大有可为。

1.助推区域协同创新共同体的建立

当前，"一带一路"沿线国家的产业仍处于开发利用和综合治理的初期阶段，需要相互学习和利用自身科技和产业优势，通过科技创新破解发展难题。"一带一路"倡议迫切需要高校与沿线国家共建区域技术转移中心，围绕沿线各国所共同面临的气候变化、粮食安全、人类健康、生态保育、资源利用中的关键科学技术问题，建立"一带一路"区域协同创新共同体。

2.助推校企创新合作中心的建立

产学研的深入融合，需要中国与沿线各国推进教育合作和科技协同创新。与"一带一路"倡议紧密相关的企业，渴望与高校建立一批产学研结合的创新合作中心、实验室，共同开展订单培养、师资培训、技术攻关等。

（四）"一带一路"倡议对高等教育对外交流拓展新空间

（1）展现中国高等教育自信。对于"一带一路"沿线国家和地区而言，中国教育与科技具有相对优势。"一带一路"倡议提出以来，中国积极推动与沿线国家的教育、科技、文化等务实合作与交流，开启了中国教育转型的新时代，也为中国高等教育"走出去"铺平道路。

（2）深化高校智库的国际对话。在"一带一路"倡议的建设中，高校发挥着智囊团、思想库的重要功能。通过加强国际秩序、全球治理、资源共享等方面的研究，开展学术和人文交流，深化高校智库的国际对话能力，推动沿线各国的文化交流与融合，是向世界传递中国声音、发挥大国担当的重要战略举措。

二、"一带一路"倡议对中国高等教育国际化的促进作用

"一带一路"体现了中国推动全球治理结构变革的大国担当，向全球展现了实现中国梦的自信。"一带一路"倡议的实施，对中国高等教育的发展来说既是机遇也是挑战，对中国高等教育面向全球化提出了新的要求与新的任务。

（一）"一带一路"背景下中国高等教育国际化的优势

高等教育国际化是世界高等教育系统的一个重要维度，是各国高等教育发展的一个趋势。中国的高等教育国际化发展比较迅速，近些年来，中国高校对外合作交流的范围进一步扩大，内容也进一步深化。

1. 有良好政策鼓励中外合作办学

早在 2004 年，国务院就出台了《中华人民共和国中外合作办学条例》，中外合作办学被纳入法制化轨道，进入良性发展阶段。"一带一路"倡议实施以来，中国积极开拓和推进与沿线国家在青年就业、创业培训、职业技能开发等领域的务实合作，已经提出要扩大相互间留学生规模，开展合作办学，中国每年向沿线国家提供 1 万个政府奖学金名额。深化沿线国家间人才交流合作，加强科技合作，共建联合实验室（研究中心）、国际技术转移中心、海上合作中心等，促进科技人员交流，合作开展重大科技攻关，共同提升科技创新能力，整合现有资源，有效推动了中国高等教育的国际化发展。

2. 教育开放的水平不断提升

教育对外开放在国家开放战略中充分发挥着基础性、先导性和全局性作用。目前，中国赴海外留学人数已居全世界首位。中国已经成为世界最大的留学输出国和亚洲重要留学目的国，生源层次也有显著提升。在"一带一路"建设大局中，中国已经与 46 个国家和地区签订了学历学位互认协议，其中"一带一路"国家 24 个。目前，中国已经基本形成了全方位、多层次、宽领域的教育对外开放格局。在推动中外人文交流、培养高等次人才、引进优质教育资源等方面取得了很大成就。

3. 后发优势逐渐明显

高等教育国际化是历史的必然趋势。在"一带一路"倡议不断深入推进中，教育市场高度开放中，如何去劣存优，同中存异，是中国高校必须认真解读的内容。很多大学已经有成功的探索经验，这对中国高等教育起到了很好的引领和示范作用。可以在借鉴经验教训的基础上，迎头赶上，利用后发优势创新发展模式，探索中国特色的高等教育国际化道路。

（二）"一带一路"为中国高等教育国际化带来的机遇

《国家中长期教育改革和发展规划纲要（2010—2020 年）》将"扩大教育开放：加强国际交流与合作，引进优质教育资源，提高交流合作水平"列为体制机制改革的重要内容，可见国家层面对国际化教育的重视。作为进一步提升对外开放水平的重大战略构想，"一带一路"倡议"立足国际视野，主张跨区域文化交流、人才培养国际化、学术组织国际化、校际合作国家化等新型理念与模式为将中国高等教育由单向的'请进来'为主导转变为'请进来'与'走出去'相结合的双向发展提供了巨大机遇，同时也为中国高等教育领域'创建世界一流大学和高水平大学'的奋斗目标紧密契合，为推进中国高等教育国际化进程提供了良好的发展机遇"，为深化中国高等教育改革，向世界推广亚洲特色的高等教育，实现教育强国提供了条件。

（1）有助于深化高等教育改革。"一带一路"倡议促进了各国高等教育的交流和合作，有助于改革高等教育管理体制，理顺政府与高校关系，建立现代大学制度扩大高校办学自主权；有助于以国际化的视野和全球化意识调整人才培养目标与课程体系，整合教学内容创新教学模式，培养国际通用人才。

（2）有助于完善高等教育资源。随着"一带一路"倡议的深入推进，各国高等教育资源流动也逐渐加快，能够有效满足人民群众对于教育质量的要求，从而促进中国高等教育质量的整体提升与健康发展。

（3）有助于建立国际化教育理念。"一带一路"倡议促进了各国高等教育的交流和合作，不同的教育理念互相碰撞，为中国学习借鉴国外教育经验提供了难得的机遇，有助于中国高校、教育工作者走向国际舞台，立足全球化的角度树立高等教育国际化的发展理念。

（4）有助于拓展国际教育市场。"一带一路"倡议增强了各国教育市场的互通开放，在交流合作中，中国高等教育以深厚的文化底蕴，悠久的办学历史，在世界教育市场上的影响力也将逐日提升。"一带一路"为深挖中国高等教育的亚洲市场，在国际上树立具有亚洲特色的高等教育品牌，吸引国外留学生与优秀师资提供了契机[1]。

三、"一带一路"倡议下中国高等教育国际化的发展路径

"一带一路"倡议，是中国进一步对外开放的大战略，也为进一步推进中国高等教育国际化，深化高等教育改革，全面提升教育质量提供了重大战略机遇。高校需要主动承担起人才培养、科学研究、社会服务、文化传播等功能，结合自身办学特色和学科学术资源优势，深度参与"一带一路"倡议。一方面，

---

[1]　王军胜．"一带一路"倡议下中国高等教育国际化的新图景 [J]．中国成人教育，2017，（18）：24-31．

坚持"走出去"。实施"一带一路"倡议，推进中国高等教育国际化，既是对中国高等教育发展模式转型的整体要求，也是中国在国际舞台展现高等教育质量的重要机遇。适应"一带一路"建设中产业结构升级的需求，主动培养具有国际化视野的实用人才，同时输出优质师资资源，扩大与沿线国家的高等教育合作模式。

另一方面，坚持"引进来"。树立全球化的视野，引进优秀的办学理念、课程体系、教学模式、管理方法以及外交、留学生等，推进高等教育的深化改革。总之，作为人才培养阵地的中国高等教育，要围绕金融贸易、交通基建、文化旅游等战略重点建设内容，在人才培养、科学研究、社会服务、文化引领等方面进一步推进教育质量的全面提升。

（一）内在路径

"一带一路"沿线地区多为发展中国家，这些国家在国民的技能水平、科学文化水平、综合素质等方面的需求与面临的挑战与中国具有相似性。深入推进"一带一路"倡议，推动沿线各国共同发展，应以"人才先行"。目前，中国需要培养"拔尖创新人才""非通用语人才""国际组织人才""优秀来华留学生""国别问题研究人才"五类人才。高校必须把培养创造性的国际贸易人才作为国际化发展的基础来建设，改造和调整学科专科，集中力量去培养中国对外开放中急需的专业人才，尤其是掌握东盟国家语言并了解当地文化，熟悉国际规则、具有国际视野的高层次国际化人才，为扎实推动"一带一路"建设提供人力资源支持。

1.培养小语种专门人才

"一带一路"沿线绝大多数国家是新兴市场和发展中国家，是目前全球贸易和跨境投资增长最快的地区之一。在与沿线国家交流合作中，先要过的就是"语言关"。"一带一路"覆盖中亚、东南亚、南亚、西亚和东非 5 个地区的官方语言数量超过 40 种，而当前中国高校外语专业招生的语种只覆盖其中的 20 种，且小语种专业就读人数不多，所以不能满足"一带一路"建设的需要。小语种人才短缺已经成为制约国家对外战略实施的一大瓶颈。

高校需重视亚洲小语种的教学与相关专业人才培养，在课程设置中增设小语种课程。可以在国际贸易等相关专业设立小语种必修课，为其服务；也可以作为全校公共选修课，增强学生学习亚洲小语种、了解亚洲文化的兴趣。如北京外国语大学，为服务"一带一路"建设，积极调整非通用语种学科专业，新增培养尼泊尔语、索马里语、泰米尔语、土库曼语、加泰罗尼亚语等 14 个语种专业人才。

2. 培养国际化复合型人才

"一带一路"倡议沿线既涵盖日本、韩国等经济较发达的国家，也包含缅甸、老挝等发展中国家以及东盟五国、印度这些新兴的经济实体，各国发展水平不一，经济结构单一，结构性问题丛生，因此仅熟悉普通的国际贸易知识的人才可能很难应对这些复杂的经济状况。高校重点培养熟悉亚太国际贸易规则，熟悉当地文化交往习俗的复合型国际人才。同时"一带一路"发展战略沿线涉及铁路交通、管理、电力、公路、港口与通信等产业，需要大量的技术操作、工程建设、项目设计与开发、质量监控方面的专门人才。中国高校应集中优势资源，培养"一带一路"相关专业人才。

3. 课程优化，推动教育教学深层改革

课程和专业的国际化是高等教育国际化的一个基本要素。不同区域、不同国家、不同层次的办学目标对人才的素质要求既有共性，也有差异。高校需要针对"一带一路"沿线国家地质、资源、能源、环境、生态等支柱型产业发展需要，整合不同区域、国家以及当前国际热点经济管理问题，设置国际化课程体系，与时俱进更新教学模式，是培养国际化复合型人才的必需途径。

（1）整合学科专业设置

一是调整学科专业结构。适应经济社会发展以及国际交流合作的需求，借鉴国外大学成功经验，突破传统学科的束缚，加强不同学科的交叉融合，开发适应"一带一路"专业，扩宽专业口径，鼓励支持跨学科、边缘学科的健康持续发展，培养学生的综合能力。二是改善专业建设条件。利用"一带一路"倡议优势，吸引外资等资源，增加教育投入，改善现有的办学条件，加速高校品牌专业、特色专业的建设与发展。

（2）优化课程内容

进一步构建与国际接轨的课程体系。在传统的汉语、中国文化教学的基础上，增加"一带一路"建设背景、实施重点、合作机制、规则标准以及"一带一路"沿线国家历史文化、社会经济、民族宗教等通识内容，并努力将相关要素渗透在各学科的专业教育内容之中。

（3）创新人才培养模式

"一带一路"倡议沿线长，要保证人才培养的实效性就必须创新培养模式。

一方面，高校可以与"一带一路"沿线国家加强合作，依托交换生、留学生等教育项目强化实践教学，从而使培养的人才真正"接地气"，更好地为对外开放战略服务；另一方面，鼓励高校青年学生参加政府、非政府间的国际组织活动，在实习锻炼中开拓国际视野，熟悉国际合作规则、风土民情等，促进其专业成长。

4. 管理创新，提升管理国际化水平

高校是高等教育国际化的主体，理应享有自主决策与行动的权力。科学的管理体制是高等教育实现国际化的有力保障，可以从以下三方面来推进高等教育行政管理体制改革。

（1）进一步扩大高校办学自主权

随着"一带一路"倡议的展开，适应日益激励的国际化竞争的要求，高校必须改革行政管理体制，实施依法治。一方面，理顺政府与高校关系，给予高校充分的办学自主权，尤其是对外交流的权力；另一方面，建立中国特色现代大学制度。推进高等教育国际化，必须以大学现代化为基础。高校要完善内部治理结构，以大学章程为指引，实行党委领导下的校长负责制，充分发挥学术组织作用，深化人事、二级学院等管理体制改革，增强高校国际化发展的内生动力。

（2）提升管理人员的国际化水平

高等教育要走国际化发展道路，管理人员的国家化是重要保障。高校不仅需要培养熟悉国际通行尤其是亚太地区办学规范的管理人员，还可以从世界范围内选聘高等教育管理专家，将先进的办学理念和管理经验与中国的国情结合起来，提高中国高等教育管理的国际化水平，应对"一带一路"对中国高等教育管理体制的挑战。

（3）规范高校外事管理工作

外事机构与管理人员是高等教育发展国际化开展对外交流合作的窗口，有必要采取有效措施规范各高校的外籍教师、留学生的管理工作，制定完善的外事工作管理规范。各高校根据国家、各级政府外事制度，制定本校配套的实施办法与管理条例，保证高校外事机构国际化职能的充分发挥。此外，要多选拔和培养语言、专业功底扎实，熟悉外事政策制度的管理者，服务于高校融入"一带一路"建设和与国际接轨的转型发展。

（二）外在路径

1. 做好留学工作，树立"留学中国"品牌

近年来，随着经济迅速发展，中国的高等教育国际认可度日渐提升，"一带一路"沿线国家将成为来华留学的重要发力点。"一带一路"沿线与中国经济往来活跃的国家逐渐受到中国留学生关注，随着"一带一路"倡议的深入，沿线国家的留学生将会成为稀缺人才，亚洲地区教育市场的潜力还是非常大的。高校要把握好机遇，乘势而上，做好出国留学和来华留学工作，注重教育产品和服务的开发，加强专业教育、学历教育等不同教育产品和服务的开发，满足"一带一路"沿线国家的留学需求，打造"留学中国"品牌。

（1）打造"一带一路"特色专业。在与沿线国家重点开展的资源开发、金融合作、生态保护、海上合作等重点合作项目中，结合高校自身的传统优势与资源，开发一批对外有吸引力的特色品牌专业，为沿线各国培养当地迫切需要的技能型人才。

（2）设立留学生教育基地。针对"一带一路"开放教育市场的需要，在条件较为成熟、经济发展水平相对高地区，选取一批高校设立留学生教育基地，设立专门的机构负责留学生的招生、学籍管理、奖学金发放等，提高高校内部留学生服务的水平。

（3）提高留学生奖学金标准。高校可根据自身实际情况设立专门的国际留学生奖学金，吸引"一带一路"沿线国高端人才来华留学、就业。

2. 推动合作办学，整合优质教育资源

中外合作办学是推动高等教育国际化的重要途径，也是引进优质教育资源深化高等教育改革的试点。"一带一路"倡议为新疆、甘肃、宁夏、青海、云南等地方的中外合作办学提供了良好的机遇。开展中外办学，高校要密切结合"一带一路"倡议中国内急需的学科领域，与沿线国家的高水平大学开展多边合作。

第一，共建"'一带一路'教育共同体"。为进一步推进"一带一路"建设，高校需要积极构建中国与东盟、东亚、南亚、阿盟等地区高校的国际教育共同体。针对"一带一路"倡议涉及的交通、信息、能源、贸易、金融、生态环境保护、语言文化、科技人文、卫生和旅游等重要领域，与沿线国家知名高校开展紧扣区域需求的服务型跨境办学，共建大学、开办分校，建设高水平中外合作办学项目等，加快区域内教育资格相互承认，联合培养高层次国际化人才。

第二，开展在校生国际交流。高校可以与"一带一路"沿线国家知名院校开展学生互派、交流以及短期留学、夏令营等，鼓励学生利用假期自费到国外留学，开拓国际化视野，熟悉国际规则，增强专业技能，为推进"一带一路"沿线区域与国别研究，培养创新型高素质实用人才。

3. 全面协同创新，发挥知识生产协同效应

"一带一路"是经济文化交流之路，也是科技创新发展之路。当前，"一带一路"沿线国家的产业仍处于开发利用和综合治理的初期阶段，需要相互学习和利用自身科技和产业优势，通过科技创新促进发展。各国协同创新开展学术研究是"一带一路"建设的重要智力支持。高校要积极汇聚沿线各国学术研究的资源，搭建学术交流和合作平台，为全面发挥科技创新在"一带一路"建设中的支撑引领作用贡献力量，具体表现在以下三个方面。

第一，共建跨国跨域跨界协同创新平台。围绕"一带一路"倡议构想，增强与相关国家政府、产业界的契合度，从项目、平台、基地不同层次，协作共建"理念相通、要素畅通、设施连体、链条融通"的高水平科技创新平台，发挥各国知识生产能力的协同效应。

第二，重视"一带一路"高端智库建设。整合校内外学术资源，成立专门的"一带一路"智库，围绕"一带一路"沿线国家的经济、法律制度、基础设施、投融资等开展大数据研究等，与沿线国家、高校、智库开展交流合作，产出一批重大课题和高水平的研究成果，为国家推进"一带一路"倡议，企业更好地参与"一带一路"建设提供决策参考和信息服务。

第三，组建"新丝绸之路大学联盟"。与沿线国家高校签署校际合作协议，加强中国与沿线各国教育合作和科技协同创新，针对"一带一路"建设中的资源、金融、环境、基础设施建设等，开展一批有影响力的专题研究项目，联合培养"一带一路"高级专门人才等。

4. 促进产学研合作，打造高新技术合作平台

加强与"走出去"的企业、沿线国家间的联合，在学科建设、人才培养、科学研究、技术研发、成果转化等方面寻找合作突破口，是高校应当承担的历史使命，也是推动高等教育国际化发展的重要抓手。高校应该从以下两方面采取措施。

第一，联合组建"政产学研"基地。高校应该主动与政府、产业界合作，发起成立与"一带一路"相关的产学研基地，根据"走出去"企业的需求以及"一

带一路"沿线国家当地的行业标准，组建科研团队，打造优秀合作平台。

第二，开展技术合作交流。在"一带一路"倡议的带动下，高校与国外研究机构、国际组织或非政府组织的合作，发挥各方优势，为"一带一路"联合打造研究网络和产业技术联盟，促进技术交流与合作。

5. 加强文化引领，增进文化交流与理解

文化交流与合作是建设"一带一路"的题中应有之义。"一带一路"的战略构想不仅包含经济、政治安全等意义，还在于为加强不同国家、民族、宗教间的人文交流和互相理解，推动人类文明繁荣发展创造了条件。通过与沿线国家间文化对话，推动政策沟通、设施连体、贸易畅通和资金融通。

第一，高校应该通过开展形式多样的学术交流活动，如学术论坛、高峰会议、校长论坛等，与沿线国家探讨教育、资源、环境、金融等共性问题，发挥高等教育的文化引领作用传播中国文化，在交流中增进互相了解、互相信任，加深文化理解、缓解文化冲突，增进文化认同，从而推动合作共赢。

第二，高校应以"一带一路"为主题，发起召开国际峰会、高端论坛、校长论坛，加强与沿线国家、高校间的学术交流和合作，形成了一批学术研究成果，增强对"一带一路"倡议的理解度和认同感。

第三，依托国家在"一带一路"沿线国家设立的孔子学院、孔子课堂，高校可以向其输送汉语教师志愿者，参与举办主题夏令营活动等，加强教育、人文交流，密切高校间联系，推动中华文化走出去，提升中国国际话语权和影响力。

"一带一路"倡议，对于开创中国全方位对外开放新格局，促进地区和世界和平发展具有重大意义。"一带一路"建设的主要内容是政策沟通、设施联通、贸易畅通、资金融通、民心相通，其中，人才又是"一带一路"倡议深层推进的关键。作为人才培养的基地和知识生产的高地，"一带一路"倡议背景下，高等教育需要发挥人才支持和知识贡献的功能，尤其是培养"一带一路"建设急需的技术技能型高端人才。这是中国高等教育必须承担的历史使命，也是深化教育改革、提升教育质量、推进国际化发展的重大机遇。以"一带一路"为指引，探索中国特色的高等教育国际化发展之路，中国高校仍任重道远。

第八章　"双一流"建设背景下高等教育国际化发展探索

在新时代高校"双一流"建设的背景下，高等教育国际化的发展需要进一步的探索。本章重点探讨新时代高校"双一流"建设的战略内涵，"双一流"建设背景下高等教育国际化发展思路与策略以及"双一流"建设背景下高等教育国际化办学绩效评估体制建构。

第一节　新时代高校"双一流"建设的战略内涵

当前，国内外形势较之于"双一流"建设实施初期已发生了很大变化。向外看国际竞争加剧、大国关系复杂、科技发展迅速，向内看主要矛盾变化、社会经济及百姓对高等教育的期望增强，扎根中国大地、培养时代新人、实现民族复兴成为时代强音。助力赢得国际竞争、助力实现民族复兴、助力建成高等教育强国、助力推动高校健康发展应该成为新时期"双一流"建设的使命方向，这需要开启国内高校"合作大于竞争"的战略思路转变，具体来说就是聚焦问题、务实创新、协同发展、一致对外。

一、高校重点建设战略与政策继承发展

中华人民共和国成立后，"重点建设一批高等学校"成为国家推动高等教育发展的重大战略与政策选择，多年来虽然在内涵选择上不断与时俱进，但在政策方向上却始终一以贯之。可见，重点建设政策示范带动起整个高等学校的实力由弱变强，引领促进了高等教育体系的建立完善，支撑推动了国家经济社会的持续稳定发展。

（一）高校重点建设取得的成就

"重点建设一批高等学校"作为一项促进高等教育发展的引领性政策，实

施多年来取得的成就非常巨大，主要表现在以下四个方面。

（1）推动了高校规律办学乃至高水平发展。进入新时代，"双一流"建设高校需要扎根中国大地办大学，探寻"世界一流、中国特色"大学发展之道。经过多年的重点建设，时至今日中国的高水平大学作为一个新崛起的群体，在世界上的影响力越来越大。

（2）有效支撑了国家经济社会发展。重点高校建设及与之相关的院系调整，使得高等学校的人才培养迅速满足了蓬勃发展的社会主义建设对专业人才的需求；国家一系列的推动高水平大学发展的政策，不仅满足了社会主义现代化建设的需要，而且满足了广大人民群众接受高层次教育的需求，更是满足了国家迎接国际竞争挑战的要求。可以说，一批高水平大学的发展，为国家科教兴国战略、人才强国战略和创新型国家建设提供了有力支撑。

（3）示范带动了其他高等学校发展。在国家重点建设高校政策的支持和推动下，一批高等学校先行先试，率先探索社会主义制度下高等学校的办学和发展规律，并把总结出的经验传导给其他高等学校，充分发挥了社会主义制度的优势，起到了很好的示范带动作用。

（4）有效推动了高等教育体系的构建。随着国家的强盛和社会的发展，教育需求的多样性也越来越明显。重点建设高校政策与时俱进，不断开拓创新，在不同层次类型区域不断积累经验，带动形成了当今满足国家经济社会需要的完整的高等教育体系，促进了中国高等教育快速发展。

面对高等教育普及化发展的新局面，重点建设高校政策面临的主要问题和挑战是：示范作用在逐步下降，因为高等教育的多元需求、支撑作用愈发明显；大学学科间的深度合作越来越少，竞争压力的增加对和谐有序的高等教育生态发展不利。这些都需要在建设中予以政策调整解决。

（二）高校重点建设的特征和政策重点

中国高校的重点建设政策在不同的历史时期有着相应的时代特征与实施重点。第一阶段从建国初一直到"211工程"的实施，第三阶段从"双一流"建设起至今，中间是第二阶段。三大不同的阶段，既一以贯之，又与时俱进，且不断深化。

第一个阶段发展得比较漫长，主要就是"重点高校"建设，也包括把高校列为国家五年计划重点建设项目和设立研究生院等。被列为第一阶段主要是因为这是"立足国内的现实选择"，政策特征非常鲜明。一是能动用的教育资源有限；二是国家的需求迫切；三是办学经验需要积累。因此需要利用社会主义的体制优势，集中力量办大事，建设一批，成长一批，示范引领，带动整体。

第二个阶段就是"211工程"和"985工程"建设时期。科教兴国战略提出后，中国开始"迎接世界竞争的挑战"，科学技术和一流大学成为综合国力的重要标志，因此需要建设一些高水平大学，主动布局世界科技和人才制高点。这时国内高等教育界开始全面、大量探讨世界一流大学和现代大学制度规律，高水平大学建设的成就和国内外影响力十分巨大。但是，这一阶段高等教育的大众化开始来临，多样化特征显现，重点建设的示范作用开始减弱。

第三个阶段源起于"双一流"建设的开端。要实现中华民族伟大复兴，迎接世界百年未有之大变局，中国正在走向世界舞台中央，教育要为实现"国家的理想，民族的复兴"服务，因此需要扎根中国大地办大学，走"世界一流、中国特色"之路[1]。

二、新时代的环境变化与发展要求

进入新时代，社会发展的主要矛盾发生了重大变化，国际环境发生了重大变化，高等教育的发展阶段与地位作用也正在经历着变迁，未来的"双一流"建设需要适应和引领这种变化。

（一）重视发展环境的变化

中华民族伟大复兴、世界百年未有之大变局，是当代中国、当今世界正在经历的最大历史变革，高等教育在这一历史进程中肩负的责任担当很重要。

新一轮科技革命和产业变革正在兴起，以人工智能为代表的信息技术正在迅速改变社会的形态和业态，新兴科技带来的变化将远超现有的认知，不变的就是变化本身，高等教育在创新型国家建设中发挥的作用显得尤为重要。中国高等教育正在迈向普及化阶段，这既是量的跨越也是质的飞跃，社会与人民群众对高等教育的要求越来越高，也越来越广泛，高等教育也需要满足多元、蓬勃的需求。可见，高等教育的地位与作用正在发生深刻的变化。

（二）正视历史地位责任担当的变化

历史地位的变化主要体现在两个方面：一是民生性；二是决定性。民生性与普及化阶段有关，未来社会大部分家庭都会与高等教育产生联系，因此高等教育本身一定会上升为民生问题。而决定性的意义更为重大，需要认识到高等

---

[1] 马陆亭. 新时期"双一流"建设的推进战略 [J]. 中国高教研究，2019，（12）：15-20，28.

教育对未来社会发展的决定性作用，它与"双一流"建设关系也更为密切。

2018 年，中国普通高校和成人高校总数已达 2940 所，研究生培养机构达到 815 个，本、专、研各级在校生数达到 3695.15 万人，全国各类高等教育在学总规模已达到 3833 万人，毛入学率为 48.1%。量变正在引发质变，面对普及化阶段的到来，高等教育对整个教育工作的牵动作用和对经济社会的支撑作用将越来越大。

在 20 世纪末，基础教育是整个教育事业的重中之重。经过 20 年的发展，高等教育的历史地位在不断增强，在教育乃至整个社会发展中的领头牵引作用日益显著。可以说，今日的教育特别是高等教育将决定着社会发展的未来，决定着中国国际竞争力的高下和人民生活质量水平的高低。

（三）创新中国特色社会主义发展道路

中华人民共和国的高等教育长期以来一直是在学习借鉴中前进，走的是一条世界先进经验与中国国情相结合的建设实践之路。而"双一流"建设，需要更多地去探讨自己的特色，以支撑中国特色社会主义现代化强国的需要，在战略意义上原创作用更强。

"世界一流、中国特色"的命题符合世界高等教育的发展规律。回顾大学发展史，其第三职能的产生推动大学直接融入社会而走出了"象牙塔"，这是近现代大学与传统大学最根本的不同，进而推动了整个高等教育走向多样化。其中那些最能解决社会重大发展问题和科技前沿问题的大学，支撑了社会、引领了科技，大学成为社会的"引擎""轴心"，这些大学成为人们心目中的一流大学。这说明一流大学和学科建设既需要借鉴成功的经验，更需要投身解决中国自身发展的现实问题，最后形成自己特色的办学特色和模式。

三、新时代"双一流"建设的高等教育战略方向

面对时代的变化和要求，高等教育的战略方位需要重新思考，"双一流"建设的政策要能适应这种战略变化，担当起时代赋予的职责。

（一）新时代高等教育发展的战略方位

当前，高等教育发展最鲜明的主题就是服务"两个一百年"的奋斗目标，为中国特色社会主义现代化强国建设、为中华民族伟大复兴提供人才和科技支撑，目标非常明确。为此，高等教育需要在育人和办学上下功夫，实现路径也很清晰。在育人方面，根本点就是坚持立德树人，培养学生既要以德为先，也

要有担当民族复兴重任的能力，德智体美劳全面发展；在办学方面，要扎根中国大地，在世界先进经验与中国国情的结合中走出自己的模式道路。在总体布局中，要加强和完善高等教育的体系建设，满足人民群众日益增长的接受优质多样高等教育的需求，满足社会经济发展对全链条专门人才和科技成果的需求。在重点领域上，要关注和融入国家区域战略规划和产业发展重点，急国家之所急，在关键技术攻坚克难、新经济新产业推动涌现上下功夫，支撑和满足国家重大战略需求。

（二）高等教育发展需要处理好重要关系

1. 开放、竞争与合作

开放是大学与生俱来的属性，可带来思维的交流与碰撞，必须坚守；竞争可带来一定的张力，增强活力，但需有度，要良性竞争；合作可实现优势互补，大科学时代是合作共赢的时代，单打独斗难有大的作为。高等教育的发展政策及高等学校的科学发展，需要处理好竞争与合作的关系，营造开放办学的良好发展环境。

2. 学科、专业与学科群

学科和专业既是知识分类体系，也是制度安排，既可遵循科学技术发展的逻辑也可遵循社会需求的逻辑，二者可一致也可不一致。学科暗含一个研究领域，专业则明显是一个育人概念，因此，教师在学科内成长，学生按专业培养。学科发展主要依赖于院系的努力，大学层面主要考虑的是学科群、跨学科及新旧学科的交替问题。专业则更为复杂，依据设立的逻辑、基础、方式不同，学校、院系、教师的侧重点会有不同，但根本上是由教师提供课程（包括实习实验等）、学校安排课程、学生选择课程而形成的，提高人才培养质量需要学校各方共同合力。

3. 学校、院系与教师

学校、院系与教师三者关心的重点不同，但有一致性。学校层面，首先需以育人为重，着力培养堪当民族复兴大任的时代新人，同时还要考虑国家重大战略、科学前沿、大学精神、学科群建设、与区域产业联动等重要战略议题；院系层面，侧重的是学科本身的发展、毕业生就业及本学科教师的共同体利益，因为院系面对着与其他大学同学科及与本校不同学科两类竞争、合作关系；而教师层面，主要关心的还是个人的学术声誉、科研项目经费论文，以及学生培养和个人授课情况。可以看出，学校重在方向，院系贵在奋进，个人荣于声誉。

大学管理需要正视各方的取向差异，注重凝聚人心，促进形成合力。

4. 科研、教学与服务

科研、教学与服务三者同为大学基本职能，但受重视程度不一。在向世界一流的迈进过程中，科研受到空前的重视，但存在着唯论文、唯项目现象，远远超出对国家区域战略、产业关键技术的重视；自 2018 年 6 月全国高校教学工作会议召开以后，教学和人才培养受到"双一流"建设高校的高度关注，"金课""双万计划"等教育部具体政策也纷纷出台，今后的重点是把推动内涵式发展、提升教学质量的思想、政策真正落实下来；对社会服务的关注最弱，所谓世界一流大学其实也是大学有了社会服务第三职能后与社会共同发展的产物，因此如何"扎根中国大地办大学"是"双一流"建设今后要解决的重大命题和实施路径。

5. 中央、地方与社会

中央、地方与社会三者是大学发展的重要外部支撑和环境。对于国家而言，"双一流"建设承载着国家的理想。国家需要"双一流"建设高校致力解决社会发展重大战略问题，扎根中国大地成为"世界一流、中国特色"的典范，希望其成为高等教育强国领头羊；对于地方而言，需要大学促进区域繁荣满足产业需要，站在技术前沿引领创新型城市建设，对"双一流"建设高校的支持虽可能是整体的但更期望偏重于针对地方特色，双向互动、互利共赢是现实议题；对于社会而言，更侧重于文化氛围、底蕴和文明生态建设，切实满足人民对美好生活的需要。

（三）"双一流"建设需要思路变化

"双一流"建设需要的思路变化方向就是要面向国家重大战略和产业关键技术，加强合作、协作、协同，勇于创新和攻坚克难，共同为强国建设提供高层次人才、科技和文化支撑。高等学校特别是"双一流"建设高校一定要发挥先导作用，想国家之所想、急国家之所急，在建设创新型国家中发挥作用。

每所好大学、学科都有自己的长项。过度竞争，不利于大学的生态，也不易产生合作。现在是大科学时代，合作有助于创新，有助于思维碰撞。中国的大学发展经历过改革开放后的开放、竞争，对一流大学、现代大学制度的规律已有了比较清晰的认识，又经历了综合改革推动着科学发展，对自己的发展道路已然心中有数。今后，合作共赢是大方向，高校需要团结起来、优势互补、一致对外，共同完成服务中华民族伟大复兴的历史使命。

四、新时代"双一流"建设的推进策略

"双一流"建设总体战略是扎根中国大地,聚焦立德树人和国家战略需求,加强合作,实现内涵式发展。

(一)国家层面上的政策

中国高等教育正在跨越普及化的门槛,对社会主义现代化强国建设的决定性作用日渐突出。新时代面对大国博弈和国内主要矛盾的变化,国家的重点建设政策也需要有所转型,既一以贯之又与时俱进。

1. 聚焦立德树人的根本任务

"培养什么人、怎样培养人、为谁培养人"是关系到国家未来的根本问题,培养一代又一代拥护中国共产党领导、践行社会主义核心价值观的建设者和接班人是教育的神圣职责。不仅要有伟大理想、奋斗精神、道德情怀和社会责任感,还要有决胜未来的能力。由此看来立德树人是一个全面的概念,需要以德为先、能力为重、全面发展,因此立德树人才是根本任务。

2. 推动大学服务职能与研究职能的融合

当今世界格局的变化使得高等教育的社会价值更加突出,"扎根中国大地办大学"成为时代强音。从世界高等教育发展史看,走出"象牙塔",承担推动社会发展的责任,是现代大学走向卓越的大方向。除传统大学之外的后发型一流大学,均创立起自己的办学特色,形成了大学与区域、产业发展的良性互动。

可以说,一流大学是高等教育多样化的产物,根植于社会服务职能;一流大学不是单纯靠写论文写出来的,而是在适应社会发展需要、解决实际和现实问题中发展起来的。相对于国家强盛和地区繁荣,论文发表其实只是个副产品,体现着国家逻辑和教师逻辑的不同,这既为"世界一流、中国特色"提供了实践依据,也为"双一流"建设提供了路径方向。大学发展需要服务国家战略,把学问做到中国大地上。

3. 进一步扩大教育的开放程度

开放是大学与生俱来的属性,大学自产生伊始就是开放型学习型组织,后来又成为创新型组织。开放有助于文化交流、思想碰撞、思维互补,因此有助于创新,世界一流大学无不以其师生的国际化及频繁的国际合作交流而立校。

对外开放是中国的基本国策，高校更应该走在前列，中国的一流大学要与世界的一流大学相融，努力走向世界科技最前沿。在此过程中，要特别注意遵循大学的办学规律，实事求是讲求实效。

4. 领衔高等教育体系建设与发展

中国是多种经济形态、产业状态、地区特征并存的大国，"双一流"建设应能带动整个高等教育体系满足社会的多样性，具体来说就是推动一流高等学校分类体系的形成。当然，"双一流"建设高校要在教育、创新链的上游工作，但也要在多样化方面带好头，成为不同领域的先导者。政策要善于发现和支持不同的好大学，推动特色发展，使全国高校成为一个有序的群落系统，目标是实现高等教育强国。

5. 制度化的支持高水平大学发展

制度化的支持高水平大学发展，具体来说就是把一流大学建设常规化，把一流学科建设动态化。中国的高校重点建设工作断断续续但持之以恒地已走过多年的历程，慢慢地形成了一批高等学校的国家队，且常年的实践已证明这种建设思路是行之有效的。但到目前为止，建设工作仍以项目制的方式进行，优点是重点突出、导向明确，缺点是不确定因素多、学校自主性小。既然这项工作要长期进行，且哪些是要重点建设的大学已基本明确，那么就可以变项目支持为常规支持，以适应新时代要求而增强这些大学之间的合作性。

具体操作办法是增设这些大学标准拨款的一流目标系数，该系数由国家设定、绩效评价修订。而避免固化的问题交由学科的动态化解决，因为办大学其实也是办学科，学科的强弱同行们容易形成共识，学科的特色化也容易引导。其结果会使得一流大学发展的自主性、合作性增强，一流学科建设更加务实多元[1]。

（二）学校层面上关注的重点

"双一流"建设高校特别是一流建设大学，外要有全球意识，向世界同类最好大学看齐，学习其成功之道，借鉴其有益经验，善于开放勇于竞争；内要有奋斗精神，勇于创新，自我进取，善于合作办出特色。

1. 胸怀助力民族复兴的伟大理想

中华人民共和国国务院于 2015 年 12 月正式发布了《统筹推进世界一流大

---

[1] 张宁，陈延鑫."一带一路"背景下高校国际化教育发展趋势、问题及对策 [J]. 科教文汇，2019，（34）：1-2.

学和一流学科建设总体方案》（以下简称《总体方案》）规定的三个阶段的建设目标存在着"从行列到前列、从少到多的递进和高等教育整体实力的并进"，最后形成"一流大学和一流学科的数量和实力进入世界前列，基本建成高等教育强国"的局面。这是一种国家理想主义情怀，最终目的是建成高等教育强国。因此，高校要想国家之所想、急国家之所急，增强社会责任感和历史使命担当，把大学发展与国家发展紧紧相连，在服务民族复兴理想中实现自己的一流大学梦想。

2. 致力培养引领时代发展的拔尖创新人才

一流大学必须培养出一流人才，这些人才要能担当起民族复兴的大任，这是时代的责任。一流大学建设高校需以"九个坚持"为根本遵循，率先办好一流本科教育，以担当这一时代重任。要加强人才培养模式改革，在德能兼备上下功夫，心无旁骛地做好普及化阶段的精英教育，为创新型国家建设培养前端和领军人才。

3. 勇于融入和引领世界科技发展

实现伟大梦想必须开展伟大斗争，面对未来国际竞争，"双一流"建设高校需要超前布局科技大势和学科前沿，为国家创新驱动战略赋能。这需要有战略眼光、合作意识和"功成不必在我"的胸襟，勇于抓住新一轮科技革命和产业变革的历史机遇，在以信息技术为引领的新时代加大对传统学科的改造工作，努力使学校在世界科技高峰、关键核心技术方面有自己的版图。

4. 树立支撑区域经济文化的责任担当

高校要成为社会发展的发动机、区域活力的源泉，这是已被历史证明了的大学成功之路。"双一流"建设高校要牢固建立起为区域服务就是为国家发展服务的思想，主动融入国家区域发展战略，按主体功能区要求思考、布局自己的角色定位，以科学引领社会、以行动反哺区域，扎根中国大地办学。

5. 维护良好学科、学术生态

"一流"不是孤军奋战，而是相互依靠、相互扶持、相互激励、相互涵养的环境生态。"双一流"建设是长期而艰巨的工作，自己努力重要，伙伴、对手同样重要，"一团团""一群群"地前进才能坚持到底，才能出好成绩。因此，一流大学和一流学科，应该是一个此起彼伏的群落，个体间的促进、合作、竞争、互补更有效。调整要在动态中完成，动平衡远比静平衡好，学校有着建设学术生态的责任。在这里，跨学科中心组织模式的成长发展是大学层面的职责。

6.加强制度建设

推动大学组织治理模式变革，用制度保障创新，实现治理能力现代化、实现依法治校是最终努力的方向。这一治理模式应具有大学、政府、社会新型关系的体制活力，实现大学、区域、产业互动共荣的发展活力，调动大学内部各方积极性、主动性、创造性的办学活力，促进科学、知识、技术、人才跨国界流动的合作活力，开放、激励、约束并重。

（三）院系、学科层面上的有所侧重

学科既是知识分类体系，也是制度安排。院系是学科制度性安排的基本载体，因此学科发展是院系拼搏奋进的应有之义，学科是院系学术共同体各位教师的工作重点。

1.以特色求发展，不断创新

"双一流"建设学科处于科技或产业的相对前沿，既可比又不可比。可比是因为把相同相似的知识分类在一起，同一学科的学者构成同行；不可比是因为理论、应用、方向可能会各有差异，越是前沿学科的知识越不便归类。所以，一流学科不宜硬做量化比较、排名，硬做比较将限制发展、难以创新、难成一流。"双一流"建设学科要在鼓励追求创新的同时，注重发挥院系的积极性创造性，或实施战略导向的基础研究，或以新科技改造传统学科，或发展前端应用研究。

2.以融合为方向，群落互补

知识分类或制度安排，都是依据客观认识的人为划定，这里面就有了人的局限性和有限性。但是，现实世界、科技突破、产业发展往往不是这样，创新一定要超出人们已有的认知。一流学科建设一定要加强合作、互补、融合、协同，发挥主干学科的集聚效应，促进学科"成群结队"发展。既保持已有特色学科的优势，又不阻碍创新，注重激发新兴学科涌现。

3.以人才为重点，培育大师

院系是学科的基本组织单位，拔尖创新人才成为关键。这需要在实战中锻炼学术领军人物，使他们敢于挑战科技或产业尖端问题，勇于引领学科发展。其中的关键还是制度和机制，以人情关系代替原则的晋升奖励方式也必须破除。要着力推动一流学科建设中的制度创新，建立起广大学术人员醉心于学术的氛围，激励大家为理想、信念执着追求，不为指标而工作。

4. 以硬件为基础，自主研发

一流学科必须建立起自己的高水平实验室，特别是在自然科学领域。现代科技早已发展到大科学时代，对团队、合作、仪器、装备的依赖性很强。但是，这些大设备、大装置也不能单纯依靠经费去购买，买设备是基础，但仅靠买设备是成就不了一流的。大的创新需要靠自身，最前沿的设备还是要靠研究者自己根据需要而改进或规模性地开展协同合作。一流的实验室必须有自己的专门化设备，对团队的能力匹配、协同攻关、优势互补要求会越来越高。

第二节 "双一流"建设背景下高等教育国际化发展思路与策略

高等教育国际化是加强高等教育综合实力的重要途径，也是一个不断发展和变化的动态过程。当前中国高等教育国际化呈现出的特征有：国际交流与合作的规模不断扩大，高等教育的国际化意识日益增强，正由"单向流动"向"双方互动"、由"单线合作"向"多校合作"的模式转变，国际科研合作正在快速推进。"双一流"建设是中国高等教育国际化的重要转折点，也是激发高校办学活力、提升国际化办学水平的重要机遇。在此背景下，提出"双一流"建设背景下中国高等教育国际化发展的基本思路与相关策略是很有必要的。

在知识经济重要性日益凸显、经济全球化深入拓展的 21 世纪，高等教育国际化已经成为各国发展高等教育以服务经济社会发展的共同选择和追求。高等教育国际化既是加强高等教育综合实力的重要途径，也是一个不断发展和变化的动态过程。由此可见，高等教育国际化已成为中国高等教育发展的重要战略和重点方向。

在高等教育世界竞争日益激烈的时代环境下，中国做出了"双一流"建设的重大战略决策部署，目的在于切实改变中国高等教育发展的现状、赶超发达国家、培育世界一流人才。《总体方案》中"改革任务"的第十三条，重点单列标题强调了"推进国际交流合作"。

在"双一流"建设背景下，高等教育国际化发展理念更突出全球视野，更注重参与全球教育竞争的能力。这给中国高等教育国际化发展带来严峻挑战、提出了更高的要求，同时也提供了高等教育转型与升级的重要机遇。那么，在"双一流"时代，如何理性审视中国高等教育国际化的现状、特征与问题，并为提升中国高等教育国际化水平提供有价值的思考和策略建议，成为需要关注的重要问题。

一、"双一流"建设背景下高等教育国际化发展特征

高等教育国际化的本质，是高校办学理念、办学要素和办学行为跨越国界进行互动的过程和现象，是将教育改革和发展置于全球视野来考量，以国际交流与合作为媒介，在学科建设、人才培养、社会服务、科学研究、文化传承等诸项功能中相互借鉴、相互学习、相互交融，培养适应国内外经济社会发展所需人才的动态过程。对中国高等教育国际化的发展现状进行总结，发现呈现出以下特征：

（一）高等教育国际化的规模不断扩大

过去，为适应对国际化人才数量和能力的需求变化，着重加强法制化建设，中国陆续出台了系列政策法规，但高等教育国际化方面的建设成效仍主要集中在派出留学生、来华留学生和合作办学三个方面。国际交流合作是高等教育国际化发展的媒介，目前中国国际交流合作规模迅速扩大，推进国际交流合作的基础也日益扎实。

（二）高等教育国际化的意识不断增强

随着《总体方案》强调"推进国际交流合作"这一重要建设任务并不断推进，中国国际交流合作的日益频繁和深入，国家以及相关部门更加重视高等教育国际化活动，加之"一带一路"建设提供的历史机遇和"双一流"建设对高等教育国际化的内在要求，各高校都逐渐将国际化放到学校发展的重要位置，并确立了较为明晰的国际化理念，在发展规划中甚至在大学章程中凸显加强国际交流与合作的地位和意义已经成为高校较为普遍的现象。

目前中国高校选派研究生赴国外等进行短期交流活动基本形成常态化机制，来华留学生数量不断增加；在学科队伍建设国际化方面，通过多种形式邀请、聘任甚至引进外籍教师到国内高校进行讲学、做报告、指导学生等工作，注入新的活力，同时积极鼓励教师参加多种形式的国际交流活动，不断提升学科队伍建设的国际化建设水平。

（三）由"单向流动"向"双向互动"转变

目前中国高等教育国际化已经从主要向国外高校学习先进办学理念、把握学术前沿的状态，转向积极将中国高等教育发展理念以及成功经验分享给世界，

不断提升教育领域的国际话语权。孔子学院就是中国向国外传播中华文化的重要渠道和例证。老挝苏州大学是中国教育部批准设立的第一所境外大学，标志着中国高等教育从"引进"向"输出"、从"开放"向"开拓"的质的方面的转变。同时，中国不少高校的专业已经跻身"国际教育援助国"地位，例如，华东师范大学成立国际教师教育中心，承担国家"发展中国家教育硕士"项目，为撒哈拉南部非洲等地区的发展中国家培养面向未来的基础教育领导者。

随着经济全球化的发展，除了以往的高校与高校之间的"单线合作"模式之外，还逐步形成不同国家之间"多校联合，多校交织，多校融合"的新型国际交流与合作模式。中国顺应发展趋势、不断探索，北京大学、清华大学等高校加入东亚研究型大学协会和环太平洋大学联盟，就是积极融入"多校联合"的国际交流与合作模式的尝试。由中国两所高校和新西兰高校组成的"三兄弟伙伴关系"，也是"多校联合"合作模式的典型案例。中国高校与国际知名院校研究机构开展的高水平合作办学项目也不断增多。

（四）国际科研合作快速推行

国际科研合作是高等教育国际化的重要内容，也是"双一流"建设中提升中国科学研究水平这一重要任务的重要抓手。目前中国国际科研合作快速推进，以国际合著论文为例，国际合著论文占中国发表论文总数比例提升到 27.0%。

二、"双一流"建设背景下高等教育国际化的机遇与挑战

在中国经济发展水平不断提高、高等教育水平对应提升的背景下，为实现中国高等教育大国向高等教育强国转变，中国做出了"双一流"建设的重大战略决策，也成为中国高等教育国际化向纵深发展、全面发展的重要转折，也同时带来了许多挑战。

（一）"双一流"建设成为高等教育国际化的重要机遇

"双一流"建设与高等教育国际化有着天然密切的联系。《总体方案》明确提出深化高校综合改革，加快构建"更加开放、有利于学校科学发展的体制机制"等原则，在 21 世纪中叶基本建成高等教育强国。该方案中强调了"推进国际交流合作"这一高等教育国际化的媒介，涉及高等教育国际化的诸项内容。

加强学术团队的国际交流与合作，有利于提升学科队伍整体创新能力，分享国际上的最新研究成果，缩小相关研究领域科研水平差距，提升学科影响力

和服务社会水平。同时，良好的国际交流与合作环境有利于培养更为全面的人才，让学生了解最新学术动态，把握多元文化，形成更为开阔的思维和良好的合作精神与社会责任，也利于提升本科生、研究生等生源质量，为提高学校办学质量进而提升中国高等教育国际化水平夯实基础。

20世纪末重点建设的"211工程"，已经涵盖了建设一批高校使其在21世纪接近或达到世界一流水平，建设一批学科接近或达到世界一流水平，加大投入促进一批高校的快速发展。随后推动建设的"985工程"将建设若干所大学和若干学科进入世界一流水平正式纳入了中国高等教育发展战略体系之中。《总体方案》在突出中国特色基础上争创世界一流水平，在国际交流与合作领域上突出将"加强与世界一流大学和学术机构的实质性合作""积极参与国际教育规则制定、国际教育教学评估和认证"等列入改革任务，成为激发高校办学活力，提升国际化办学水平的重要机遇。

（二）"双一流"建设背景下高等教育国际化的挑战

（1）高等教育国际化理念落实需进一步加强

"双一流"建设以来，各部门地方以及各高校积极推进，但仍在不同程度上存在理念认识不深、思路不清、落实不到位等问题，在此背景下2018年教育部会同财政部、国家发展改革委研究制定了《关于高等学校加快"双一流"建设的指导意见》，以便加强引导和具体推进建设工作，进一步明确了深化国际合作交流等改革任务，大力推进高水平实质性国际合作交流，成为世界高等教育改革的参与者、推动者和引领者。地方教育机构及相关部门在执行国家推进教育国际化的重大战略举措上需要更为严格；高校在开展实质性国际交流合作活动等方面，也要进一步完善和落实。

（2）国际交流合作的参与度仍需提升

深入推动中国高等教育国际化建设，要进一步发挥高校的主体作用，并最终落实到高校师生，需要全校教职员工和学生对高等教育国际化有合理的认识并积极参与或给予配合支持，逐步形成"中外互鉴、开放包容"的文化气质。目前部分高校尤其是地方高校在遴选国家公派出国留学人员时，可能还存在学校教师积极性不高的现象，所以需要着力提升师生的参与度。该项工作需要人事、科研、学科建设等相关部门和学院的积极配合。

（3）国际交流合作的实质工作需有力开展

"双一流"建设的《总体方案》以及其他相关文件均从不同层面强调加强

与国外一流高校及学术机构的实质性合作，强调国际交流与合作的成效与水平。目前总体来看，仍然存在着国际交流与合作实质性工作不够问题，例如，已经签订了双方高校合作协议，但落实慢，导致较易推动的短期互访以及参加国际学术会议等活动较为频繁开展，但真正意义的联合撰写学术论文以及著作，尤其是重大科研攻关等国际科研合作的活动进展还相对薄弱。一些国际科研合作中心等机构虽然已经建立，但有效的业务性活动仍有待进一步提升。

同时，包括高等教育国际化在内的"双一流"建设与一个国家的经济发展水平密切相关，而地方高校的国际交流与合作和受限于地方经济发展水平。总体来看，在推行国际交流与合作工作中，部分高校还面临着资金短板问题。

三、"双一流"建设背景下高等教育国际化的发展理念指引

"双一流"建设背景下高等教育国际化发展理念，是在其基本内涵的基础上，更突出全球视野，全面推动办学理念、视野、战略的国际化，实现人员交流双向互动、学术交流协同共享、治理体系共商共建共享，注重培养具有国际视野、通晓国际规则、适应经济全球化发展需求的国际化人才，同时不断提升参与全球教育治理能力以及在全球教育治理中的制度性话语权。因此，提升中国高等教育国际化水平需要立足于本国高等教育和经济社会发展的实际，不断探索和创新，这是一个持续发展的系统工程。

（一）有效激发高校的主动性和积极性

理念具有指导性，事关全局工作，但重在落实实践环节。在"双一流"建设背景下，应积极发挥高校在推动高等教育国际化发展过程中的微观主体作用，给予高校更多的自主权，尤其重要的一环就是积极推动高等教育"放、管、服"有效落地。"放、管、服"新政是落实高校办学自主权，切实保障高校权益重要举措，有利于激发高校的办学活力，提高高校国际交流与合作的自主权范围，夯实扩大国际交流与合作广度和深度的微观基础。

同时高校要加强对国家重大教育理念规划的研究。高校要切实立足学校的发展历史、发展现实、学科专业特点以及国家和地区经济社会发展需求，做好顶层设计，将国际化教育理念融入各项具体工作中，特别是激发高校立足自身的特色优势，推动与符合学校自身特色优势等实际而开展交流合作的国外相关高校以及科研机构等形成持续稳定的关系，不断推动高等教育国际化理念落地。

（二）多层次、多领域推进纵深发展

在"双一流"建设背景下，高等教育国际化需要形成稳定的发展态势，持久发力，强化"单向流动"向"双向互动"转变，不断实现与知名高校的优势互补、合作共赢。支持与国际研究团队建立稳定的持续的合作研究关系，注重联合申请和开展科研项目、联合承办或参与高水平的国际学术会议，与国外合作院校领军人物以及学科骨干等合作撰写高水平学术论文、著作等；从政策和资金等方面支持高校师生学术互访、联合培养学生、鼓励学生参加国际性赛事；鼓励有条件的高校尝试双方的管理岗位交流、导师互聘，支持选派教师赴国外合作院校交换任教，互派学科骨干进行授课和特色活动指导，共同开发远程课程，为学生多样化发展提供国际化课程情景，积极拓展来华学历留学生数量等。

（三）加强宣传和引导工作

大力加强"双一流"建设内容的宣传引导工作，不断提升管理人员以及高校师生的国际化理念和认识，并落实到具体教育工作中。多层次、多角度、全方位加强建设，在教育行政领导干部选任上要考虑其国际化意识以及海外留学深造背景。在学校学生入学教育以及相关活动中注重宣传国际化理念，积极为师生创造良好的国际交流条件，做好相关费用资助工作，保障师生共享国际化发展红利。在考核以及职称评聘等工作中，强化国际交流与合作的内容，逐步实现职能部门、学院以及师生各自自主展开或参与国际交流合作活动，从主、客观等不同方面不断构建和深化全员国际化格局。

（四）根植于中国传统文化

把握"双一流"建设机遇、立足实际、筑牢特色，将学科队伍、科学研究、人才培养以及服务经济社会发展等置于世界高等教育视域下建设与评价，学习高等教育以及高校发展的先进经验，不断提升自身的办学水平。

应该充分发挥自身特色优势，精心培育自身国际交流合作的优势和特色，保障中国高等教育国际化的初衷。坚持国际化与本土化相结合，充分利用本土优势，走一条符合自身特色优势的发展路径。尤其是地方高校要积极发挥地区特色、民族特色以及区域历史文化资源优势等基础上，正面地吸收国际先进办学理念和具体举措，对业已形成的特色与优势进行拓展深化，打造特色优势品牌，不断培养具有国际化视野和学识，并具有坚定理想信念的优秀人才。

四、"双一流"建设背景下地方高校教育国际化的发展策略构建

（一）基于教育国际化产品生产视角策略

1.增加理念化投入

地方高校所生产的国际化教育产品，需要国家政府以及社会各个层面在秉持国际化理念的情况下，提供合理的投入，也就是确保该商品的生产始终带着这种理念进行投入。经济全球化为教育国际化发展提供了物质基础、动力因素以及所需的各种资源。

高等教育国际化不仅意味着教育资源和信息的共享和交流，更是一种新型的办学理念。地方高校应该突破地域的界限，放眼世界，克服传统的保守思想，真正做到以一种全球视角去看待高校教育国际化。要清晰地把握住高校教育国际化发展的立足点，正确处理好三种关系，即区域化与国际化，学习借鉴和参与竞争，内部发展和外向发展之间的关系。还要注意三个结合，即将高校教育国际化的发展要与中国教育改革的长远规划相结合，与中国社会经济发展的战略相结合，与全面提高中国教育质量和教育水平相结合。

地方高校的发展要立足于本国和本地区的实际，站在全球化的高度上，要将国际化作为未来高水平大学建设发展定位的重中之重。高校要把握机遇，优化资源配置，深化改革，增强创新能力，构建战略，提高大学的国际竞争力，推进大学的国际化进程。总之，教育国际化发展对于扩大地方高校生存与发展的空间、解决现实性的发展瓶颈有着无可替代的作用和意义[1]。

2.提供政策和法规支持

高等教育的内部发展动力源自国家，对外进行高等教育合作和交流的重要前提便是建立规范、科学的高等教育体制。为实现国际化政策的稳定性和连续性，大多数国家通常都是以政策、法律、法规和法案的形式把相关的要求和规定确定下来，使其上升为国家意志，从而具备法律效应。

高等教育的国际化的发展对于国家的教育事业，乃至整个国民经济快速增长来讲会产生长期、持久以及良性的影响。政府的政策导向既给高等教育国际化发展提供了方向，也提供了必要保障。与其他教育机构不同，政府所发挥的

---

[1] 侯淑霞，韩鹏."双一流"建设背景下中国高等教育国际化发展研究［J］.国家教育行政学院学报，2019，（8）：46-51.

对高等教育国际化方面的宏观指导和协调作用是无可替代的。

3.促进办学体制多元化

在办学体制方面，各高校应该在以国家办学为主的前提下，实现多元化办学，从而促进高校教育国际化的发展，主要的模式是通过民办、民办公助、公立高校整体或者部分转制、公办与民办联合、股份合作制办学、个人独资办学、中外合作办学、国外团体办学等。

（二）基于教育国际化产品获取与使用视角策略

1.实现教育国际化各要素国际化流动

地方高校教育国际化发展从流动性角度来分析，主要是通过人员流动、教育项目的流动、服务政策的流动三个要素来实现。

首先，人员的国际化流动性主要包括教师和学生两个层面的流动性。只有拥有国际知识和国际意识的教师才能培养出具有世界意识、全球观念以及掌握世界科学知识的国际人才，地方高校应通过"走出去"和"请进来"两种途径，让教师和行政管理干部充分流动起来，学习和掌握教学方法和管理理念。在教师国际化方面，高校可采取"走出去"的多种形式选派教师赴海外进行进修、攻读学位、科研合作和学术访问等方式推进。

"请进来"，就是请外国专家、教师到中国来讲学、合作科研等。通过交流与合作，将国外先进的教育思想、教学模式和学科发展前沿的信息等引入高校。在"请进来"方面，重点还应该加强"引智"工作，可采取聘请相关领域著名学者为名誉教授或客座教授，邀请知名专家和学者来华访问和讲学等方式开展工作。在学生流动性实施层面，具体表现为致力于吸收外国留学生到本国学习，以及鼓励本国的学生到外国去学习深造。高校应大力开拓国际留学生市场，通过海外留学展、网络资源宣传和留学代理等多种途径吸引外国留学生来华学习。另外，高校还要积极开拓中国学生的对外交流的渠道，灵活地采取到国外进修、攻读学位和实习等形式，实行长期和短期派出留学生相结合的交流方式，校际交流与合作，联合培养并举等方式。

其次，对于地方高校而言，教育项目的流动性主要包括学校既要通过教学理念、教学内容、教学方法、原版教材的引进及修改、课程国际化管理等形式引进国外的优质教学资源，还要加大各专业教材的编译工作，积极推广双语教学和外语教学，使学生尽快地掌握国际最新的前沿理论成果并应用和参与到国际社会实践中去。实施课程体系的流动性，要将课程分层次区别对待。不同层次教育机构课程国际化的目标、要求、形式、措施都应该有所不同。既要从学校自身从发，也要从所处的地域出发，更要从办学方向和培养目标的实际出发。

最后，对于地方高校来讲，服务政策的流动性主要应在多方面实施政策保障措施，高校要尤其加强与国外大学之间开展学分积累、学分互认、学历和学位互认工作。与此同时，确保地方高校所提供的高等教育质量和学位水平也将推动服务政策的流动性。

2. 推进跨境和境内合作办学

在世界高等教育交流和发展的路径中，合作办学无疑是一种能较快促进学科、学校、地区乃至一个国家高等教育国际化发展的重要形式。国际合作办学可以使全球教育资源实现较好地流动和共享，使合作双方实现共赢。

首先，地方高校要积极推进境外合作办学，要积极走出国门，推销自己，在海外树立属于自己的形象和教育品牌。国家应给与政策支持，鼓励具备国际合作与竞争能力的地方高校走出国门，寻求合作办学的机会，向外输出中国制造的优质的特色教育资源，例如中医药、汉语和传统工艺等专业教育。地方高校还可以在国内或者海外建立专门工作办公室，安排专人团队进行管理负责拓展海外课程，联系和筹备海外分校建立。地方高校教育国际化中的影响也会伴随着境外的这种合作办学大大增强，同时也有利于地方高校教育国际化进程的推进。

其次，地方高校应该继续加强和推进境内的合作办学。高校应该积极引进海外的优质教育资源，与本校优势专业以及学科领域进行合作办学。合作办学的具体形式，可以根据合作方国家、合作地区和合作高校的具体情况，采取不同的形式开展。合作可以选择在宏观层面进行全面合作，也可以选取一个学科、一个专业甚至一个班级来进行合作。通过举办多种形式的合作办学项目，来不断增加获得双专业、双学位的学生数量，使国外高校优质教育资源与中国地方高校的教育资源找到最佳契合点，最终为地方高校培养国际化人才。

另外需明确，无论是境外的合作办学还是境内的合作办学，都必须注意认真考察和选取合作的对象以及专业，同时要理性地处理好合作办学过程中可能出现的中外文化差异所带来的一系列问题，努力提高办学效益。

3. 推进汉语推广和汉语国际考试中心建设

汉语学习是了解和学习中国文化的语言媒介。地方高校向外推广具备自身传统的国际化教育产品，汉语学习与推广将为获得和使用这种产品提供媒介支持。

首先，地方高校应该充分挖掘和利用本校以及本地区的优势资源，在国家政策的支持下，在相关教育机构的推进下，可以与国外高校建立孔子学院、孔子课堂，传播中国优秀的传统文化，积极地向周边国家、地区和高校派出国际汉语教师进行教学和汉语推广。以云南省地方高校为例，因地缘优势，发展同周边国家的高校和教育机构的合作，通过教育援助和教育合作等方式，最终建立起孔子学院，成功地传播了本民族传统文化，提高了汉语言的世界影响力。

其次，国际上各种类型考试和能力测试伴随着终身教育和继续教育等理念的出现而逐渐确立起来。这些考试包括计算机等级考试、外语水平测试以及专业人才资格认定考试等。

综上所述，汉语作为国外了解和学习中国民族以及地方文化的语言媒介，在促进地方高校的文化交流、科研合作、学术交流等方面起到了至关重要的作用，忽视了汉语学习的作用，就等于动摇了地方高校教育国际化的发展基础。

（三）基于教育国际化产品特色与质量视角策略

1. 树立特色化办学的宗旨

首先，地方高校可以通过科学定位形成自身的特色，应该根据学校实力来创建国际教育中的学科和专业，并且还要明确学科与学科之间，专业与专业之间联系，确定办学类型。根据自身专业学科发展需要，可将自身办学层次定位于教学型和教学研究型大学等类型，将有限的财力、人力和物力资源投入到最具价值的层面，实现资源使用价值最大化。地方高校的人才培养目标主要是为地方建设培养应用型人才，因此，在教育国际化的发展过程中，无论是教学模式、课程设置还是实践活动，这类高校也要以培养具备应用素质的国际化人才为目标。地方高校身处一定的社会区域之中，区域社会的经济发展以及文化会对地方高校提出要求，地方高校在积极地获取社会环境的真实需要后，定位学科设置、专业设置以及人才培养，在满足区域社会需要的进程中实现自身与区域社会的互动性共赢。

其次，地方高校还可以通过学科专业特色的形成，推进教育国际化的发展。地方高校在专业和学科设置上应该坚持可为、可不为的原则，由于学校的资源和资金的有限性，学校更要构建特色专业，突出特色学科和优势学科的发展。地方高校的特色学科打造应该与传统优势学科相结合，在传统优势学科的基础上进行创新和突破，争取建设具备国际水准的专业和学科。新兴的学科也为地方高校创建特色学科提供了条件，相关的学科合作分支可以互相交叉、综合、互相支撑、协调发展而形成特色学科群，逐步形成传统学科与新兴学科相互促进协调发展的体系。地方高校在寻求热门学科的同时，还应该关注所在区域的现实需求。在教育国际化和科教兴国的背景下，地方区域需要地方大学提供知识和技术资源来实现区域经济的发展，地方高校也需要利用所在地区的地缘优势，抓住本区域经济增长、体制转换的有利时机，使自身发展成为所在地区的社会人力资源库和国际化发展的辐射源。

最后，地方高校也可以通过大学文化特色的形成，促进教育国际化的发展。高校的生存与发展的重要内在动力就是大学文化特色的创建。学术文化对于地方高校教育国际化发展至关重要，自大学诞生之日起，学术自由就成为了大学的生命之源。作为地方高校，可以通过在学校开设国际学术论坛、学术讲座以及学术报告等形式，实现国内外不同学科和专业学术观点的交流和融合。学校还可以通过召开和安排教师参加国际性学术会议，参与国际科研合作，实现双向国际化交流。此外，建立先进的制度文化对于地方高校也是至关重要的，国际教育的开展同样要坚持党的教育方针，要严格遵循国家关于教育化的政策、法规，实现依法治教和依法治校，实现学校管理的制度化、规范化和人性化。另外，地方高校还应该在教育国际化的过程中充分发挥民主监督和管理，扩大师生的监督权、知情权和参与权。学校的环境文化对于教育国际化也影响深远，国际化的建筑、景观与设施都体现着一所大学的办学理念、办学特色和办学风格。学校的形象文化建设工程对于教育国际化也是不可或缺的，上至学校的校旗、校徽、校歌，下至校园文化用品的设计和推广，都可以提高地方高校的国内外知名度[1]。

2. 走具有本土和民族特色的国际化路径

在推动中国高等教育国际化的过程中，国际化发展必须与本国的教育传统相融合，要坚定地维护中国高等教育的民族性和中国特色化发展。从本质上来讲，地方高校教育国际化进程的本身也是将国际化的经验和做法本土化的过程。在借鉴和吸收经验的同时，也要优化自身的模式，保持自身的优势和特色，显示中华民族的个性，只有立足于本土和本地区文化的高等教育才能在教育国际化的环境中吸纳适合自身发展的世界文明。地方高校首先要考虑国家经济和社会发展的实际需要，要为本国和本地区经济和社会发展提供所需的新知识和新技术。

[1] 刘晓亮. 地方高校教育国际化问题研究 [D]. 长春：东北师范大学，2015：112-124.

　　地方高校在扩大国际学术交流，应着眼国际学术前沿，建立符合国际标准和世界水平的学科体系的同时，既要培养出具有国际视野和国际竞争能力、知识与能力协调发展的复合型人才，又要加强人文素质教育，使学生具备热爱祖国、乐于奉献等中华民族的优秀品质。地方高校建设既要具有国际一流大学的发展战略眼光，借鉴和吸收优秀大学的先进管理理念、民主与科学的决策程序以及良好的管理机制，又要突出特色，注重个性地制定适合国家情况、区域情况和高校情况的可持续发展战略规划，从而结合地区社会实际，形成一套适合本土、有利于学校改革与发展的系统制度和运行机制。

　　对于不同的国家、民族和地区，其社会形成的历史过程和文化沉淀都有自身的特点。而国家、民族和地区实现可持续发展的动力也得益于这些使其与众不同的特点。从某种层面来看，教育国际化过程也是对国家的传统高等教育深入发展和全面提高的一个过程。从现实视角来看，促进中国高等教育快速发展的重要手段就是大力推进地方高校教育国际化的发展。在正视不同文化的差异带来的冲击和挑战的同时，地方高校应理性地协调好本土文化与外来文化的不同，理论结合实际，走出一条具中国国特点、地区特色的教育国际化发展道路。不能忘记高等学校在文化传承和创新方面的责任，要与时俱进地将本民族文化的精华延续并实现创新，为社会的良性发展、国家和地方的经济大发展提供不竭的精神动力和支持。

3. 建立教育质量保障体系

　　教育国际化的发展离不开教育质量的保障，地方高校要不断地提高教学质量，培养高质量的专业人才，创造高质量的科研成果，高质量地服务于本地区社会，才能实现地方高校教育国际化的良性发展。

　　首先，地方高校要确保拥有充足的教育经费。相对缺乏办学自主权是制约其在教育国际化过程中教育质量的主要因素。在保障地方高校的财政投入的同时，还要利用市场机制的力量客观地解决地方高校用于教育国际化发展经费不足的问题。此外，还应该进一步挖掘和拓宽地方高校的经费来源渠道，可以充分调动起企业、事业单位、社会团体和社区组织以及个人投资教育。在高等教育投资渠道被打通的同时，实现其投资体制的多元化，真正地使高校的国际化办学条件得到改善。在加大学校改革进程的同时，扩大地方高校办学自主权的同时，使学校成为国际化办学的主体。政府发挥宏观调控作用的同时，让高校自由地参与市场经济体制下的竞争，开展自主化办学，提高国际化办学的教育质量。

其次，内、外部教育质量保障体系的建立将保证地方高校教育国际化实现。对于地方高校来讲，建立政府＋社会中介组织模式的外部质量保障体系是一种理性选择。在这一体系中，政府是中心环节，既可以直接下设机构对地方高校教育国际化的质量进行监督和评价，又可以授权社会中介组织对地方高校教育国际化进行评估。除了一些必须由政府完成的对高校重大教育评估工作之外，地方高校常规性的和经常性的教育监督和评价工作可以委托给社会中介组织开展。社会中介组织在结束教育监督和评价之后，可将结果上报政府教育部门备案，政府又可以以此作为制定教育国际化政策的依据。这里所指的社会中介组织成员可以由民间团体、新闻媒体和行业协会组成。地方高校还应该自觉地、主动地根据知识发展的需要、国际社会的需求以及学生发展，对自身开展的国际化教育进行自我评估和控制，在自我约束的机制下，实现高校的发展和不断完善。地方高校还可从教学质量监控体系、教学管理制度和教学质量标准的建立和完善，构建其内部质量保障体系。

最后，不论是国际化发展的教育经费投入，还是内、外部教育质量保障体系制度化，明确地规定高等教育质量保障的目的、程序、组织、公布结果、高校与评估组织和机构间的关系等方面内容。最终实现地方高校教育国际化质量保障体系内的机构分工明确，从机构到学校乃至个人的义务和工作职责的制度化。

（四）基于教育国际化产品联盟构建与组织合作视角策略

1. 构建教育国际化产品联盟

地方高校的教育国际化发展联盟构建可以通过多种路径来实现。如果根据高校所处地域的视角，地方高校可以建立起区域高校联盟，并且在签署联盟协议的基础上，完成国际化教育资源的共享和共创。如果根据高校所属的行业分类，地方高校可以建立起行业性高校联盟，比如石油化工高校联盟、电子信息技术高校联盟等，以联盟的形式共同参与国际同行业高校的交流与合作。此外，地方高校也可以提供出各自的优势专业，形成多个不同优势专业共建的大学园，这些专业的生源和教学培养等工作隶属于各自学校，但大学园还是作为一个整体进行管理，这将为大学所处的地域争取到国际化教育资源提供强大支持。地方高校还可以针对学生的高层次培养，建立研究生教育培养联盟，通过研究生导师和学生等教育资源整合，为联合培养高层次人才开展拓展性工作。

可以说，无论高校采取何种形式的联盟构建方式，都将使其摆脱在教育国际化发展过程中各自为战的局面，利用国际化教育资源的共享和共建，实现整体性发展。

2. 增强政府、企业和高校三方互动与合作

政府、企业和高校三个层面的互动主要体现在产学研领域里，只有这三方在管理、制度以及组织方面得到切实地落实与改进，才能最终推进地方高校教育国际化的发展。

首先，政府的视角来看，从宏观政策规划以及资金支持方面提供支持，使政府、高校和企业实现产学研合作是极其重要的。制定相关管理方法和政策，明确产学研中各方的责任与权利，在知识产权的归属、资金的管理以及利益的分配等层面进行协调和规范，可以有效促进高校教育国际化发展。

其次，从企业的视角看来，提高企业的技术创新能力和鼓励企业参与技术创新联盟是一条合理路径。技术创新联盟可以实现技术人员的对于共性研究域的集群研究优势，使企业不再在自我封闭中开展研究。企业应该建立国际化的考核体系和激励体系，对于一些大型国际化企业而言，为提高企业内部的技术创新驱动力，可以将技术创新的能力指标运用到考核体系当中去。企业还可以和高校进行共建，企业在共建工程中实现了更加市场化的，针对技术创新的再投入，高校也会实现知识的再创新和科技水平的提高。高校为企业国际化生产和研究提供理论基础，企业国际化的生产和研究反过来又促进了高校理论研究的深化。

最后，从地方高校视角来看，推进高校教师进企业制度也将有利于教育国际化的发展，同时也将有利于获得来自企业的资金支持，用来培养企业需要的国际化人才。地方高校教师应该开展进入企业的制度化科研活动，并且将这项活动常态化，才能实现高校和企业的和谐发展。高校可以为企业提供咨询服务，间接性地参与企业的发展与规划。高校通过咨询而掌握的信息，也可以根据企业的现实性需要开展国际化人才培养工作。

（五）基于教育国际化产品市场营销策略视角

首先，在产品策略的视角下，地方高校的产品组合宽度主要是指学科的不同门类，在具备办学条件和相应师资的情况下，根据市场的需求，高校力争使所开设的学科与其他高校相比，具备一定的竞争力。产品的组合长度主要指一个学科内拥有的不同专业，对于专业布局的设置可以根据市场的导向进行及时的调整，使地方高校满足国际社会的专业需求。产品组合的深度是指不同层次

的教育，对于地方高校的优势学科而言，可以选择着重发展硕士和博士教育。地方高校还可以从分利用品牌策略来发展国际化教育。地方高校教育国际化的品牌树立需要一个长期的历练和沉淀过程，要以市场为导向，以改善软硬件办学条件为基础，以师资建设为核心环节，以学科建设为桥头堡。终身教育理念和社会的发展，使得成人教育可以与教育国际化相结合，实现经济和社会效益的同时，可以使高校闲置的资源得到合理利用。

其次，在定价策略的视角下，地方高校应充分地服务于国内外的消费者，通过合理定位价格，大力发展来华留学生教育。在发展来华留学生教育的时候，地方高校一定要考虑到自身所处的地域、自身的专业特点、软硬教学设施建设、师资配备等因素，合理地定位来华留学教育的收费。这些措施既可以使不同地域的高校拥有主观能动性，又使得外国留学生根据自身的需求对高校有所选择，地方高校的国际化教育资源也得到了合理和充分地利用。在中外合作办学的过程中，高校要理性地开展国际合作与交流，要适度的控制参与项目学生需要支付的教育成本。

再次，在渠道策略的视角下，地方高校可以通过在本土直接进行国际化教育、在海外建立分校或者教学点、远程网络授课等形式，使国内外的学生接触到这些高校提供的教育。地方高校可以通过在国际合作直接引入国际化的教育资源，使本地区、本国甚至邻国学生不需要到教育输出国，同时支付相对少的教育费用，便可以享受到高质量的高等教育。地方高校还可以通过在周边国家建立海外分校或者教学点，积极地向外输出教育资源，开设具有传统优势的中医药学、汉语言文化、戏曲文学以及武术等教育资源，继而在海外建立孔子学院、汉语教学研究中心、中医药学研究中心，为境外高等教育消费者提供消费。地方高校还可以利用跨境支付的形式，利用网络远程教育形式向海外传播自身的优势高等教育资源，实现教育资源的共享。

最后，在促销策略的视角下，地方高校可以选择利用广告策略和公共关系策略来实现教育国际化的发展。地方高校可以利用广播、电视、报刊、书籍以及网络等媒体资源进行自身优势教育的传播，还可以选择与目标合作国家的留学代理机构进行合作，将宣传资料交予代理机构，委托这些机构进行海外宣传与招生。地方高校还可以直接参与海外教育展，向外宣传自身的教育资源。需要注意的是，应该尽量选择地方高校作为教育展伙伴，并且每所地方高校尽可能具备不同的优势学科，这样可以实现海外教育展效益最大化，减少资源浪费。

五、"双一流"建设背景下一流学科建设国际化的发展策略创新

学科是大学之根本，是统揽人才培养、师资队伍、科学研究等的基本组织。一流大学的成长路径显示，一流大学建设与一流学科建设是相互促进、共生共荣的发展过程，可以说，一流学科建设是创建世界一流大学的重中之重。一流学科的发展需要在参与国际合作与竞争中实现。国际化对提高学校国内外知名度、发挥学校的竞争优势、促进学校内部人才资源流动、增强学术领域间同行交流、增强科研团队实力、丰富学生的学习经历等方面都有重要影响。

国际化是世界一流学科的基本特征，世界一流学科往往汇聚了一批具有国际影响力的学科领军人物，开辟和引领着新的研究领域，取得了系统化的原创性理论成果，做出了具有世界影响的重要知识和技术贡献，为社会培养了大批优秀毕业生。"学科国际化"即是一个通过开放办学、吸收借鉴国际一流大学的先进理念与模式，延揽世界一流学者，在管理制度优化、师资队伍建设、科研创新、人才培养等方面推进学科的跨越式发展的过程。

1."双一流"背景下学科国际化建设的必要性

学科国际化支撑"双一流"建设的必要性有以下四点。

第一，学科国际化有助于完善"双一流"建设高校的管理体制机制。管理体制机制的优化能为学科发展提供良好的环境，使之免受外部因素的冲击和干扰。世界一流大学在大学理念、内部治理、科研管理、人事制度、拔尖创新人才培养模式等方面形成了一整套比较先进、稳定的制度体系，通过学习、对比和参照，为体制机制改革寻求突破口，为办学水平的提升提供有力保障。

第二，学科国际化有助于"双一流"建设高校吸引并培育教研人才。通过国家、省市、校内的各种人才引进计划、引入具备国际竞争力、创新能力和实践能力的国际领军人才，可以为国内高校的科研发展带来强劲的活力与冲击；邀请海外学者讲学研究、探索教学、科研、管理的新体制，可以将国际前沿科研成果与学术信息带进高校；鼓励高校教师和教育工作者走出国门交流，可以及时获取前沿学术信息，并将其引入教研工作当中。

第三，学科国际化有助于"双一流"建设高校培养适应新时期社会及产业发展需求的顶尖人才。世界各国的高等教育都有自身的特色，都有值得借鉴和学习的地方。通过引进优质的教学资源，教学工作得以进一步完善，通过海外

实习项目、学生交换项目、中外高校联合培养等方式，学生可接触感受不同的课程体系与内容，体验多元文化，丰富创新思维模式，提升国际竞争力。

第四，学科国际化有助于"双一流"建设高校提升科研水平。在科技日新月异的今天，面对日益复杂的社会问题和技术挑战，单靠一个国家或一所高校的力量往往难以完成，这就需要在科学研究方面进行广泛的国际合作。共建实验室、共同举办国际学术交流活动，共同申请科研课题，共同指导并培养学生，有助于中国高校的科研工作与世界前沿接轨，实现人才、资金和学术思想的交融，进而推动科研水平的不断提升。

2. "双一流"背景下学科国际化建设的发展路径创新

"双一流"建设背景下一流学科国际化的发展路径创新，主要表现以下四个方面。

（1）在管理理念与管理体制上创新

国际化的办学理念和机制建设是有效行动的先导。大学需要国际视野，需要加强学科的国际软环境建设，即建立和遵循国际高水平的学术标准、教学体系及适应国际化的管理体系。在大学运行机制上，尽可能在尊重自身特色的同时与国际接轨，推动学位体制和管理模式的国际认同与理解，形成稳定有序的现代大学制度体系；在教育方法上，借鉴高等教育发展的经验，并融入日常教学；在人才培养模式上，注重教育理念的更新，取人之长，互学互鉴；在制度保障上，促进国际化师资培训，加强学生国际化交流与资助，不断完善国际化办学考核等。

（2）在用人和评价机制上实现创新

首先，建立完善的人事机制，如成立系、院、校三级评审委员会，设立外界同行学术委员评审会，确保选人、用人的公正与有效；其次，高度重视教师队伍整体上学缘结构的优化，加强师资管理的制度和规范化建设，完善外籍师资引入政策；再次，关心教师的专业成长和发展，提供一流的教学支持服务，并予以经费、制度、技术及评估资源的支持，优化配套服务体系，创造条件使其活跃在国际高等教育和学术舞台，对人才做到引得进，留得住；最后，加大人才引进经费资助力度，延揽一流学者尤其是顶尖级学术领军人物和极具潜力的高端人才来校工作，由学科带头人通过发挥自身的感召力和引领作用，汇聚一流师资、创建共同价值、把握发展方向，搭建合理的学术梯队，形成和谐高效的学术共同体，为实现一流学科的建设创造良好的内外部环境，促进发展成为世界学术及创新中心，打造学术重镇。

加强学科间的同行评估，在同行的指标体系中衡量学科在国际学术领域的发展水平和发展状态，给学科予以精准的定位，找出学科存在的不足，明确学科未来的发展方向。积极建立统一的、可以相互参照的质量标准体系，以便各个大学之间对教育质量的相互理解和认同，加快推进教育的国际化[1]。

（3）改革培养方式、优化课程设置创新

发挥具有高层次人才的支撑和引领作用，鼓励其参与教学，把学生当作未来的顶尖人才培养，提升学生的创新精神和学术能力；引进先进的教学理念，优质的教材和教学体系；打造海外实习项目、学生交换项目、中外高校联合培养等项目，培养学生的全球胜任力，让学生感受到国外先进课程体系与内容，掌握国际水平的知识，体验多元文化，增强跨文化交流能力，丰富创新思维模式，培养具有广阔视野、创新能力和国际竞争力的高层次人才。

此外，"双一流"建设高校还可以积极引入学科专业的国际评估并参与国际机构开展的专业认证，以国际视野审视世界一流学科专业建设与学生培养工作，使其能够按照国际通行和公认的模式和标准发展，推动学生培养质量的提升。

（4）在科研交流与合作上是实现创新

在科研方面，应根据新型交叉学科发展的需求，追踪国际学术前沿，通过组织或参与对国际重大科学问题的研究，建设跨学科、跨领域的国际科研合作平台，全面提升相关学科的学术水平和国际声誉。把协同共享作为关键理念，鼓励国际联合研究从教师的个体行为向团队化、整合式的组织化行为转变，让中外科研合作深入开展，来自不同国家和高校的学者立足学科发展前沿、服务国际行业变革需求，共同申请科研课题，共同组建科研团队，共同搭建联合实验室平台、进行重大项目的联合科研攻关、共同指导并培养学生、形成学术共同体，进一步拓展学科的国际学术交流的广度、深度、催生出高质量的学术成果。

第三节 "双一流"建设背景下高等教育国际化办学绩效评估体系建构

全面加快世界一流大学与一流学科建设，是新时期中国高等教育的历史使命，在全球化背景下，高等教育国际化是"双一流"建设的重要改革内容与战略选择。"双一流"建设政策设计要强化绩效考核并实施动态调整机制，因此，

[1] 徐滢琳."双一流"建设背景下学科国际化的发展路径探究 [J]. 高教学刊，2019，（07）：17-19.

有先进的价值取向并构建出科学、合理和系统的国际化办学绩效评估体系是前提。

基于对当代世界高等教育及其国际化发展特征的理解和未来发展趋势的把握，在对国际化办学的目标、内容、实施和结果进行绩效评估时，需要树立工具价值与终极价值相统一、引进来与走出去相统一、显性与隐性策略相统一、质量提升和价值贡献相统一的价值取向，并以此为导向构建绩效评估体系，促进高等教育办学质量和国际竞争力稳步提升。

高等教育国际化办学绩效的价值取向是高校作为一个社会行为组织对其国际化办学行为终极目的的基本价值判断、价值确认和利益选择，是"如何开展国际化办学及其要实现什么样的办学目标"这一根本目的的体现，并由此构成了高等教育国际化办学绩效评价体系和绩效评价行为的深层结构，影响着高等教育国际化办学绩效目标的设定、评价指标的构建、绩效评估的实施及结果的应用。

价值取向是指标体系的核心，在指标体系的设计和确立方面发挥着基础性作用，而且决定了指标体系的变迁。与此同时，评价指标体系的价值取向还会对评价对象的办学行为产生重要影响，起根本性的指引作用。因为，评价对象将根据绩效评价指标一价值取向的外在要求和具体体现一来调整自己的行为，以求获得更高的评价。

"双一流"建设是在全球化和高等教育国际化深刻发展时代背景下，中国政府在高等教育领域做出的重大战略部署。"双一流"建设将"加强国际交流与合作"作为重点改革任务，并强化绩效考核和动态管理。因此，必然强调对各入选高校或学科国际化办学绩效的考核。要做好国际化办学绩效考核，需要有先进的价值取向做引导，并在此前提下构建出科学、合理和完整的评价体系。

一、高等教育国际化办学绩效评估分析

高等教育国际化自 20 世纪 90 年代以来得到突飞猛进的发展，特别是近年来在经济一体化进程不断加快和高等教育国际交流与合作日趋频繁的背景下，不少国家和地区将国际化办学作为其举办高等教育重要的战略之一。"高等教育国际化"即"在院校与国家层面，把国际的、跨文化的、全球的维度整合进高等教育的目的、功能或传递的过程"。

随着高等教育国际化探索的不断深入，需要在一定的价值取向下建构起相应的指标体系对国际化办学绩效进行科学、客观、合理的评价。高等教育国际

化的办学绩效，即从宏观上看，关注国际化为高等教育带来了哪些"附加值或质的差异"，这是产出或结果的路径；从微观院校层面看，关注个体与整个国际化策略的质量。

近年来，在中国对外开放水平不断提高和世界高等教育国际化深化发展背景下，以国际化办学提升办学质量和全球竞争力在中国高等教育学界已经达成广泛共识。因此，在实践办学中，从国家战略到各高校均把国际合作与交流作为最为重要的战略选择之一。在《统筹推进世界一流大学和一流学科建设总体方案》中，将"推进国际交流与合作"作为高校五大改革任务之一。在《统筹推进世界一流大学和一流学科建设实施办法（暂行）》中，也将"国际教育与合作"作为重要的遴选条件之一。从各高校具体办学实践看，不仅各研究型大学将国际化作为学校发展的核心战略之一，一些应用型本科院校，甚至高职院校也推出各自的国际化发展战略。

总之，国际化办学已经成为政府考核高校办学绩效的重要组成部分以及各学校重要的发展战略之一。为此，作为重要的办学活动，就需要监控其办学行为和开展绩效评估。

随着全球化加速发展，高等教育国际化也到了全新发展阶段，且呈现出一些新的特征和实现方式。首先，世界一流大学不仅将国际化作为重要办学手段，还是当今世界一流大学的核心特质。其次，国际化办学实现手段也呈现日益多元特征。不仅包括显性的人员交流，科研合作和国际性社会服务等，还包括隐性的不同办学理念之间的互学互鉴，高校管理制度的吸收借鉴，国际性多元大学文化的相互融合等。最后，对国际化办学绩效有新的内涵和要求。正是由于国际化办学实现手段不断丰富多元，国际化办学的绩效也同样有新的内涵和呈现方式。例如对人才培养的国际视野和全球竞争力提出了新的要求；科研国际合作有新的内涵，要求通过国际科研合作解决人类面临的重大问题等。

二、世界高等教育国际化办学的自身特性及绩效定位

运用"绩效"概念来衡量高等教育国际化办学活动的效果，所指的不仅是一个办学绩效层面的概念，还应包括对高等教育国际化实现方式、办学理念、管理制度、资源保障等在内的整体考察。从根本上讲，高等教育国际化办学绩效评估的价值取向源于对当代高等教育国际化自身特性的理解及其绩效定位。

（一）高等教育国际化是世界一流大学保持核心竞争力的基本特质

具有较高的国际化水平是世界一流大学的共性特征，其主要内容包括：具

备国际化的办学视野与理念，能够站在世界前沿思考大学发展方式与未来发展方向；能够培养具有国际视野和全球竞争力的各行各业精英人才；能够开展前沿、跨国或跨境的科研项目并产出全球领先的科研成果；能够在全球范围内提供高质量社会服务产品，解决人类共同面临的难题等。因此，高等教育国际化已经不是一种宏观的办学理念，早已成为当今世界一流大学的核心特质之一以及保持办学活力与竞争力的重要手段。

（二）高等教育国际化要求全球范围内拓展配置办学资源

在高等教育国际化深化发展背景下，与大学发展相关的要素资源在全球范围内配置已成常态。当今世界一流大学在开展国际化办学过程中，不仅将国际办学资源整合进办学全过程，还通过自身影响力和办学能力在全球范围内拓展和配置教育资源，并进一步扩大在全球范围内的影响力和竞争力。一段时间以来，高等教育走向世界、高等教育全球参与和国际参与成为一些发达国家近年来高等教育国际化的最新政策取向。高等教育国际化从单向的资源整合走向多向、多维度的资源拓展与配置是高等教育国际化从低级阶段走向高级阶段的必然表现形式之一。

在全球化时代以及高等教育国际化深化发展时代背景下，高校办学所依赖相关资源日益便利地在跨国或区域间配置与竞争，唯有具备在全球范围内拓展与配置相关教育资源的大学才能够具有国际竞争力。这些教育资源包括：全球性的学术声誉与影响力、全球性的师资与生源、全球性的科研项目与办学经费等。近年来，越来越多世界一流大学到中国开设异地校区或联合办学就是例证。如英国利物浦大学到苏州举办西交利物浦大学，美国密歇根大学与上海交通大学联合举办本科学位课程等。可以预见的是，随着高等教育国际化的不断深化，未来高等教育强国和世界一流大学将会把在全球范围内拓展和配置办学资源作为其核心战略之一。

（三）高等教育国际化为构建人类命运共同体做出贡献

在全球化深化发展背景下，人类社会面临越来越多共性问题，如全球气候变暖带来的生态环境恶化问题，人类共同面临的疾病问题等。这些问题的解决已远远超出了单一国家的范畴和能力，需要全球力量携手与共，共同攻坚克难。而在此过程中，高等教育特别是世界一流大学要发挥其中坚力量。因为世界一流大学拥有世界性的影响力与声誉，拥有培养具备国际视野和跨文化合作与解决问题能力的人才，拥有开展跨国科研和提供跨国社会服务产品的能力。当今世界的高等教育国际化不仅是世界一流大学提升办学质量与竞争力的重要手段，还要在国际化办学过程中为人类文明进步而作出突破性贡献。

高等教育国际合作是人类命运共同体建设的重要支柱，构筑跨国学术共同体、国际青年共同体和责任共同体，助力人类命运共同体建设。同时，大学通过国际合作在解决人类共同面临的问题，在构建人类命运共同体的过程中也能源源不断获得自身发展所需的资源与动能。

一方面，大学以国际化办学解决人类共同面临的难题而获得国际性声誉与影响力；另一方面通过国际化办学构建人类高等教育发展共同体，主动参与制定未来高等教育发展规则，产出新的理念与发展思路等。如中国高等教育目前就需要积极服务于"一带一路"沿线国家和地区的发展并在此过程中寻得新的发展机遇。

（四）高等教育国际化需重视隐性教育要素

在国际化办学实践中，大学主要采取学术和组织策略开展办学活动并实现办学目标。所谓学术策略，包括学术项目、研究与学者合作、外部关系、国内与跨境、课外活动所属的各种具体国际化办学活动或项目。所谓组织策略，包括支撑国际化办学正常进行相关的管理、运行、服务与人力资源等内容。高等教育国际化办学实践也主要采取学术与组织两大策略。反映在对高等教育国际化办学绩效的评估上，其指标体系也主要反映这两方面的内容，但缺乏对隐性的国际教育要素的关照与评估。

在国际化办学过程中，隐性教育要素包括：办学价值取向、理念和大学文化等要素。在国际化深刻发展的时代背景下，在实践办学中，除了开展国际化学术策略与组织策略推进国际化办学外，来自不同政治、经济、文化背景下的办学主体还需要不断深化在办学价值取向、理念和大学文化等隐性教育要素之间的交流、碰撞与融合。目前隐性的办学价值取向、理念与文化在当代世界高等教育发展过程中所起的作用也日趋明显，通过国际化办学创新办学理念和文化也成为当今世界高等教育发展的重要内容。

近年来在中国日益兴起的中外合作办学，就在人才培养模式、办学理念等方面进行积极创新。如西交利物浦大学、昆山杜克大学、浙江大学国际联合学院等中外合作办学机构或项目，都在人才培养模式和办学理念上借鉴、吸收和融合中西方教育各自优势，积极改革创新并取得了良好的效益。

三、高等教育国际化办学绩效评估价值取向建构

高等教育国际化办学绩效评估价值是多元价值构成的复合体，并随时代发展而不断变化。基于对当代高等教育国际化办学特征与未来发展方向的深刻理解与准确把握，构建出国际化办学绩效评估中各核心要素的价值诉求。国际化办学可分为办学目标、办学内容、实施方法以及办学结果呈现等内容，各部分蕴涵各自价值内涵和持有不同价值取向。

（一）坚持工具价值与终极价值相统一

价值取向分为两大类：终极价值和工具价值。终极价值指的是反映人们有关最终要达到目标的信念，工具价值则反映了人们对实现既定目标手段、方式方法的看法与选择。就高等教育国际化的办学目标来讲，其价值取向也可分为终极价值和工具价值两类。高等教育国际化办学终极价值取向就是指办学主体要求通过国际化办学最终要达到的目标，而工具价值取向则是指办学主体采取什么样的国际化办学模式或者手段。

当今世界一流大学的具体办学实践中，早已将国际化要素融入学校办学的全过程，如培养高度国际化的各级各类人才，开展国际前沿的科学研究项目，全球布局的社会服务网等。因此，在当前国际化办学绩效评估过程中，需要坚持终极价值与工具价值的统一，既要考察采取了哪些国际化实现手段，也要考察通过国际化办学在国际化特质上的表现，并以终极价值取向为主，国际化办学的本身不是目的，唯一的目的在于根本性地提高学校办学质量和国际竞争力。

（二）坚持办学资源引进来与走出去相统一

在高等教育国际化深度发展的时代背景下，与大学相关办学资源全球范围内配置已渐成常态，与此同时，是否具备在全球范围内配置教育资源的意识与能力也是衡量一个国家或地区以及一所大学办学能力的重要标志。经济全球化的主要动力来自于资源跨区域流动和国际分工所带来的效率的提高，从全球化的制度动力看，世界上大多数国家已经走上市场化的道路，伴随着市场化广度和深度的不断拓展，商品、服务、信息、技术和各种生产要素在全球范围内大规模流动和配置，跨越国家边界的经济活动日益增多。基于此，所谓高等教育资源全球配置，即是在此时代背景下与大学办学相关的如师资、生源、学位、课程与教材、办学理念与模式、办学经费等各种要素资源在全球范围内大规模流动与配置，跨国或境的办学活动日益增多。

当今时代高等教育国际化不仅是作为办学主体，将国际化、跨文化与全球

性的维度整合进高等教育的目的、功能或传递的过程，而是要求办学主体为获得全球竞争力和声誉而在全球范围内拓展和配置相关教育要素资源。因此，当代国际化办学具体内容就要求坚持办学资源引进来与走出去相统一的基本价值取向。特别是对于中国高等教育来说，站在新的历史起点上，中国不仅要进一步加强对境外优质教育资源的引进力度，还要积极实施走出去战略，坚持引进来与走出去相统一的价值取向以提高中国高等教育在全球高等教育资源配置市场中的能力和话语权。

（三）坚持显性与隐性相统一

在高等教育国际化办学的具体实施策略中，主要包括显性的学术与组织策略。在高等教育国际化的高级发展阶段，与高等教育办学相关所有要素资源会在全球范围内流动与配置，包括显性要素资源，也包括隐性的教育要素。显性要素资源主要包括生源、师资、科研项目、伙伴关系、办学经费、课程、教材、学位项目、管理制度与政策等，对大学的办学起直接和显性的影响。相对于显性教育要素资源，那些隐藏于大学组织之中对大学办学行为起隐性的、潜移默化作用的则称之为隐性教育要素，如大学的办学理念、办学价值取向、校园文化等。相对于显性教育要素资源对大学办学行为的直接影响，隐性教育要素资源对大学的作用和价值同样不容忽视。在高等教育国际竞争日益激烈的时代背景下，隐性教育要素资源对形成一个国家和地区高等教育的办学特色与核心竞争力有着不可取代的重要作用。

纵观世界高等教育，那些拥有前瞻性价值取向，先进办学理念与深厚校园文化积淀的大学往往就是世界先进水平的代表。因此，在新时代的高等教育国际化办学实践中，要坚持显性策略与隐性策略相统一的价值取向，即不仅需要积极开展各种显性高等教育国际合作与交流，还要在国际交流与合作中实现不同价值取向、办学理念、不同大学文化之间的碰撞、交流、融合与创新。

（四）坚持质量提升与价值贡献相统一

高等教育国际化是在全球化背景下办学主体为提升办学质量并获得全球竞争力的一种理性战略选择，是大学的发展战略之一。随全球化水平不断提高，人类在享受全球化带来的经济繁荣和交往便利的同时，也需要共同面对更多复杂的社会问题。这些问题的解决不仅需要借助政治、经济与外交手段，同样离不开教育，尤其是高等教育的作用。因此，新时期的高等教育国际化就不仅是作为办学主体提升办学质量的重要战略选择，还要坚持价值贡献的基本价值取向。

所谓价值贡献取向，即要求全球化背景下，高校在国际化办学过程中，在不断提升自身办学质量和竞争力的同时，也要借助自身功能解决人类面临的共性与重大问题，为人类文明的进步发展做出应有的努力与奉献。在办学实践中体现为：培养具有国际视野、全球竞争力与世界担当，具有跨文化交流与问题解决能力的各级各类高素质人才；开展国际科研合作，解决全球性和重大的科研难题；积极开展国际性社会服务工作，协助欠发达国家或地区解决社会性问题；发挥高等教育公共外交的作用，协助政府解决国际冲突与争端等。

国际化办学全过程均蕴含了丰富的价值取向，办学目标、内容、实施、办学结果有各自不同的价值取向，体现了当今世界高等教育及其国际化发展的新特征与新内涵，这些价值取向的提出既有当代世界高等教育办学实践的支撑，也有对未来发展趋势的判断与把握。基于此价值取向建构出的国际化评价指标体系，一方面能够准确把握当代国际化办学的内涵特质，另一方面也对未来的实践办学有正向的强化作用[1]。

四、高等教育国际化办学绩效评估体系建构内容

构建起科学、合理、全面的评估指标体系是高等教育国际化办学绩效评估的关键。构建高等教育国际化评估体系是基于对当今世界高等教育化特征与未来发展方向的准确描述和把握，并由此提出国际化办学的四大价值取向，它们是建构科学、合理与完善评估体系的价值基础。

（一）目标绩效评估体系的构建

高等教育国际化办学的目标在很大程度上决定办学主体的办学方向与重点。工具价值与终极价值相统一深刻揭示了当今世界高等教育国际化办学目标的基本价值取向。国际化不仅是重要办学手段，更是当今世界大学，特别是世界一流大学的天然特质，其办学理念、人才培养、科学研究与社会服务等均体现着国际化的办学要素。同时，国际化办学本身不是目的，通过国际化办学提升学校办学质量与核心竞争力才是目的。因此，在对高校国际化办学的目标进行评估时，不仅要对国际化实现手段进行评估，更重要的是对办学主体自身所具备的国际化特质以及通过国际化办学在办学质量和核心竞争力提升上的表现给予评价，转变既有国际化办学评估以"数人头""数项目""数论文""数

[1] 伍宸，宋永华."双一流"建设背景下高等教育国际化办学价值取向及绩效评估体系建构 [J]. 中国高教研究，2019，（5）：6-12.

经费"为主的倾向。

（二）内容绩效评估体系的构建

高等教育国际化绩效评估的内容为绩效评估的对象或客体，即在开展绩效评估过程中主要考察的对象是什么，也就是考察办学主体在实践办学过程中开展国际化办学所涉及的主要内容。坚持国际化办学资源引进来与走出去相统一的价值取向揭示了在全球化背景下，国际高等教育要素资源全球流动与配置的特征与规律。因此，在对国际化办学绩效进行评估时，不仅需要关注通过国际化办学引进了多少境外优质教育资源，还要考察通过国际化办学在境外有多少本土教育资源的流动与配置，以此改变当前中国高等教育国际化评估重视对教育资源引进的评估，而忽视甚至缺乏对教育资源走出去的关注。具体来说，一方面，国际教育资源引进情况如何，例如，通过国际化办学引进了多少优质教育项目、引进了多少境外高端人才、国际优质生源招收情况等；另一方面，考察如何实施走出去战略，例如，在境外开展多少办学项目、本校教师到境外高校任职与交流情况、本校课程或教材被境外高校采取情况、本校办学理念或相关制度被境外高校吸收借鉴情况等。

（三）实施策略评估体系的构建

要根本性、有效实现国际化办学目标，离不开立体的坚持显性与隐性策略相统一的实施体系。因此，在对国际化办学实施手段进行评估时，就不能只关注大学开展了哪些国际化办学活动与项目，制定了哪些国际化管理制度，成立了哪些国际化推进组织等。而是要进一步关注通过国际化办学吸取和借鉴了哪些先进的国际化办学理念，营造并培育了怎么样的先进校园文化等。具体来说，在具体的评估过程中包括两个方面的内容：一是评估大学国际化办学所采取的学术与组织等显性策略如何；二是评估大学国际化办学所采取的隐性策略如何。

（四）结果呈现与反馈绩效评估体系的构建

当今世界一流大学不仅是具有全球竞争力与高度国际化的大学，还能够在全球化时代具有世界担当精神和价值贡献的意识与能力。因此在对国际化办学结果的评估过程中，就需要坚持质量提升与价值贡献相统一的基本价值取向。也就是说，除考察办学主体通过国际化办学在提升自身办学质量上的情况以外，还要考察其通过国际化办学所做出的世界性贡献如何。具体包括：教师学生参与国际性公共服务数，所做出的科研成果解决了人类共同面临的重大难题，提供了富有价值的国际性问题解决方案，开展国际性援助数及合作项目数等。

在全球化背景下，高等教育国际化是"双一流"建设的重要改革内容以及重要的战略选择。高等教育国际化办学绩效评估彰显办学主体对国际化办学行为的价值取向。也就是说，在全球化与高等教育国际化深刻发展的时代背景下，要树立什么样的国际化办学目标，采取怎样的国际化实施路径，有哪些具体的办学内容，并要呈现出怎样的办学结果。

因此，在"双一流"建设的时代使命下，要在对当前世界高等教育及其国际化基本特征深刻理解与未来发展趋势准确把握基础上，坚持正确的国际化办学绩效评估价值取向，构建出相应的合理指标体系，并采取恰当的评价方法。高等教育国际化办学绩效评估的最终目标是对中国高等教育国际化办学起正向强化作用，为早日实现建成世界高等教育强国的远大目标做出应有的贡献。当然，在开展具体评估工作时，还需要对评估指标体系进行进一步的细化，评估过程中以量化数据统计为主并辅以必要的质性评价。特别是在对指标体系赋值时，要有所侧重，能够保证通过国际化办学根本性提高中国高等教育的质量和核心竞争力。

参考文献

[1] 程静 . 高校人才培养模式多样化：诠释与对应 [M]. 北京：北京工业大学出版社，2003.

[2] 代静 . 高等教育管理与教学研究 [M]. 西安：西安交通大学出版社，2017.

[3] 付红, 聂明华, 徐田柏, 等 . 中国高等教育国际化的风险及对策研究 [M]. 北京：人民出版社，2015.

[4] 葛建一 . 江苏高等教育国际化战略研究 [M]. 苏州：苏州大学出版社，2006.

[5] 李代丽 . 高等教育创新型人才培养模式研究 [M]. 北京：中国原子能出版社，2017.

[6] 李盛兵 . 高等教育国际化研究 [M]. 北京：科学出版社，2019.

[7] 李熙 . 互联网 + 时代高校学生管理模式的转变及创新 [M]. 长春：东北师范大学出版社，2017.

[8] 刘红, 张跃进, 佟晓丽 . 高等教育国际化 [M]. 北京：兵器工业出版社，2005.

[9] 马勇, 刘俊玮, 马克力, 等 . 面向东南亚云南教育国际化人才培养途径探究 [M]. 昆明：云南大学出版社，2016.

[10] 孙洪斌 . 文化全球化研究 [M]. 成都：四川大学出版社，2009.

[11] 王哲 . 高等教育国际化问题研究 [M]. 大连：东北财经大学出版社，2013.

[12] 吴坚 . 当代高等教育国际化发展 [M]. 北京：人民出版社，2009.

[13] 毕勇 . 中国高等教育国际化的发展对策 [D]. 武汉：华中师范大学，2003：22-25.

[14] 曹帅. 高等教育国际化发展路径探究 [J]. 中国出版，2019，（21）：69.

[15] 陈昌贵，翁丽霞. 高等教育国际化与创新人才培养 [J]. 成才之路，2015（03）：6-8.

[16] 初国刚. 产学研合作创新型人才培养模式和机制研究 [D]. 哈尔滨：哈尔滨工程大学，2018：31-95.

[17] 邓翠菊. 论高等教育国际化进程中的中国大学教学改革 [J]. 重庆工学院学报，2006，20（1）：160-163.

[18] 邓毅芳. 适应高等教育国际化的教学模式研究 [D]. 长沙：湖南农业大学，2006：11-18，31-50.

[19] 董泽芳. 高校人才培养模式的概念界定与要素解析 [J]. 大学教育科学，2012（03）：30-36.

[20] 郭炳南，黄新建. 中国高校人才培养理念及发展模式探析 [J]. 天水行政学院学报，2004（03）：54-57.

[21] 韩颖，贾爱武. 高等教育国际化策略模型研究：述评与展望 [J]. 高教探索，2019，（12）：116-123.

[22] 侯丽霞. 中国高校创新型人才培养问题研究 [D]. 沈阳：沈阳师范大学，2011：29-51.

[23] 侯淑霞，韩鹏. "双一流"建设背景下我国高等教育国际化发展研究 [J]. 国家教育行政学院学报，2019，（8）：46-51.

[24] 黄旭雄，林海悦，吕为群，等. 多层次国际合作教学模式的构建与实践 [J]. 高等农业教育，2018，（2）：41-44.

[25] 李冰，刘仕奇. 建设具有中国特色的国际化高等教育 [J]. 教育教学论坛，2020，（9）：81-82.

[26] 李军，段世飞，胡科. 高等教育国际化的阶段特征与挑战 [J]. 高教发展与评估，2020，36（1）：81-91.

[27] 李琼. 大学教育国际化的选择与对策 [J]. 现代经济信息，2016，（36）：383-384.

[28] 李岳进. 我国体育高等教育国际化的理论依据和执行策略 [J]. 武汉体育学院学报，2003，37（1）：36-37，40.

[29] 刘晓亮. 地方高校教育国际化问题研究 [D] 长春：东北师范大学，

2015：112-124.

[30] 刘岩，李娜．高等教育国际化能力综合评价指标体系的构建 [J]．高校教育管理，2019，13（5）：52-60.

[31] 马陆亭．新时期"双一流"建设的推进战略 [J]．中国高教研究，2019，（12）：15-20，28.

[32] 马郁．高等教育国际化与大学英语教师能力培养研究 [J]．中国成人教育，2020，（5）：79-82.

[33] 庞洁丽．建设创新型国家视阈下的高校创新型人才培养探析 [D]．湘潭：湘潭大学，2011：6-14.

[34] 王焕芝．"一带一路"视域下越南高等教育国际化态势研究 [J]．比较教育研究，2020，42（7）：12-19.

[35] 王军胜．"一带一路"倡议下我国高等教育国际化的新图景 [J]．中国成人教育，2017，（18）：24-31.

[36] 王为正，朱佳颖．国际化与中国高等教育的发展进程 [J]．黑龙江高教研究，2004，（11）：13-14.

[37] 邬智，范琪．"一带一路"背景下广东高等教育国际化路径研究 [J]．高等建筑教育，2020，29（3）：39-47.

[38] 伍宸，宋永华．"双一流"建设背景下高等教育国际化办学价值取向及绩效评估体系建构 [J]．中国高教研究，2019，（5）：6-12.

[39] 徐涔琳．"双一流"建设背景下学科国际化的发展路径探究 [J]．高教学刊，2019，（07）：17-19.

[40] 徐晓锐，徐少冈，李佳．新时代背景下的中国高等教育国际化路径探究 [J]．产业与科技论坛，2020，19（11）：131 132.

[41] 薛光，吴琼．经济全球化背景下的高等教育国际化 [J]．大连理工大学学报（社会科学版），2001，（03）：1-4.

[42] 杨启光．高等教育国际化发展的全球化视阈与战略选择 [J]．北京工业大学学报（社会科学版），2019，19（3）：79-86.

[43] 叶芃，沈红．中国高等教育国际化的发展对策 [J]．国家高级教育行政学院学报，2002，（2）：55-58.

[44] 于小艳，杜燕锋．高等教育国际化评价的价值透视 [J]．高教发展与评估，2020，36（2）：36-43，68.

[45] 张宁, 陈延鑫."一带一路"背景下高校国际化教育发展趋势、问题及对策 [J]. 科教文汇, 2019, (34): 1-2.

[46] 赵红. 高校创新人才培养政策研究 [D]. 上海: 上海交通大学, 2011: 49-60.

[47] 周升铭. 高等教育国际化对中国高校人才培养模式的影响及对策研究 [D]. 南昌: 南昌大学, 2008: 77-82.